第三版

不聽話的孩子

臨床衡鑑與親職訓練手冊

羅素·巴克萊（Russell A. Barkley） 著

趙家琛、黃惠玲 譯

Third Edition

Defiant
Children

A Clinician's Manual
for Assessment
and Parent Training

Russell A. Barkley

目 次 **Contents**

第三部分　衡鑑工具／205

第四部分　父母講義／229

　　羅素‧巴克萊博士（Russell A. Barkley, PhD, ABPP, ABCN）目前為美國查爾斯敦市南卡羅萊納醫學大學精神醫學和小兒醫學臨床教授；他針對注意力不足過動症（ADHD）、執行功能（executive functioning）及兒童期對立反抗行為（childhood defiance）撰寫多本書籍，編製五種評估量表，並發表超過 275 篇的期刊論文和專書章節。同時他也是《ADHD 報告》（*The ADHD Report*）的主編，經常擔任學術研討會發表者及演講者，其論述廣為美國全國性媒體引用。

　　巴克萊博士曾任美國心理學會（APA）臨床兒童心理組（前稱第十二組）主席，以及國際兒童與青少年精神病理研究學會理事長。

譯者簡介 About the Translators

❖ 趙家琛

　　美國亞利桑那大學心理學博士，現任臺北市立大學心理與諮商學系教授，持有美國與臺灣臨床心理師執照，具多年教學、研究與臨床工作經驗。曾任臺北市立大學教育學院院長、長庚大學臨床行為科學研究所副教授暨學生輔導中心主任、長庚醫院精神科與兒童心智科臨床心理顧問、美國舊金山列治文區心理衛生中心臨床心理師暨兒童青少年部門協調主任、臺北市立療養院臨床心理師等職。多年來致力於心理病理、心理衡鑑、心理治療、催眠治療、親職訓練之教學、研究與臨床工作，尤其專長於注意力不足過動症與亞斯伯格症之研究與實務，並曾參與行政院衛生署與國家科學委員會九二一地震災後心理復健工作與研究。目前擔任臺灣心理治療學會監事，曾任臺灣臨床心理學會理事及評議委員。著有《讓潛意識說話：催眠治療入門》與《災難心理衛生工作手冊》等專書，修訂「阿肯巴克實證衡鑑系統」與「自閉症類群障礙檢核表（華文版）」等評估工具，另譯有《注意力缺陷過動症：臨床工作手冊》、《不聽話的孩子：臨床衡鑑與親職訓練手冊》與《當代心理治療的理論與實務》等書。

❖ 黃惠玲

　　國立臺灣大學心理學博士，現任國立成功大學行為醫學研究所教授，並受聘兼任國立成功大學附設醫院精神部臨床心理師，持有臺灣臨床心理師執照，具多年教學、研究與臨床工作經驗。曾任高雄醫學大學心理學系教授與系主任，高雄醫學大學附設醫院精神科與小兒科兼任臨床心理師，高雄市臨床心理師公會理事長、臺灣心理學會理事、臺灣臨床心理學會理事與監事長，以及中華民國臨床心理師全國聯合會常務理事。著有《兒童虐待》、《ADHD 兒童認知行為親子團體治療：專業人員手冊》與《ADHD 兒童認知行為親子團體治療：父母手冊》，編製「零歲至六歲兒童發展篩檢量表」，修訂「阿肯巴克實證衡鑑系統」評估工具，另譯有《注意力缺陷過動症：臨床工作手冊》與《不聽話的孩子：臨床衡鑑與親職訓練手冊》。

作者序 Preface

　　本手冊的第三版（編註：以下均指原文版本）仍秉持前兩版之宗旨，提出一系列的程序來訓練父母管教對立反抗孩子的技巧。這些技巧是筆者過去三十五年來在臨床實務及研究中一直使用的方法，同時，也是其他專業人員超過四十五年的研究與臨床經驗之累積。如同本書的第二版，在第三版中，筆者得以：（1）更新有關兒童對立反抗行為本質的當今科學文獻來支持本方案的理論基礎；（2）提供更多關於這些程序之成效的參考文獻；（3）更新手冊中的衡鑑工具；以及（4）根據新增的研究及臨床經驗，視需要修訂執行方案各階課程的指導語。

　　如前兩版所述（Barkley, 1987, 1997），這套親職訓練方案源自美國奧瑞岡大學健康科學中心已逝榮譽教授 Constance Hanf 博士於四十五年前所發展出的一套方法〔參見 Reitman & McMahon（2012），對 Hanf 博士之生涯及專業影響的回顧〕。這個方案，最初稱為「訓練父母處理孩子不順從行為的兩階段方案」，當時包含了兩個基本程序。首先，教導父母一個有效的方法來對孩子當下的合宜行為（尤其當孩子聽從父母的要求時）給予正向關注，同時盡量忽略孩子的不適當行為；接下來的第二個程序，指示父母在孩子不聽從父母命令或違反已告知的行為規範（如：對父母說髒話）時，立刻使用隔離法（time out）的技巧來處理。這兩個程序的合併使用，已被證實是一套協助父母處理孩子對立問題相當有效的治療方法。這個方案中不可或缺的要素是必須於臨床情境裡、在治療師督導下練習這些方法，然後依循簡明易懂的講義在家使用這些方法。許多實習心理師及研究員（包括筆者在內）實在很幸運能有機會接受 Hanf 博士的訓練而習得這些技巧，因為這些程序未曾出版或廣為

散播（Reitman & McMahon, 2012）。如欲對此原版方案了解更多者，可參考 McMahon 與 Forehand（2005）的書，以及 Forehand 博士與其同僚、學生三十多年來進行的大量研究。

　　過去三十五年來，筆者藉由本身使用本方案或教導別人使用本方案的機會，得以擴充並修改本方案，以適用於各種行為問題兒童，包括注意力不足過動症、對立反抗症及行為規範障礙症或更嚴重的行為困擾。筆者在 Hanf 原版方案裡增加了一些方法，以對應兒童臨床患者這些更明確的障礙症，也額外納入一些有科學實證的方法，幫助父母處理孩子的對立性。這些增修包含加入一個訓練課程簡介的環節，向父母更充分地說明孩子對立行為的發展及可能來源；也提供更詳細的內容，教導父母不僅要增強孩子對指令的直接順從行為，而且要鼓勵孩子在父母不能被打擾時可以獨立遊戲。已知有長期嚴重行為障礙症的兒童，不像一般兒童會持續對社會讚許及情感等利社會行為的增強物有回應，所以有必要納入某種形式的家庭代幣系統，如：家庭籌碼系統（Home Chip Program; Christopherson, Barnard, & Barnard, 1981）。因此，為了增加並維持孩子對父母要求的順從性，需要更有力的方法來增強孩子行為。此外，筆者也在 Hanf 的原版方案中增加新的課程來處理孩子在公共場所（如：商店、餐廳等）的對立行為，以及讓父母準備好處理孩子未來可能發生的不良行為。本手冊第二版已在方案中增加了一個課程來教導父母如何製作孩子的每日在校行為報告單，以協助老師也可改善孩子在校的不良行為。儘管做了這些改變，筆者仍努力維持原版方案的原則，包括：要求父母做家庭作業，以及使用簡明易懂的父母講義來增加訓練效果。

　　本方案能在 1987 年首次出版問世，要歸功於發展本方案的早期中，與其他專業人員之間具有激勵與啟發性的共同討論。其中幾位，例如 Charles Cunningham 和 Eric Mash 也同樣接受過 Hanf 原版方案的訓練。而另外幾位，如 Eric Ward、Mariellen Fischer、George DuPaul 和 Gwenyth Edwards 曾參與過本方案初版的實施，並提供了有用的回饋。發展本方案最初版本及根據研究和

臨床實務構思設計新環節時，這些同僚都提供了實質的協助。Rex Forehand、Robert McMahon、Leif Terdal 和 Russ Jackson 的著作，以及筆者與他們的討論，也對本方案初期的發展貢獻良多。

Guilford 出版社的 Peter Wengert 當時負責承接發行本方案第一版的構想，筆者很感謝他對規劃第一版的鼓勵；以及他在 Guilford 出版社的同事 Seymour Weingarten 和 Bob Matloff 對後續版本的持續鼓勵和支持，筆者一直心懷感謝。對 Guilford 出版社編審 Kitty Moore 提供這個版本編輯上的指導，也致上最深的謝意。筆者從自身育兒 —— Steve 和 Ken —— 的獨特經驗中所獲得的智慧，無疑地均融入本手冊所呈現的內容中。最後，深深感謝兩千多個有行為問題兒童的家庭，筆者很幸運能有親自提供他們本訓練方案的經驗，他們對改善此方案的諸多建議也對本手冊的修訂助益良多。

羅素・巴克萊（**Russell A. Barkley**）博士

推薦序一 Foreword

啟動過動兒矯治計畫

　　注意力不足過動症（Attention-Deficit/Hyperactivity Disorder, ADHD）主要是以注意力缺陷、無法專心學習、易分心、活動量過高、衝動性高、挫折忍受力低等行為表現而影響患者的日常生活，這是一個生理性的問題，這些症狀均在十二歲以前即出現且是持續性的，孩子會在至少兩個以上的情境裡出現這些症狀。國外的研究報告指出過動症的流行率佔學齡兒童的 5-15%。國內（趙家琛教授對北臺灣國小二、三年級男童，以及黃惠玲教授與王雅琴醫師對南臺灣國小學童）所做的研究亦有 7-9% 的學童被診斷為過動症。注意力不足過動症之症狀對成長中的學童在課業學習、人際關係、行為表現等各方面都有不等的負面影響。國外的研究報告指出，過動兒長大後三分之二都不會再有明顯的症狀，但會出現較低的自我評價、較沒自信心及無法表現出其應有的能力（low achievement）。

　　針對學齡期過動兒的矯治十分重要，如何對這麼多的學童提供必要及完整的矯治服務是國內外兒童精神醫學界、心理學界、教育學界多年來共同努力的目標，治療應由生理—心理—環境（Bio-Psycho-Social）三方面同時進行。藥物治療可以改善過動症部分的症狀，但無法改變其認知及行為模式，須加上行為治療，治療期間症狀的改變必須有完整的設計，詳細的觀察記錄，如何做好觀察紀錄及提供有效的矯治計畫是矯治重點。

　　本書作者巴克萊（Barkley）博士是注意力不足過動症領域的權威，其著

作、評估量表與治療方案更是廣泛地被國內外臨床工作者及研究者使用。趙教
授及黃教授在國內一北一南均投入過動症的矯治及研究，可稱為國內在此領域
的學者專家，他們兩位將本書中的評估工具與親職訓練方案應用於研究及臨床
上，已有本土研究成果報告，顯示本書所介紹之親職訓練方案可適用於訓練國
內的過動兒父母。他們合力將本書翻譯成中文，相信對臨床工作人員與教育工
作者會有相當大的助益。

吳佑佑

臺北市宇寧身心診所院長

林口長庚醫院兼任主治醫師

遇見希望

「不聽話的孩子」，在其成長歷程背負著比一般孩子沉重無數倍的困難。他們的父母也比常態孩子的父母更為艱辛百倍。 訓練這類型孩子的家長具體可行的親職知識和技巧，是幫助父母提升管教效能，並為孩子開展正向成長契機最實際與最直接的策略。

《不聽話的孩子：臨床衡鑑與親職訓練手冊》正是切合這類型孩子的父母所需的親職訓練手冊。原作者是國際知名的注意力不足過動症權威巴克萊（Barkley）博士，由臺灣著名的兒童臨床心理學家和衡鑑專家，趙家琛和黃惠玲兩位教授執筆翻譯。兩位教授在研究、教學、臨床實務工作之外，仍然投注心力於翻譯重要典籍，令人敬佩不已。本譯著讀來順暢清晰，若非譯者蘊含深厚的兒童臨床心理學專業和豐富的實務經驗，無法達此信、雅、達的境界。

我從學習親職教育、投入親職教育、撰寫親職教育文章和書籍、到培訓親職教育講師，已逾三十年。 閱讀本譯著，仍然有著莫大的學習，多處論述都讓我感到心有戚戚焉。作者和其團隊的科學實證精神與方法，讓人難以望其項背。他們以注意力不足過動症、對立反抗症、行為規範障礙症的孩子為對象，鑽研如何協助這些類型的孩子，卓然有成，舉世受惠。為了幫助孩子走回成長的正軌，更發展出訓練父母的親職教育模式，一步一步的帶領父母學習正確的管教策略。

本訓練手冊的珍貴之處在於其嚴謹度和信效度，每個親職訓練步驟都結合衡鑑和實證研究來支持其效果，步驟的操作具體明確，這些是坊間相關親職教

育書籍所無法企及，我個人亦甘拜下風。作者以臨床研究和實務驗證的交織模式，累積三十多年的研究成果，兩千多位家長的見證，集結形成具體、可行、有效的訓練模式。他們選擇教養上高難度的孩子，訓練其父母，這也是一般親職教育書籍所望塵莫及之處。最令我折服的部分是，本手冊詳細解說每一個步驟的原理、實際操作上需要掌握的關鍵、以同理的態度帶領父母克服知易行難的瓶頸。

　　承蒙家琛教授邀請寫推薦序，深感榮幸。近年來，在學校輔導工作相關的研習會上，聆聽其精闢的見解，感受其溫和、包容、同理的胸懷，由衷的欽佩。雖然未曾與黃教授共事，然而她所著《ADHD 兒童認知行為親子團體治療：專業人員手冊》則是我經常使用的教科書。兩位教授著作等身，學術研究底蘊深厚，又致力於將其專業知識，以行動力走進社群，以實務造福 ADHD 兒童與家長，乃學者的典範。

　　這本譯作是教學者、或督導者培訓專業人員的指南，也是從事第一線親職訓練的實務工作者所不可或缺的工具書。再者，「不聽話的孩子」可說是校園輔導教師與心理師最棘手的個案，這本書對於校園輔導工作者是個福音。

　　孩子不聽話是父母的痛苦，更是孩子自身成長的阻力，他們急需專業工作者給予有效的協助。這本譯作讓孩子和父母遇見希望。

曾端真

古典阿德勒學派深層心理治療師

國立臺北教育大學退休教授

教養對立反抗兒不是夢

從事兒童臨床工作近四十年，我清楚知道讓家長們頭痛的注意力不足過動、對立反抗、行為規範障礙或更嚴重的行為情緒問題的孩子是他們教養感到挫折、無助，甚至是憤怒、罪咎又不得不承擔的責任。本書作者羅素·巴克萊（Russell A. Barkley）臨床心理教授把他數十年來的兒童臨床、教學和研究經驗，以專業的態度、實證的分析、精準的衡鑑和操作方法，為臨床工作人員撰寫此「臨床衡鑑與親職訓練手冊」，教導臨床工作人員如何教導家長，家長又如何教導孩子，透過嚴謹的層層教導，達成親子關係修復行為改善的成效，令我深感佩服。

本書前後貫串四個部分：具實證基礎的必備知識、進入團體／個別的實做應用、實做應用時使用的衡鑑工具和父母講義。核心是第二部分實做應用的十階課程，十階課程結構清楚，循序漸進。臨床工作人員協助父母要先建立關注孩子良好行為的習慣，其次處理孩子不順從的行為，也要事先讓孩子清楚知道該如何選擇，選擇不同做法的後果又是如何。那麼為什麼孩子明知後果不好卻還是要執意反抗呢？有時是過去教養做法的不一致讓孩子總想有隙可乘。無論過去親子相互脅迫糾結有多麼嚴重，如今家庭要改變做法也需要適應期，初期孩子會試探到底，因此父母執行此方案時要堅定自己的立場，清楚為何這樣做的原因，也讓孩子知道；共同面對和承擔，而非家長自己苦在心裡或自己明白，又擔心孩子以為父母不愛他或對他不公平。

作者教導臨床工作人員在各個階段不厭其煩地為家長做準備、協助家長為

孩子做準備，按部就班地帶著家庭重新修復親子關係，幫助家長學習觀察、理解、參與孩子良好／不良行為的發生及後果歷程，幫助父母認識代幣系統，必要時謹慎執行隔離懲罰方法。作者也用心幫助臨床工作人員提醒父母需要認知到必要時的實行隔離，不是要傷害孩子，而是幫忙孩子更能自我控制、尊重父母的指令及發展守規矩的能力。且無論孩子正向、負向行為，以及家長採取的獎勵或懲罰都跟孩子一起規劃、執行，協助家長維持自身身心狀態的平衡，盡量促進親子良好互動，讓孩子學習為自己行為負責。也在進階課程中協助家長掌握機先，預防孩子不良行為的發生，將獎懲延伸到家庭外公共場所的規範、透過每日在校行為報告單改善孩子在校行為，最後延伸處理未來可能的行為困擾等，賦能父母有繼續教養孩子成長的韌性以及孩子擁有正向的自我概念。

　　譯者以流暢的文筆深入淺出地傳達出作者想表達的概念和執行細節，讀起來令我愛不釋手，其中有許多臨床上的困境都被作者如數家珍地提到，且有解套的方法，實為兒童臨床工作人員極佳的工作手冊，我也從作者鉅細靡遺的循循善誘中感受到被理解、被鼓勵的心靈滋養。相信對兒童教養有興趣的老師、家長、民眾也必能從本書中受益，我十分樂意將這本好書推薦給所有讀者。

曾嫦嫦

臺大醫院臨床心理中心顧問

譯者序 Translator's Preface

　　在兒童臨床心理學近五十多年的研究發展與臨床經驗的累積之下，親職訓練（parent training）已經成為兒童臨床工作中不可或缺的一環。從生態－發展模式的觀點來看，對兒童的治療必須全面且長遠才能見效，尤其某些兒童期障礙症是長期的問題（例如：注意力不足過動症、對立反抗症、行為規範障礙症），短暫的治療只能有暫時性的效果，必須持之以恆、長期努力，才能使兒童個案的正常發展不致因其症狀之干擾而停滯或受阻。而除了個案本身接受治療，其身邊的重要他人，如父母、手足、老師、同學等，若能同心協力共同參與治療計畫，更能產生廣泛效益。父母通常是孩子身邊最主要的照顧者，對孩子發展的影響最大，因此，親職訓練在兒童的治療計畫中十分重要。相對地，具有行為問題的孩子往往造成父母管教上的煩惱，易產生親子衝突，而親職訓練可協助父母釐清孩子的問題、教導父母有效的管教技巧、改善孩子的問題行為、減少親子衝突、促進親子關係。

　　巴克萊博士[1]是國際知名的注意力不足過動症（ADHD）專家，從事ADHD的治療與研究長達數十年之久，相關著作甚多。其中，《注意力缺陷過動症：臨床工作手冊》、《不聽話的孩子：臨床衡鑑與親職訓練手冊》、《過動兒父母完全指導手冊》等重要著作，已在臺灣發行中文版多年，廣為臨床工作者、教育工作者以及家長使用。他所發展的親職訓練方案適用於各種行為問題的兒童，包括注意力不足過動症、對立反抗症及行為規範障礙症，或更嚴重的行為困擾。多年來他致力於推廣親職訓練方案，並編寫、製作許多有關

1　有興趣者可上巴克萊博士個人網站：www.russellbarkley.org 搜尋更多相關資訊。

兒童問題行為管理的書籍與錄影帶，其目的正是欲協助有問題行為兒童的家人、師長、鄰里等來共同參與治療計畫，以便能有效地幫助孩子。

三十多年前在臺大心理系吳英璋教授與程小危教授的啟蒙下，我們試著結合臨床心理學與發展心理學的知識，開始摸索著踏入兒童臨床心理學之門。1995 年惠玲於高雄醫學院任教之時，先是參與大學附設醫院小兒科與精神科的臨床服務與研究工作，之後又加入該院聯合發展遲緩鑑定中心的團隊；1996 年家琛自美返臺於長庚大學任教之際，參與林口長庚兒童醫院兒童心智科的臨床研究與服務，我們在各種各類的孩子中，發現有為數不少的 ADHD 兒童被父母帶來接受心理衡鑑與治療，看到父母對自己孩子的發展與行為表現充滿苦惱與困惑，對教養這群爬上爬下、行為失控、不聽從父母指令的孩子束手無策，促使身處一南一北的我們開始探索如何能有效幫助這群父母的方法。我們當時不只是以研究者的態度開始從事 ADHD 相關研究，更抱持臨床工作者的熱忱，迫切地希望能協助這些孩子與家長。

學齡前與學齡階段的 ADHD 孩子，相對而言尚未因課業及人際壓力而使症狀複雜化，行為主要仍受父母的影響與掌控，因此我們積極尋找適用於二至十二歲 ADHD 兒童父母的親職訓練方案。我們先從閱讀巴克萊博士的書籍（本手冊的原文第二版）開始，學習如何訓練父母教養 ADHD 孩子，以臨床研究者的角度，仔細審核這套立基於國外文獻的方法，帶領研究生小心地對臨床工作進行觀察與記錄，並在每一次訓練課程結束時，對每位個案的狀況進行詳細討論，採用巴克萊博士的量表與其他評估工具追蹤每位個案的進展與變化。舉凡個案狀況沒有進展或有起伏，都去推敲個案的家庭因素影響有多大，也注意著社會制度與文化價值觀對每位個案的不同影響。我們也處理各種個別的個案問題，常見的如父母難以接受孩子被診斷為 ADHD，嚴重的如家庭暴力、婆媳糾紛等。在這樣的過程中，我們不僅透過研究得到實證支持這套方案對臺灣 ADHD 兒童家長訓練的適用性與成效[2, 3]，也透過實際操作肯定其臨床實用價值，因為這套方案歷經巴克萊博士多年的研究與臨床檢驗，理論架構清

晰、方法具體實用，治療師只需掌握其原理與方法，勤加練習其步驟後，就可上手。而一旦熟練後，就很容易處理社會文化因素的影響。換言之，一套好的治療方案，具有能涵蓋各個社會文化共通性的原理與方法，讓治療師可依照個案的個別性、考量社會制度及文化因素做最適宜的調整。

2002 年我們為了臨床教學與研究工作上的便利，以及好東西要與大家分享的心態，決定合作將《不聽話的孩子：臨床衡鑑與親職訓練手冊》（原文手冊第二版）翻譯出來，並致力推廣此方案。惠玲持續針對過動兒父母以團體方式進行親職訓練，並進行臨床研究，成效卓然。家琛於臨床實務中，將此方案應用於個別家庭訓練與團體訓練，發現對親子均有所助益，不僅改善孩子行為、提升親職效能，也促進了親子關係。過去十幾年來，我們也陸續在臺灣與海外的學術研討會發表相關研究報告，並為專業人員或家長舉辦親職訓練工作坊。

巴克萊博士於 2013 年出版本手冊第三版，詳細整理近年來最新研究文獻，深厚本方案之理論基礎，並與 DSM-5 的修訂同步，更新相關診斷名稱及評估工具。2013 年 11 月巴克萊博士應邀來臺演講，家琛有幸親聆他分別針對學校輔導專業人員、一般教師與學校行政人員，以及家長的三場演講，他精闢深入的分析，淺顯易懂的表達，字字珠璣，場場精彩。當時親自贈送巴克萊博士《不聽話的孩子：臨床衡鑑與親職訓練手冊》與《注意力缺陷過動症：臨床工作手冊》中譯本，同時獲知他剛出版了本手冊第三版，蒙其鼓勵再次翻譯更新版本。

本手冊中文版是許多人貢獻心力的共同成果，謹此表達我們深切的謝意。

2　Huang, H. L., Chao, C. C., Tu, C. C., & Yang, P. C. (2003). Behavioral parent training for Taiwanese parents of children with attention-deficit/hyperactivity disorder. *Psychiatry and Clinical Neurosciences, 57*(3), 275-281.

3　許建中、黃惠玲、趙家琛、楊品珍、陳正宗（2005）。學齡前注意力缺陷過動兒童之父母訓練團體成效研究：執行功能之分析。**臨床心理學刊**，2（2），87-105。

首先，感謝高雄醫學大學研究生 ── 許芳卿、伍秀蓉、謝玉蓮、杜娟菁小姐協助中文版第一版的翻譯工作，長庚大學研究助理萬榮緒、柯美如、李斯琦小姐協助校對工作，以及心理出版社張毓如主編的耐心支持與專業協助。其次，感謝臺北市立大學研究助理陳嫻霓與陳稚縈小姐、王星賀先生協助中文版第三版的打字與校對工作。特別要向心理出版社林敬堯副總經理及陳文玲編輯致上最深的謝意和敬意，感謝他們秉持一貫對出版品質的要求，排除萬難，給予我們充裕的時間完成翻譯及校對工作。對於親愛的家人，感謝你們包容翻譯中卡關時的焦躁，協助檢閱譯稿的耐心，以及滿滿的情緒支持。最後，深深感謝多年來接受本親職訓練方案的許多家庭，因為你們的參與、回饋與建議，讓我們更能掌握本方案的精髓。

近年來，ADHD 的盛行率逐年攀高，兒童行為問題的相關新知也與時俱進，期待本手冊中文版第三版能帶給臨床工作者最新的資訊，提供實用的步驟，在執行本方案時能更增效益。建議臨床工作者依個案之需要、社會文化因素之考量，適度調整、靈活運用本手冊所提供的方案與材料。也希望在使用本方案時，臨床工作者能以嚴謹的臨床研究態度同時蒐集臨床資料，並在相關的研習工作坊或學術研討會裡互相交流分享，讓本方案的各種治療效果與歷程清楚展現出來，幫助大家更了解行為問題兒童的治療原理與方法之共通性、個別性及社會文化因素的影響，以便能於不久的將來發展出更適用於國人的訓練方案。

趙家琛、黃惠玲

2019 年夏

緒論

方案目的

　　本手冊乃針對以下幾個目的而設計。第一，建立一套針對有對立問題或行為問題兒童進行臨床衡鑑的詳細教學（instruction），包括一套可供臨床工作人員用於衡鑑的會談表單及行為量表。這些表單及量表可以影印供個人使用，但有某些限制（詳見目次頁最後的「授權複印之限制」啟事）。並且也設計一些表單來做為訓練過程中定期評估父母與兒童對本治療方案的反應，以及在方案完成不久後進行的治療後評估。第二，更明確地說，本手冊對於父母管教孩子反抗行為的親職訓練，提供了一個高效且有實證支持之方案，並詳細說明依序漸進的執行程序。每一階訓練課程的呈現方式都經過精心設計，使本手冊在執行訓練方案時可以發揮最大的實用性。第三，提供一套父母講義，可在教授本方案的過程中使用。這些講義包括在方案的每次訓練中要讓父母填寫的表單及使用的指導語。講義特別被設計成內容簡短、易讀，其用意是讓技術精熟的兒童／家庭治療師在訓練父母時搭配使用，但不宜單獨使用。

　　本手冊及其所描述的方案不宜由未受過適當訓練的人使用。使用者必須接

受過對行為問題兒童及其家庭提供心理衛生服務之相關教育與訓練，具備必要的知識及技術。本手冊及方案是設計給臨床心理師、精神科醫師、社工師、兒童和家庭治療師，以及其他經研究所訓練對家庭提供專業服務的人員使用。使用本方案的專業人員應該在兒童發展、兒童心理病理、社會學習與行為改變技術，以及其他對家庭的臨床介入等方面受過研究所程度的訓練。簡而言之，在提供反抗性問題兒童及其家庭服務時，本方案並不能取代一般的臨床訓練，亦不能取代謹慎運用臨床判斷及倫理考量。最重要的是，臨床工作人員永遠應依照孩子個人及其家庭的特性，調整這些方法以求適用。

　　本手冊之宗旨不在回顧親職訓練方案的科學文獻或者有關兒童的對立性的研究。許多有關此專題以及其他相似的親職訓練方法的文獻回顧佳作已在各種平台發表〔可使用 Google Scholar 網路搜尋引擎，以**兒童對立性**（child oppositionality）、**兒童反抗性**（child defiance）及**對立反抗症**（oppositional defiant disorder）當關鍵詞彙來檢索〕。因此，本手冊的目的僅在於提供一本教導如何執行本方案的臨床工作手冊，書中只呈現這套兒童行為管理方案的特定程序。

適用之兒童類型

　　如同任何臨床程序，本方案不是萬靈丹，無法適用於所有的反抗性兒童，必須考量孩子呈現的問題或家庭的擔憂為何。本方案清楚表明僅適用於對父母出現不順從、反抗、對立、倔強，或有社會敵意行為等問題的孩子，或者對同時伴隨其他兒童期障礙症的孩子，只要反抗行為是孩子的主要問題。這些孩子常被稱為有「外化」（externalizing）或「脫序行為」（acting out）的障礙症，且可能符合一般人給的標籤：「對立」、「難管教」、「反抗」、「攻擊性」，或符合特定的臨床診斷：對立反抗症（oppositional defiant disorder，以

下簡稱 ODD）、注意力不足過動症（attention-deficit/hyperactivity disorder，以下簡稱 ADHD）、行為規範障礙症（conduct disorder，以下簡稱 CD）、自閉症類群障礙症（autism spectrum disorders，以下簡稱 ASD），甚至是少年期發作的雙相情緒障礙症（bipolar disorder）。如果輕度發展遲緩或智能不足的孩子表現出不順從或反抗行為而對父母造成困擾時，本方案也相當適用。儘管本方案主要適用於臨床轉介的個案，部分步驟對於處理一般孩子輕微的情境性行為問題也很有用；這些孩子的家庭可能正接受一般性的親職、婚姻或家族治療。特別是當孩子所表現出的難管教、脫序或反抗行為是對父母分居或離婚的一種適應性反應時，本方案往往效果不錯。簡而言之，當孩子出現不聽話、不順從父母的指令或要求的問題，或者不遵守家規或社區規範時，本方案很管用。

本方案是專為語言或一般認知發展達二歲以上程度，且實足年齡在二至十二歲間的孩子所設計；雖然本方案也可用於十八個月大的幼童，然而成功與否，絕大部分取決於孩子的接受性語言發展程度，也就是孩子必須有能力理解父母的命令、指示或指導才行。對於二歲以下有語言發展遲緩的孩子，本方案成效有限，不然就是這些孩子的家庭需要更多的訓練時間和練習。此外，本方案的某些部分或許可適用於十三歲以上的孩子，端視孩子的社會成熟程度及行為問題嚴重程度而定〔但「隔離」（time out）除外〕。對具有輕度至中度不順從行為的未成熟青少年前期孩子，本方案也有成效，但需要考量他們相對較成熟的心智發展，以及他們渴望自主及參與家庭處理其行為的決策過程，適當地修改本方案。而對於十三歲以上的孩子，筆者則推薦我們的行為取向家庭治療方案——「反抗性青少年」（Defiant Teens）方案（Barkley, Edwards, & Robin, 1999），或 Forgatch 與 Patterson（1990）設計的類似方案。這些方案更著重於教導父母和青少年有關家庭問題解決、溝通及化解衝突的技巧。

本方案用於單親和雙親家庭、低收入或低教育程度家庭都有成效，當然，應用上同樣具有前述有關本方案的限制。即使在家中受虐的孩子並無反抗行為，仍可使用本方案提供父母更人性化、更有效的管教方法。

　　儘管本方案多半是單獨使用，並經常作為主要介入形式來教導父母管教反抗性孩子，但也可附加於其他治療方式，協助有困擾的父母或有對立性孩子的家庭。在婚姻諮商中，許多治療師發現，當父母管教孩子方式不一致成為婚姻中的一個議題時，若能加上如本方案的行為取向親職訓練方案，會非常有用（參見 Sanders, 1996）；或者在對焦慮、憂鬱或適應不良的成人進行心理治療時，若他們在管教孩子行為上也有困難，此時加上此類親職訓練方案也會很有效用。

方案目標

　　本方案的目標雖然不多，卻是大部分的家庭均可有效達成的。目標列舉如下：

1. 增進父母處理孩子對立行為的管教技巧及能力。
2. 增加父母對兒童期反抗行為成因之認識，並協助父母了解社會學習原理以及在家庭中的社會學習可能助長這類行為的嚴重度。
3. 增進孩子對父母的命令、指令與規定的順從，以降低親子衝突。
4. 整體而言，降低親職壓力，以期增進家庭和諧，主要方法是改善父母管教孩子行為的技巧，例如：對孩子使用正向關注與其他後果的技巧，對孩子提供清楚的引導、規定及指示，對孩子不合宜的行為施以迅速、公平及公正的管教，以及全面依循原則而行的親職行為。

方案預期成效

　　本手冊所述的程序，也包含在許多行為取向親職訓練方案中，具有大量的

研究支持：對那些為了孩子行為問題尋求治療的父母，這些程序具有療效。不管是使用本方案（Anastopoulos, Shelton, DuPaul, & Guevremont, 1993; Chacko et al., 2009; Chronis, Chacko, Fabiano, Wymbs, & Pelham, 2004; Curtis, 2010; Danforth, Harvey, Ulaszek, & McKee, 2006; Gerdes, Haack, & Schneider, 2012; van den Hoofdakker et al., 2007; Pisterman et al., 1989; Rejani, Oommen, Srinath, & Kapur, 2012; Thomas & Zimmer-Gembeck, 2007），或使用其他和本方案高度類似的行為取向親職訓練方案（Atkeson & Forehand, 1978; Chacko et al., 2008; Eyberg, Nelson, & Boggs, 2008; Furlong et al., 2012; Kaminski, Valle, Filene, & Boyle, 2008; McCart, Priester, Davies, & Azen, 2006; McMahon & Forehand, 2005; Ogden & Hagen, 2008; Sanders, 1996; Thompson et al., 2009; Wagner & McNeil, 2008; Webster-Stratton, 1982, 1984; Webster-Stratton & Spitzer, 1996）。與本方案略有不同的親職訓練介入也用在劃時代的 ADHD 多模式處遇研究當中（Multimodal Treatment Study of ADHD, MTA; MTA Cooperative Group, 1999），做為 MTA 研究裡有效的心理社會處遇的一部分。印度一項對 ADHD 兒童多模式處遇的研究也採用類似 MTA 的心理社會處遇部分，同樣有所成效（Rejani et al., 2012）。但是，在某些情況下，有些高危險群孩子是在幼兒園篩檢，或健康照護專業人員家訪時被辨識出來的，他們的父母並未尋求處遇，因此，這些父母雖然報名參加類似的方案，但可能出席率低或配合度不佳，使其幾乎沒辦法從中獲益（Barkley et al., 2000; Seeley et al., 2009; Thompson et al., 2009）。

　　本方案涵指的每一個程序都各有研究證據支持其成效，亦即父母使用這些或類似的行為管教方法後，孩子的行為有顯著進步，這些方法包括：（1）**改善父母選擇性關注的技巧**（Eyberg & Robinson, 1982; McMahon & Forehand, 2005; Kaminski et al., 2008; Kelley, Embry, & Baer, 1979; Patterson, 1982; Pollard, Ward, & Barkley, 1983; Pisterman et al., 1989; Roberts, 1985; Webster-Stratton, 1984; Webster-Stratton, Hollinsworth, & Kolpacoff, 1989）；（2）

改善父母給予命令的方式（Blum, Williams, Friman, & Christophersen, 1995; McMahon & Forehand, 2005; Gerdes et al., 2010; Green, Forehand, & McMahon, 1979; Patterson, 1982; Roberts, McMahon, Forehand, & Humphreys, 1978; Williams & Forehand, 1984）；（3）**增進孩子一個人玩的行為**（Anastopoulos et al.,1993; Pollard et al., 1983; Wahler & Fox, 1980）；（4）**父母使用「隔離法」**（Anastopoulos et al., 1993; Bean & Roberts, 1981; Curtis, 2010; Danforth et al., 2006; Day & Roberts, 1982; Eyberg & Robinson, 1982; McMahon & Forehand, 2005; Kaminski et al., 2008; Patterson, 1982; Pisterman et al., 1989; Roberts, Hatzenbuehler, & Bean, 1981; Roberts et al., 1978; Strayhorn & Weidman, 1989; Wahler & Fox, 1980; Webster-Stratton et al., 1989）；（5）**以反應代價**（response cost）**做為管教方法**（Anastopoulos et al., 1993; Little & Kelley, 1989）；（6）**父母事先規劃及安排活動做為預防問題發生的措施**，此法特別適合在帶孩子到公共場所之前實施（Anastopoulos et al., 1993; Curtis, 2010; Gerdes et al., 2012; Pisterman et al., 1989; Sanders & Christensen, 1984; Sanders & Dadds, 1982; Sanders & Glynn, 1981）；（7）**父母練習新技巧**（Kaminski et al., 2008）；（8）**對孩子的管教有整體一致性**（Kaminski et al., 2008）；和（9）**使用「每日行為報告單」**（daily behavior report cards）**監控孩子在校行為及在家執行後果**（Barth, 1979; Dougherty & Dougherty, 1977; Fabiano et al., 2010; Jurbergs, Palcic, & Kelley, 2008, 2010; Lahey et al., 1977; Schumaker, Hovell, & Sherman, 1977）。

　　然而，在各種因素中（參見後文「成功與失敗的預測因子」），孩子及父母的心理病理之廣度、性質及嚴重度對本方案的成功程度影響很大。當孩子的主要問題是不順從或對立行為，而其家庭並沒有嚴重的功能不良時，本方案通常可顯著地降低對立性，並在一些案例裡能夠促使孩子的行為與順從性回歸至合乎其年齡層的正常範圍。據筆者個人經驗，對那些患有較嚴重兒童期障礙症的孩子（如 ADHD、ODD、CD、ASD，或少年期發作的雙相情緒

障礙症等長期性的問題），此方案可增進他們的順從度。不過，在治療後，許多孩子可能在兒童行為量表中注意力不足、衝動行為等方面的表現與一般發展孩子相較仍有偏差，尤其那些在治療前即有顯著 ADHD 或 CD 症狀的孩子（Anastopoulos et al., 1993; Chacko et al., 2009; Drugli, Larsson, Fossum, & Morch, 2010; Johnston, 1992）。面對這類孩子時，治療師應採取的態度是訓練父母「因應」（cope）孩子的問題，而不是「治癒」（cure）他們；而本方案可以讓親子衝突的程度，以及因不順從而造成孩子各種問題及家庭苦惱的程度都減至最小。

　　超過十二歲或有嚴重攻擊和傷害他人行為的孩子不適用本方案。他們往往對本方案沒有反應，或對這些程序的反應反而導致家庭衝突愈演愈烈。在少數例子中，這些青少年原來就有的破壞行為、口語攻擊行為，甚至肢體攻擊行為可能會增加，使家人的痛苦比治療前更大（Barkley, Guevremont, Anastopoulos, & Fletcher, 1992）。年紀較大的孩子可能經年累月地使用脅迫行為並一再得逞（特別是涉及肢體與語言的抗拒行為），他們的反抗行為與行為規範問題在程度上都更為嚴重；他們可能有更明顯的精神異常，也可能來自較破碎或缺損的家庭（Dishion & Patterson, 1992; Patterson, Reid, & Dishion, 1992）。由於以上種種因素，大孩子可能從親職訓練方案中獲益較少，雖然某些大孩子及其家人可能仍有收穫（Barkley et al., 1999; Barkley, Edwards, Laneri, Fletcher, & Metevia, 2001; Barkley, Guevremont, et al., 1992; Dishion & Patterson, 1992; McCart et al., 2006）。年齡大一點的青少年可能對以他們為處遇焦點的認知行為治療較有反應（McCart et al., 2006）。而對於具有嚴重攻擊及反抗行為的大孩子與青少年，或許更適合的治療方式是多元且較密集的門診治療（Patterson, Dishion, & Chamberlain, 1993）、居家多元系統方式的治療（Mann, Borduin, Henggeler, & Blaske, 1990），或治療性寄養家庭、日間留院治療、療養院，或兒童精神科住院治療等方式。在前述各種治療方式即將結束時，可以讓父母接受本方案的訓練，以準備好迎接孩子回家。

　　父母具有高中以上的教育程度，且個人或家庭苦惱程度最小者，最可能成功習得並運用本方案所教授的知識與技巧。這些父母也較可能對本方案的使用滿意度較高（Calvert & McMahon, 1987; McMahon & Forehand, 1984, 2005; Patterson, 1982; Sanders, 1996; Webster-Stratton & Spitzer, 1996）。本方案所教導的方法經由其他成人或直接接受過訓練的父母檢視後，也獲得高接受度（Calvert & McMahon, 1987; Kazdin, 1980; McMahon, Tiedemann, Forehand, & Griest, 1984; Sanders, 1996; Webster-Stratton & Spitzer, 1996）。如前述文獻回顧所示，這些父母不僅報告孩子的行為改善了，而且也有直接觀察到父母本身及孩子的行為改變。接受兒童行為管理技巧訓練的父母也表示：這些訓練增進了他們的親職知能、降低了親職壓力、提升了他們的自尊感和親職能力感（Anastopoulos et al., 1993; Curtis, 2010; Danforth et al., 2006; Gerdes et al., 2012; van den Hoofdakker et al., 2007; Pisterman et al., 1989; Spaccarelli, Cotler, & Penman, 1992; Spitzer, Webster-Stratton, & Hollinsworth, 1991），還改善了手足的行為（Eyberg & Robinson, 1982; Humphreys, Forehand, McMahon, & Roberts, 1978）；在某些案例中，並促進了婚姻和家庭功能（McMahon & Forehand, 2005）。

療效之跨時維持

　　有些研究檢驗在類似本方案的行為取向親職訓練方案的治療結束後，父母與孩子呈現已改善的親子互動能繼續多久。結果發現在治療結束後，孩子行為、父母行為以及父母對孩子的態度等改善情形可維持三個月至五、六年，有的甚至長達九年（Drugli et al., 2010; Dubey, O'Leary, & Kaufman, et al., 1983; Eyberg et al., 2008; McMahon & Forehand, 1994, 2005; Patterson, 1982; Patterson, Chamberlain, & Reid, 1982; Patterson & Fleischman, 1979; Pisterman et al., 1989;

Strain, Steele, Ellis, & Timm, 1982; Webster-Stratton, 1982; Webster-Stratton et al., 1989）。但是，也有一些研究指出，相較於本方案訓練的其他技巧，在追蹤期中父母較不容易維持對孩子的利社會行為給予正向關注的技巧（Webster-Stratton, 1982; Webster-Stratton et al., 1989）。儘管父母的正向關注技巧在治療終止後可能會隨時間減退，追蹤研究仍然發現，治療結束後，孩子行為的進步可以繼續維持到四年半以後。這麼多研究都發現治療成效會隨時間繼續維持實在令人振奮，但並不是所有親職訓練研究都有此結果，有少數幾個研究並未發現行為取向親職訓練有如此長期的效果（Bernal, Klinnert, & Schultz, 1980; Strayhorn & Weidman, 1991），顯示並非所有形式的行為取向親職訓練都有持續的療效。

療效之跨情境類化

　　治療師與學校人員可能一廂情願地相信，如果父母參與行為取向親職訓練方案（不論是在心理衛生專業機構或甚至在家中進行），將可改善孩子的在校行為。不幸的是，雖然至少已有一個研究支持上述看法，但大多數的研究並未發現治療成效可以類化至學校情境（Barkley et al., 2000; Horn, Ialongo, Greenberg, Packard, & Smith-Winberry, 1990; Horn, Ialongo, Popovich, & Peradotto, 1987; McMahon & Forehand, 1984; Patterson, 1982）。有些研究發現，父母曾參加親職訓練的孩子（或至少一部分這樣的孩子），在校行為有進步，但是在這些研究中有同樣多的孩子，雖然其父母也曾參加親職訓練，其在校行為並沒有任何改變，或甚至在校行為顯著惡化（Firestone, Kelly, Goodman, & Davey, 1981; McMahon & Forehand, 1984）。不過，所有這些未發現治療成效可類化到學校情境的研究，都沒有直接將在校行為問題鎖定為親職訓練方案目標的一部分。因此，如果訓練方案沒有著力在改變學校情境以聚焦

於改善孩子的學校行為，那麼運用傳統行為取向親職訓練方案的治療師，就不應該鼓勵父母或學校人員相信治療成效可以類化到孩子的在校行為。這就是筆者在這個版本中增加一個訓練課程的原因之一，期能幫助父母以在家獎勵計畫協助老師改善孩子的在校行為與表現。如前所述，目前已發現這個程序的運用促進了老師對孩子在校行為的評量，並改善孩子的家庭作業表現。同樣地，當方案是聚焦在透過學校篩選出的孩子，然後提供家長在家裡（透過親職訓練）及在學校（透過教師中介的介入）針對孩子進行行為取向介入，那孩子在家裡的行為不太可能會有顯著的改變（Barkley et al., 2000; Seeley et al., 2009）。正如前述，在這些案例裡，父母並非自己主動尋求介入。

成功與失敗的預測因子

關於本方案的研究顯示，60-75% 以上家有 ADHD 孩子和／或臨床上嚴重對立行為問題孩子的家庭，可望因本方案（Anastopoulos et al., 1993; Pisterman et al., 1989; Quici, Wheeler, & Bolle, 1996）以及類似方案（Bernal et al., 1980; Dishion & Patterson, 1992; Webster-Stratton et al., 1989）展現臨床顯著改善，或甚至復原（正常化）。狀況改善比例較多的是年幼的（六歲以下）及臨床情況較不嚴重的孩子（Dishion & Patterson, 1992; Webster-Stratton, 1982）。然而，並不是所有的家庭都可望從類似本方案的行為取向親職訓練方案獲益；有關此類方案的研究指出，有幾個因素與方案的成效不佳有關（參與的訓練次數、未能完成訓練或回診追蹤、親子衝突改善程度不夠）。親職訓練工作人員應考慮這些因素，並試著以此為基礎來決定哪些個案家庭適合參加親職訓練團體（例如：可能會獲益者），或接受個別訓練（例如：危險因子較多者），或甚至可以將家庭區分為：父母可接受親職訓練的家庭，和可能需要先提供其他更聚焦於父母本身治療的家庭（Holden, Lavigne, & Cameron, 1990）。

✳ 孩子因素

只有幾項孩子特徵被認為與親職訓練方案的成效有關，其中一個可預測親職訓練方案成效減少的相對一致的預測因子是孩子的年齡。經比較不同年齡層的個案，對學齡前兒童（六歲以下），行為取向親職訓練方案有正向效果的比率最高（>65%），其次是學齡兒童（50-64%）（Anastopoulos et al., 1993; Dishion & Patterson, 1992; Strain et al., 1982; Strain, Young, & Horowitz, 1981），再其次是青少年（25-35%）（Barkley et al., 2001; Barkley, Guevremont, et al., 1992; McCart et al., 2006）。不過，年齡的效應實際上可能是一個倒 U 字形或曲線函數，因為在學齡前組中發現，孩子**年紀愈小**，父母中途退訓率愈高及訓練效果愈差（Holden et al., 1990）。即使在學齡階段，也有一個研究發現年齡對治療效果的影響與上述的結果相反，亦即年紀較小的學齡孩子的父母較可能過早中斷治療（Firestone & Witt, 1982）。而孩子的智力或心理年齡愈高，親職訓練的效果愈好，或父母愈能堅持完成訓練方案（Firestone & Witt, 1982）。

有些研究特別指出，孩子行為問題及反抗性的嚴重程度，與治療成效受限及父母較可能過早中止親職訓練有關（Dumas, 1984; Holden et al., 1990）。對於較嚴重的兒童期內化症狀（焦慮、憂鬱、退縮），也可能預測這類方案的治療成效較低（Drugli et al., 2010）。不過對於孩子的內化及外化心理病理和療效的關係或許可以有另外一個解釋：親職壓力、婚姻苦惱以及父母的心理病理狀況三者跟孩子問題嚴重程度的關係（Webster-Stratton & Hammond, 1990）。也就是，孩子問題的嚴重度在此僅僅是一個指標，指向更重要的父母因素（參見後面的討論），那才是造成父母中途退訓或訓練沒有效果的真正原因。不過，也有其他研究顯示，侵擾行為越嚴重的孩子可以從行為取向親職訓練獲益最多（Hautmann et al., 2010）。

孩子呈現心理病理症狀的程度也可能預示親職訓練方案（如本方案）的

成效不佳或改善程度有限。這些症狀包括：缺乏道德、同理心和罪惡感，通常統稱為冷酷－無情（callous-unemotional, CU）群類，出現在有侵擾行為障礙症（例如：ADHD、ODD 和 CD）的孩子身上，通常早在三歲大就可以可靠地評估出來（Loeber, Burke, & Pardini, 2009）。研究顯示 CU 特質比 ADHD、ODD 和 CD 症狀更具跨時預測力，並且往往與持續出現反社會行為的較高可能性有關聯（Burke, Waldman, & Lahey, 2010; Loeber et al., 2009; Pardini & Fite, 2010）。針對 CU 特質和行為介入成效之間關係的研究為數不多，這些研究發現，這類孩子在治療前就已有較高比率的外化行為，在訓練過程中依然表現出這些行為，而訓練後即使有所改善，效果也較差（Waschbusch, Carrey, Willoughby, King, & Andrade, 2007）。另有研究發現，在接受行為取向親職訓練之前，行為規範問題兒童所測得的心跳率低，可預測訓練方案成效差（Stadler et al., 2008）。低心跳率也許是更廣泛的低自主神經激發能力（autonomic arousability）的一個指標，研究顯示，低心跳率較可能與 CU 特質及持續行為規範問題有關（Stadler et al., 2008），所以在這個研究中，訓練前的低心跳率可能就只是一個指標，顯示這些孩子在訓練前已具有較高的 CU 特質。

誠如前述，我們不應該期待有反抗行為的 ADHD 孩子在父母參加本方案後，他們所有的行為問題便會「復原」或「正常化」。研究指出，孩子的反抗與敵意行為很可能透過本方案可以得到最大程度的改善，但對於 ADHD 症狀只能有部分的改善或是完全沒有改善（Anastopoulos et al., 1993; Chronis et al., 2004; Johnston, 1992）。因此，對這類孩子所提供的整體治療計畫（treatment package），可能需要加入興奮劑藥物或其他藥物治療，以充分處理他們的 ADHD 共病症狀（Firestone et al., 1981）。當有興奮劑藥物用於治療 ADHD 孩子時，治療師可能會發現，加上親職訓練方案有時對這些家庭並不會有額外的效益（Abikoff & Hechtman, 1995; Firestone et al., 1981; Horn et al., 1991）。由於興奮劑藥物已被證實是對患有 ADHD 的孩子最有效的治療方法之一（Connor, 2006），臨床工作人員在做出 ADHD 診斷時，便應該與父母討論這

樣的治療方法。然而，有些父母會希望在親職訓練完成之後，再讓孩子接受藥物治療。因此在第三版中，筆者修改了原來的親職訓練方案，建議治療師可在訓練方案的最後一次課程中，與這類父母討論藥物治療。治療師若想知道更多有關 ADHD 孩子的藥物治療資訊，可參考筆者針對此主題所撰寫的教科書（Barkley, 2006），或參閱 Wilens（2008）以此主題為父母而寫的好書。

至少有一項研究發現，相較於男孩，女孩可能從行為取向親職訓練方案獲益較少，或至少在五到六年的追蹤中，繼續被診斷為 ODD ／ CD 的可能性較高（Drugli et al., 2010）。

❀ 父母因素

對於行為取向親職訓練方案的成效，父母因素也許比孩子因素有更好的預測力（Reyno & McGrath, 2006）。當父母年齡比參加訓練者的平均年齡相對較年輕、智商較低和／或學歷低於高中，以及社經地位較低時，通常中途退訓的比率較高（Fernandez & Eyberg, 2009; Reyno & McGrath, 2006），或訓練成效不如其他人（Dumas, 1984; Firestone & Witt, 1982; Holden et al., 1990; Knapp & Deluty, 1989; Reyno & McGrath, 2006; Webster-Stratton & Hammond, 1990）。不過，行為取向親職訓練的相關研究中，有時並未發現低社經地位有負面影響（McMahon & Forehand, 1984; Reyno & McGrath, 2006; Rogers, Forehand, Griest, Wells, & McMahon, 1981）。有一項研究也發現，族群背景與中途退訓或訓練進步緩慢有關；出現這樣問題的弱勢族群比強勢族群多（Holden et al., 1990）。然而，研究也發現社經地位（如同族群因素一樣）與治療的進展緩慢有關。已知各族群在各階層社經地位的代表性不均，因此，社經地位可能實際上是造成不同族群有不同治療成效的原因。後續研究也確實沒有發現在心理社會治療的效益中，族群背景是一個影響因素（Jones et al., 2010）。而可預期的是，已發現父母參與訓練方案的次數與治療成效有關（Strain et al., 1981）。

某些行為取向親職訓練方案也發現,親職自我效能感較低能預測孩子的行為進步較大(Hautmann et al., 2010)。

　　親職訓練效益不彰及中輟率高特別可能出現在某類父母(母親)身上,這類父母不僅在社區中被成人同儕孤立,而且在自己身處的大家庭中又面臨令人反感的互動(Dumas, 1984; Dumas & Wahler, 1983; Salzinger, Kaplan, & Artemyeff, 1983; Wahler, 1980; Wahler & Afton, 1980)。這類父母即使在訓練時能顯現出管教孩子技巧的進步及親子衝突的減少,在訓練結束後卻比較可能故態復萌(Dumas & Wahler, 1983; Wahler, 1980; Wahler & Afton, 1980)。Dumas 與 Wahler(1983)指出,母親的孤立無援,加上不利的社經地位,可以解釋將近 50% 的療效變異量。由此可見,當治療師在治療前評估行為取向親職訓練對某個家庭會產生效果的可能性時,前述這些因素或許特別重要。不過,藉由治療師提供更多的參與和訓練,給予更多的時間練習(Knapp & Deluty, 1989),並且在訓練前或訓練當中處理母親社交孤立的問題(Dadds & McHugh, 1992; Dumas & Wahler, 1983; Wahler, Cartor, Fleischman, & Lambert, 1993),這些家庭仍有機會在孩子管教方面有顯著的進步。

　　有較嚴重心理病理(特別是憂鬱、酒/藥癮、成人 ADHD)問題的父母,似乎無法在親職訓練方案(如本方案)中表現得好(Chronis et al., 2011; Patterson & Chamberlain, 1994; Sonuga-Barke, Daley, & Thompson, 2002)。他們可能從一開始就抗拒訓練及排斥家庭作業,並且似乎在整個訓練過程一直持續這樣的態度。同樣地,展現較多否定與無助感,或憤怒控制力差的父母,通常無法從這類訓練方案受益,或者較可能中途退訓(Fernandez & Eyberg, 2009; Frankel & Simmons, 1992)。在管教孩子的親職訓練之前或附加在訓練之中,提供更有效的問題解決訓練或憤怒管理技巧訓練,可有助於提升親職訓練方案的成效(Chacko et al., 2009; Goldstein, Keller, & Erne, 1985; Pfiffner, Jouriles, Brown, Etscheidt, & Kelly, 1988; Prinz & Miller, 1994; Sanders, 1996; Spaccarelli et al., 1992)。

如果親職訓練的對象是 ADHD 孩子的父母,治療師必須考慮一個事實:ADHD 已知具有強烈的遺傳性(更多討論請參閱 Barkley, 2006 或 Nigg, 2006),平均 25% 以上的 ADHD 孩子的父母很可能也有 ADHD。而患有 ADHD 的孩子中,高達 65% 會共病 ODD,即使沒有共病 ODD,患有 ADHD 的孩子也比一般孩子更難管教。因此,被推薦來參加行為取向親職訓練方案(如本方案)的家庭,常見的共同因素就是孩子普遍患有 ADHD。這使人聯想到有很大的可能性,不單單只是親職訓練焦點的孩子患有 ADHD,其父母之一也可能有 ADHD。研究顯示,父母患有 ADHD 對親職行為有顯著的不利影響(Chen & Johnston, 2007; Chronis-Tuscano, Raggi, et al., 2008; Griggs & Mikami, 2011),詳見後面的討論;而且可有力地預測親職苦惱(Theule, Wiener, Rogers, & Marton, 2011)。行為取向親職訓練方案的成效不彰或父母在方案中失敗,也跟父母患有 ADHD 相關聯(Chronis et al., 2004; Chronis-Tuscano et al., 2011; Evans, Vallano, & Pelham, 1994; Sonuga-Barke et al., 2002)。ADHD 父母似乎透過一個中介變項對親職訓練產生不利影響,此中介變項即 ADHD 父母實施負向教養的程度(Chronis-Tuscano et al., 2011)。而使用興奮劑藥物治療父母的 ADHD,可能有利於促進這些父母從親職訓練課程獲益(Chronis-Tuscano, Seymour, et al., 2008; Evans et al., 1994)。基於前述原因,臨床工作人員需要運用一些篩檢方法,來對孩子已確診為 ADHD 的父母或對計畫進入親職訓練方案(如本方案)的父母進行 ADHD 篩檢。使用成人 ADHD 症狀量表,例如:「巴克萊成人 ADHD 量表－IV」(Barkley Adult ADHD Rating Scale－IV; Barkley, 2011),可以很容易地篩檢成人的 ADHD。在這類量表上得分高的父母,應轉介去接受更完整的評估以便確診是否有 ADHD,並在參加親職訓練方案之前,先行治療此症。

　　婚姻失和的程度也是本方案(Chronis et al., 2004; McMahon & Forehand, 2005)和其他親職訓練方案(Chronis et al., 2004; Patterson, 1982; Webster-Stratton & Hammond, 1990)成效不彰的一個預測因子。也許更好的方式是在

進行管教孩子的親職訓練之前，先為這類父母提供婚姻治療（Dadds, Schwartz, & Sanders, 1987）或離婚諮商，以協助解決其婚姻問題，或者將這些治療附加在親職訓練中同時進行。雖然參與親職訓練往往可改善親職技能，但難藉此改善婚姻中的困難（Anastopoulos et al., 1993）。

此外，在接受親職訓練時，婚姻或家庭是否完整（父母為婚姻關係），也是親職訓練方案成效的一個預測因子。相較於雙親家庭，對單親媽媽家庭的親職訓練成效較差（Chronis et al., 2004; Drugli et al., 2010; Strain et al., 1981, 1982; Webster-Stratton & Hammond, 1990）。但這並不是說單親媽媽可能對訓練完全沒反應；有研究發現，在訓練期間她們能立即從治療獲益（Chacko et al., 2008, 2009）。但即使對親職訓練方案（如本方案）有所反應的單親媽媽，她們孩子的對立行為在治療後也未必能回到正常，而且療效比較不可能或根本無法維持（Chacko et al., 2009）。

家庭在過去一年所經歷的生活壓力程度，也可能與親職訓練效益的降低有關（Webster-Stratton & Hammond, 1990）。當然，這可能只是前述其他因素相關的壓力較大所導致的結果，畢竟研究已經發現那些因素和方案成效有關。

❀ 治療師因素

在行為取向親職訓練方案成效上，治療師因素顯然可以占一席之地。長期以來，在針對成人（Garfield & Bergen, 1986）與兒童（Crits-Christoph & Mintz, 1991; Kazdin, 1991）的心理治療療效研究中，治療師因素被認為是相當重要的。有些研究檢驗這個因素與行為取向親職訓練的關係，其中尤以 Patterson 在奧瑞岡社會學習中心（Oregon Social Learning Center）的研究團隊為主。實習治療師不像資深治療師那樣有辦法使父母持續參與親職訓練（Frankel & Simmons, 1992; Thompson et al., 2009）。而即使同為資深治療師，那些較常使用教導與面質方式的治療師比起常用催化與支持方式的治療

師，也更容易碰到父母對訓練較多的抗拒（Patterson & Forgatch, 1985）。抗拒可能發生在訓練課程中對正式訓練程序的反應，以及父母必須完成的家庭作業中（Patterson & Chamberlain, 1994）。Patterson 與 Chamberlain（1994）表示，當孩子有嚴重反社會行為問題的家庭參加親職訓練時，親職訓練師可預料到，在治療一開始時會面臨大多數家庭的抗拒，而且這樣的抗拒很可能持續升高至治療中期。對於問題較不嚴重的個案與孩子年齡較小的家庭，這樣的抗拒可能到治療結束時獲得處理與解決。但對更困難的個案，父母可能會持續高度的抗拒，預示了父母管教孩子的技巧不會有太大改變，以及整體療效不佳。當事人這樣的抗拒很可能會引發治療師的面質行為，而如前所述，治療師的面質行為又可能會增加當事人的抗拒。因此，親職訓練治療師必須做到「微妙的平衡」（delicate balancing act），也就是提供催化與支持以激勵父母改變行為時，治療師試圖在教導與面質父母抗拒上達到最理想的程度（Patterson & Chamberlain, 1994）。

❈ 方案因素

對類似本方案的行為取向親職訓練方案的研究已多到足以綜合研究結果進行整合分析，這種分析方式可提供更大的檢驗（及偵測）治療成效的效力，也提供了一種方法來探討可能影響方案成效的各種調節或中介因子。Kaminski 與其同事（2008）進行了這樣的分析，檢視這些訓練方案中似乎可促成較大改善（測出較大效果值）的組成部件。他們發現如果方案能夠聚焦在：增加正向親子互動、增加情緒溝通技巧、教導父母使用「隔離法」、強調父母教養方式一致性的重要、要求父母練習在訓練課程中學到的新技巧，比起未運用這些方法的方案，這樣的方案會有較大的成效。本方案運用了這些部件，所以比起其他沒有運用這些方法的方案，可預期在改善孩子行為及適應上會有更大的成效。

手冊架構

本訓練手冊共分為四個部分：第一部分提供本方案的背景資料、理論及研究基礎、治療前後評估對立反抗兒童的方法，以及在使用此治療方案前所需考量的各種先決條件。第二部分提供執行本方案每階訓練課程的詳細說明。臨床工作人員不但要徹底熟悉第二部分，而且在訓練家庭時還要定期溫習每一階課程的內容。第二部分的每一階課程一開始都列出在這一階課程教導的內容大綱，對本方案極富經驗的臨床工作人員在與家庭進行訓練課程時，只需參考大綱即可。第三部分包含衡鑑工具，這些衡鑑工具在治療前後評估孩子及家庭時很有用。第四部分則包含本方案每一階課程中所要使用的父母講義。

原方案的修訂

原本已熟悉本方案初版手冊（Barkley, 1987）的讀者，可能很高興得知第二版所做的修改（Barkley, 1997）繼續保留在第三版中（編註：本小節所提及的均為原文版本）。大部分的變更如下所列：

1. 本手冊的「緒論」（如前文）及第一章「方案的理論基礎」繼續大量引用支持本方案及其組成部件之成效的研究文獻，因此，治療師若希望探討本方案及其方法背後的實證文獻，可以更易上手。此外，這也是為了要支持在初版手冊中曾提出、但未註明文獻的許多主張。最後，當臨床工作人員要向健保局或其他保險公司爭取核准這些服務並給付訓練方案的費用時，也許會需要引用臨床研究文獻來證明行為取向親職訓練的效益，以利申請給付；提供這類研究引用資料有助於讓保險公司及政府機構核銷訓練費用。

2. 本版對最初的衡鑑工具做了大幅度的修改，並納入個案基本資料、發展史／醫療史，這些均十分有助於對反抗性兒童的評估工作。本手冊再次納入家庭及學校情境問卷，以協助辨識出侵擾行為出現的確切情境；一方面有助於制定治療計畫，另一方面也可以對孩子行為問題之廣泛程度有所了解。

3. 初版中的第三階課程（增加順從）及第四階課程（降低干擾），在第二版中合併為一次訓練課程（第三階課程）。根據我們的臨床經驗，這兩個部分可以很容易地在一次親職訓練課程中完成。第三版維持這項改變。

4. 本版也繼續包含協助父母實施「每日在校行為報告單」的課程（現為第八階課程）。父母可以利用這份報告單來協助老師改善孩子在課堂上的行為及課業表現。這部分是在第二版中新增的，已證明其實用性，因而在此予以保留。這一階課程顯然專為學齡孩子設計，若用於學齡前孩子時，可跳過此部分。

5. 第二版新增在執行「隔離法」時，孩子抗拒留在隔離區的處理方法。這個方法涉及使用屏障約束，例如：將孩子隔離於臥室裡，必要時甚至可關門且上鎖，以預防孩子逃離，第三版也保留這個方法。

6. 初版中的第八階課程（在公共場所處理不順從行為）擴充後成為第二版中的第七階課程，其中納入「事前諸葛」（大聲想－事先想）步驟，讓父母在公共場所以外的地方，也能使用此管教辦法。此階課程也納入「活動規劃」（planned activities）做為預防措施，以防止在即將面臨的家庭情境和公共場所中孩子可能出現行為問題。同樣地，這些方法都保留在本版中。

摘要

　　本手冊詳述的程序是專為二至十二歲,有不順從、反抗或對立等行為的孩子之家庭設計。本套方法是提供給有經驗的臨床工作人員使用,他們必須有適當的訓練,足以為這類反抗性孩子的家庭提供心理服務。儘管本方案成效甚佳,但這些程序的成功與否仍取決於許多因素,包括:孩子問題的本質與嚴重度、孩子年齡、父母與家庭心理病理問題的嚴重度與廣度,以及父母的智力程度與採用這些方法的動機程度等。在適當教導下,本方案可以顯著有效地降低或消除孩子的行為問題。

第一部分

使用本方案前的必備知識

第一章

方案的理論基礎

本章說明親職訓練方案的主要焦點、選取該焦點的論據，以及支持該焦點的重要研究發現。如 Mash 所述（參見 Mash & Barkley, 2007），行為衡鑑及治療兩者的目標必須：清楚界定、與孩子及父母目前的主訴有關聯、對孩子目前及未來的適應有意義，且盡可能以一個可適當解釋目標行為發展與持續之理論為基礎。本介入方案的目標 —— **孩子的反抗或不順從**，明顯符合這些必要條件。

不順從／反抗的定義

這裡所謂的「不順從」，是指以下三類孩子的行為：

1. 孩子無法在大人命令後合理的時間內開始做大人要求的行為。父母可能會特別規定在什麼時候要開始行動（例如：「卡通結束後馬上去收拾你的玩具！」）不過，在大多數的情況下，合理的時間是十五秒。針對不順從的研究通常採用更嚴格的十秒做為開始順從行為的合理時間。

2. 孩子無法持續順從大人的命令，直到完成命令中規定的要求。有些人可能

會將此行為類別視為一種對工作的注意力廣度或注意力持續的問題（「專注工作」的行為）。

3. 孩子無法遵守以前曾教過的在某特定情境中應有的行為規範。這類行為的例子有：在課堂中擅自離開座位、在百貨公司裡未經許可隨便亂跑、偷東西、說謊、打人或攻擊別人、未經許可從廚房拿食物、對父母講髒話等，這些都是父母所認為違反行為規範的孩子行為。

然而，「不順從」可能傳達的意思是孩子消極地逃避完成父母的命令與要求，或消極地逃避遵守已被聲明的家規。「反抗」一詞則用來描述孩子不僅不遵從指示或規定，而且在父母試著強迫孩子順從指示時，孩子會主動地以言語或肢體表現抗拒——口頭拒絕、大發脾氣，甚至攻擊父母。不順從的例子有：

吼叫	偷竊	沒做完該做的家事
發牢騷	說謊	破壞財物
抱怨	吵架	打架
反抗	羞辱／惹怒他人	沒做功課
哭或屏住氣	取笑挖苦	打斷別人的活動
發脾氣或尖叫	不理會要求	生活習慣很差
摔東西	自傷	跑掉
爭辯或冷嘲熱諷	罵髒話	肢體抗拒

這些例子雖然表面上看起來不同，但所有的行為都可分析歸屬到一個涉及「不順從」的更普遍或更廣泛的行為類別。這一大群相互關聯的行為表現也被稱為對立反抗症（ODD）、敵對－反抗行為、社會性攻擊，以及行為規範問題或外化問題。其中的某些行為，其實就是孩子為逃離或躲避被強迫接受命令而做的努力（參見 Patterson, 1982）。因此，針對「不順從」而設計的一般方案都可以用來治療這些行為。研究顯示，治療「不順從」往往可以導致其他同

類行為的明顯改善，即使這些行為並非治療鎖定的目標行為（參見前述有關方案成效的研究文獻及 Danforth et al., 2006; Russo, Cataldo, & Cushing, 1981; Wells, Forehand, & Griest, 1980）。本方案鎖定「不順從」做為目標，得以和其他親職訓練方案有所區別。那些方案可能只挑選一種或數種不當行為做為治療重點，卻未能處理其挑選的特定外化行為所歸屬的更普遍的不順從或反抗類別行為。

　　另一個了解各種侵擾行為間關係的方法，則是採用整合分析進行文獻回顧，以因素分析方法研究這些侵擾行為間的關係。Frick 等人（1993）所做的這類分析，顯示各種對立行為可如何集結成一種非破壞性的外顯侵擾行為，這類行為與其他三類同樣或更嚴重的問題行為（反社會行為、違犯常規、攻擊和侵犯他人）有關。因此，兒童期的對立行為帶有顯著的同時性和發展性風險，亦即這些孩子可能同時會有和未來會發展出更嚴重的外化問題〔例如：行為規範障礙症（CD）〕，而 CD 和 ODD 共病就是一項有力的指標，可預測孩子同時及未來會有反社會或犯罪行為以及藥物使用和濫用問題（Burke et al., 2010; Lier, van vander Ende, Koot, & Verhulst, 2007; Loeber et al., 2009; Nock, Kazdin, Hiripi, & Kessler, 2007; Rowe, Maughan, Pickles, Costello, & Angold, 2002）。除了已知和 CD 有關外，兒童期對立性也意味著日後罹患焦慮症和憂鬱症的風險會增加（Barkley, 2010; Burke, Hipwell, & Loeber, 2010; Burke & Loeber, 2010; Nock et al., 2007; Speltz, McClellan, DeKlyen, & Jones, 1999; Stingaris & Goodman, 2009）。而 ODD 和焦慮間的關聯性，可能有一部分就是透過 ODD 和 ADHD 共病以及焦慮和 ADHD 共病做為中介變項而產生的（Humphreys, Aquirre, & Lee, 2012; Speltz et al., 1999）。

何時才應接受治療

　　孩子（尤其學齡前孩子）出現一些不順從或反抗行為是正常的，不要因為

偶爾會出現,就將其視為病態或不正常。這類典型、偶發的反抗不足以成為需要臨床治療方案(如本方案)的理由。臨床工作人員必須謹慎評估,只有**在以下三個準則中至少有兩個成立時**,才能決定孩子的不順從行為需要臨床介入。

1. 孩子的行為在發展上不合宜或在統計上有偏差,亦即其行為發生的程度顯著高於同齡孩子的一般狀況。這可以透過兒童行為量表的使用來評估上述狀況是否成立,這些行為常被編製量表者稱為攻擊性或行為規範問題。有關這類的衡鑑方法會在第二章詳細說明,在此僅簡述:若孩子的行為在量表上被評為達到第 84 百分位數(即比平均值高出一個標準差)或更高時,即表示已達到行為偏差。雖然通常是從父母對孩子行為的評量中獲取這些資料,因為家裡是這類行為發生最嚴重的地方,然而老師在這些量表上的評量結果也可以用來判斷是否已符合發展上不合宜的準則。或者,透過與父母的臨床晤談也可以發現孩子是否已表現出足夠多的症狀,而符合 ODD 或 CD 的臨床診斷標準。

2. 孩子的行為已導致相當程度的功能減損。也就是說,孩子的行為模式已干擾他在生活各主要活動領域有效運作的能力,未具有符合其發展上應有之適應行為,如:自我照顧、與家人及同儕有適當的社交互動、承擔合乎其年齡的責任(例如:家事及家庭作業、學校表現),以及能令人相信他在沒有照顧者(通常是父母)即時監督的狀況下仍守規矩等等。至於這些功能減損的程度,可採用一些由父母和老師填寫的兒童行為量表,來評估孩子在生活主要領域的適應行為,例如:「阿肯巴克實證衡鑑系統 —— 兒童行為檢核表[1]」(Child Behavior Checklist, CBCL; Achenbach, 2001)或「兒童行為評估系統 —— 第二版」(Behavior Assessment System for Children — Second Edition, BASC-2; Reynolds & Kamphaus, 2004)。或者透過與父母晤談,一起填寫量表,來明確評估適應功能,例如:使用

---

[1] 中文版由陳怡群、黃惠玲、趙家琛修訂,2009 年,臺北市:心理。

「文蘭適應行為量表」（Vineland Adaptive Behavior Scale, VABS）及「常態適應行為量表」（Normative Adaptive Behavior Scale），這些都將在第二章進一步討論。不過，相較於其他兒童行為量表，「巴克萊功能損傷量表 —— 兒童及青少年版」（Barkley Functional Impairment Scale — Children and Adolescents, BFIS-CA; Barkley, 2012b）可提供更精確、更具標靶性的衡鑑，經由父母報告評估孩子在更多的主要生活活動領域（共有十五個領域）的功能減損狀況，並且目前已建立六至十七歲的美國全國代表性常模。就本準則目的而言，只要在以上這些具有良好常模的任一損傷量表上，對照年齡常模得分落在第 7 至 10 百分位數或更低，即代表其功能減損。

3. 孩子的行為已對孩子本身或父母造成顯著的情緒苦惱或傷害。孩子的苦惱可藉自陳式的情緒適應評量工具或晤談（如焦慮或憂鬱量表之類），獲得大致印象，包括對特定的家庭現狀感到不開心，或對自己一般的社會適應狀況覺得不快樂。父母的苦惱可以很容易地直接透過專為此設計的父母自陳量表來評估，例如：「親職壓力量表簡式版[2]」（Short Form of the Parenting Stress Index; Abidin, 1995）。

臨床工作人員無論用什麼特定方法來評估行為及決定介入的合宜性，都必須努力證實孩子的反抗行為模式已超過正常適當範圍，並且正以某些方式損害孩子的適應狀況，或者造成孩子、照顧者或其他人的困擾，因此需要臨床介入。單以孩子行為在統計上的偏差，可能並不足以確認臨床診斷或支持臨床介入之必要。在此，可能較有幫助的是去考量用什麼來界定一種行為模式是心理障礙症，或許可以由此產生一些有關治療時機的指導方針。如同 Wakefield

---

2 第四版簡式中文版（Parenting Stress Index, Fourth Edition Short Form; Abidin, 2012）由翁毓秀修訂，2019 年，新北市：心理。

（1992）的討論，臨床工作人員努力嘗試確認「有害的失功能」（harmful dysfunction）存在，而應當給予心理障礙症的標籤和／或臨床治療。Wakefield（1992）進一步要求，必須個體某個內在正常的心理或認知機制失常，才能確認「有害的失功能」；而且必須在做出心理障礙症診斷之前已先辨識出這些狀況。Richters 與 Cicchetti（1993）則提出不同的看法，他們認為，雖然很多反抗或反社會行為的孩子會出現認知機制的異常，但有些孩子身上可能看不到這些跡象，尤其在情緒的自我調節方面（Loeber et al., 2009; Hinshaw & Lee, 2003），而且他們的偏差行為可能是由外在機制所造成，例如：混亂的、不利的或甚至易導致犯罪的環境。按 Wakefield 的定義，當沒有證據顯示孩子有認知或心理機制缺陷時，這些孩子不可被視為有心理障礙症。然而，有些人不同意 Wakefield 提出的異常認知機制的標準（Lilienfeld & Marino, 1995），他們的論點是正常和異常之間一直存在「模糊」的界線，因為個體的心理特徵和行為本質為一連續向度，當沿著任一向度來定義「異常」時，必須武斷地選擇在向度上的哪一點切下去（亦見 Mash & Dozois, 1996）。筆者本身不確定是否有必要設定「異常內在機制」這個標準，甚至一定要有心理障礙症診斷才能對孩子及父母提供心理社會介入。對某些相對溫和的介入（例如管教孩子的親職訓練）而言，就算參加的父母中，有些人的孩子並未達到心理障礙症的診斷門檻，或未符合 Wakefield「有害的失功能」的全部標準，這樣的介入也沒什麼不妥。換句話說，雖然通常是在心理障礙症的診斷確定後才實施治療，但也不一定非要這樣才行。焦點應該放在降低功能減損或傷害，即使很明顯沒有認知失能。

　　最後，以上討論的目的主要是提醒臨床工作人員必須保持警覺，注意某些孩子與家庭有時候可能並不需要特定的管教訓練。因為有些父母或許由於本身的心理或精神疾病，就算孩子不守規矩或不服從的程度是在正常範圍內的行為表現，他們也都深感苦惱。這類案例中，可能父母自己需要接受介入以改善他們本身的苦惱（及改變對孩子發展的期望），或處理他們自己的心理障礙症，

而不是孩子的行為。在較輕微的類似案例中，父母並沒有嚴重的心理障礙症，只是過度擔心孩子的適應狀況以及自己為人父母的能力而已。在這種情況下，臨床工作人員可能只需要簡單地對父母保證孩子一切都很好，而且父母的管教方式也不錯。同樣地，有些孩子可能表現出高於正常程度的對立行為，但未達到臨床顯著的偏差、未造成父母或孩子的苦惱，或未造成主要日常活動中顯著的功能減損。這類孩子可能被視為比較固執、「豬腦袋」、意志強硬、情緒化、僵化或固執己見，若只單純具有這些人格特質並不需要臨床介入。當然也會有少數案例的孩子，即使他們的不順從未達到臨床上的偏差、未讓父母苦惱和／或未對自己主要日常活動領域造成功能減損，他們卻對自己的社交行為深感苦惱，例如：社交焦慮症、重鬱症、輕鬱症，或甚至強迫症的個案。這類孩子可能極需要臨床治療來處理其心理苦惱，但並不特別需要針對處理孩子不順從行為的親職訓練方案（如本方案）。不過，若孩子的行為符合前述三項標準中至少兩項，則很可能表示孩子的行為已對其造成明顯風險，他可能目前及未來會出現適應不良或其他心理障礙症、社交及學業挫敗、反社會行為，以及其他顯著的負面發展結果。這種情況顯示「有害的失功能」已存在（即使與異常的認知機制無關），對這樣的風險應當提供臨床介入。

對立性的程度（不順從／反抗或 ODD）

誠如前述，在整個兒童母群體中對立性以一連續向度存在，在此向度上可分辨出不同程度的對立、反抗或不順從行為（Hoffenaar & Hoeksma, 2002）。目前對不同程度的智能缺陷可分類為「遲緩」、「邊緣」、「輕度」、「中度」和「重度或極重度」來定義智能不足，雖然將前述的某些類別調整一下或許也可適用於反抗行為的向度，不過，對如何標示不順從或反抗行為的程度目前尚無共識。在標準化的反抗行為量表上，若孩子的反抗行為得分剛好比

平均值高一個標準差（第 84 百分位數）或更低，屬於正常範圍；不過這些孩子也可能是固執或倔強的。得分在第 84 至 93 百分位數（±1-1.5 SD）之間的孩子，假如他們並未完全符合 DSM-5 的 ODD 診斷標準，則可視為邊緣性對立或不順從（McMahon & Forehand, 2005），或難管教。若孩子在這類量表上的得分高於第 93 百分位數，或者他們完全符合 DSM-5 的 ODD 診斷標準，可視為罹患 ODD，也可以進一步根據量表評估的偏差行為嚴重程度，或 ODD 症狀數目高於診斷標準的門檻多少，來判定其屬於輕度、中度或重度。符合 ODD 診斷標準的孩子，只要他們也符合上一節的臨床介入標準，都適用本方案。

ODD 和其他障礙症的關係

如同前述，兒童期 ODD 與同時會有或未來會發展出兒童期 CD 的風險有很強的相關（Lahey & Loeber, 1994; Lahey, Loeber, Quay, Frick, & Grimm,1992; Lavigne et al., 2001; Loeber et al., 2009; Maughan, Rowe, Messer, Goodman, & Meltzer, 2004; Patterson, 1982; Patterson et al., 1992）。雖然大約 20-25% 患有 ODD 的兒童可能在三年後即不再有此障礙症，但是多達 52% 的 ODD 兒童在這段期間之後仍會持續有 ODD。在三年追蹤期裡，這些持續有 ODD 的兒童，有將近一半（亦即原來患有 ODD 的全部兒童中的 25%）也會符合 CD 診斷（Lahey et al., 1992; Lavigne et al., 2001; Rowe et al., 2002）。然而，在診斷為 CD 的孩子中，超過 80% 在發病同時或甚至發病前即患有 ODD（Lahey et al., 1992; Loeber et al., 2009），使得 ODD 成為兒童共病 CD 或未來發展成 CD 的過程中最常見的早期發展階段（Whittinger, Langley, Fowler, Thomas, & Thapar, 2007）。因此，雖然大多數有 ODD 的兒童不會進一步發展成 CD（Loeber et al., 2009; Rowe et al., 2002），持續有 ODD 的兒童卻很可能會如此，並且大

多數患有 CD 的兒童將會有 ODD（August, Realmuto, Joyce, & Hektner, 1999;
Loeber et al., 2009）。研究一再指出，早期 CD 症狀初發的年齡是預測少年犯
罪及其嚴重度與持續性的特別重要預測因子，而以在十二歲以前初發 CD 症狀
為最顯著門檻（Loeber et al., 2009）。

　　除了和 CD 的關係外，ODD 也帶有共病或發展出其他心理障礙症的高風
險（Maughan et al., 2004），如 ADHD（Barkley, 2006; Speltz et al., 1999）、
憂鬱症（Biederman, Petty, Dolan, et al., 2008; Burke et al., 2010; Burke & Loeber,
2010; Lavigne et al., 2001; Maughan et al., 2004; Speltz et al., 1999），甚至焦慮
症（Lavigne et al., 2001; Maughan et al., 2004; Speltz et al., 1999）。Nock 等人
（2007）發現 92% 以上的 ODD 患者在他們一生中，至少還會罹患另一種終身
的心理障礙症，其中罹患情緒障礙症的風險是 46%，焦慮症是 62%，ADHD
或其他衝動控制障礙症是 68%，以及物質使用障礙症是 47%。

　　ADHD 和 ODD 之間有強烈的關聯，相較於沒有罹患 ADHD 的兒童，有
ADHD 的兒童有多達十一倍的可能性最終會被診斷為 ODD（Angold, Costello,
& Erkanli, 1999）。ADHD 也和 ODD 的持續性有關聯（August et al., 1999;
Biederman et al., 2008a, 2008b; Speltz et al., 1999）。ADHD 的平均發病年齡
比 ODD 早，大約 60% 有 ADHD 的兒童後來也發展出 ODD（Barkley, 2006;
Connor, Steeber, & McBurnett, 2010）；通常會是在 ADHD 發病後的幾年之內
（Burns & Walsh, 2002）。ADHD 的「過動－衝動」（hyperactive-impulsive）
症狀向度似乎最能夠預測未來是否會發展出 ODD（Burns & Walsh, 2002），
尤其是 ODD 或對立性中的任性、反抗或人際衝突等面向（Aebi et al., 2010;
Stingaris & Goodman, 2009），詳見後文的討論。所以，早期的過動－衝動
行為顯然是兒童期發展及持續 ODD 的一個危險因子。而研究也一再發現，
從只有 ADHD 到共病 ODD，對這種進展最具影響力的預測指標之一，除了
相關的父母心理病理狀況外，就是親職受損或受干擾（Goldstein, Harvey, &
Friedman-Weineth, 2007; Harvey, Metcalfe, Fanton, & Herbert, 2011）。所以，

ODD 的出現是一個風險因子，會提高現在同時或未來出現 CD、焦慮和憂鬱的可能性，而這三種外化障礙症 —— ADHD、ODD 和 CD —— 都是預測未來成年犯罪行為及拘捕率的指標（Copeland, Miller-Johnson, Keeler, Angold, & Costello, 2007）。

ODD 的盛行率

　　兒童反抗及不順從行為（已達臨床顯著及損傷程度）的發生率，絕大部分取決於調查兒童期母群體時，如何定義這類障礙症。ODD 的終生盛行率約為 10.2%（Nock et al, 2007），但依定義及評量的不同，其盛行率範圍可在 2.6-28% 之間不等（Loeber et al., 2009）。一些大規模的研究發現，兒童 ODD 盛行率約為 6%（van Lier et al., 2007）。DSM-IV-TR 所引用的則是 2-16% 的盛行率（American Psychiatric Association [APA], 2000）。Jensen 等人（1995）針對六至十七歲軍眷孩子的大樣本（1,096 人），採用父母對孩子行為問題的陳述，根據 DSM-III-R（APA, 1987）的診斷準則，研究發現 ODD 盛行率為 4.9%。另一個研究使用多元資料來源（父母、孩子、老師），調查十一歲兒童大樣本，採用 DSM-III 的診斷準則，發現盛行率為 5.7%（Anderson, Williams, McGee, & Silva, 1987）。在兒童母群體中，男女 ODD 的比例範圍為 2：1 至 3：1，但到了青少年，男女比例接近相等（Loeber et al., 2009; Nock et al., 2007; Zoccolillo, 1993）。ODD 盛行率會隨著年紀降低，在兒童期有 ODD 的兒童，長大後高達一半會不再符合 ODD 診斷標準（August et al., 1999; Biederman et al., 2008a, 2008b; Fergusson, Horwood, & Lynskey, 1993; Lewinsohn, Hops, Roberts, Seeley, & Andrews, 1993; McGee, Feehan, Williams, Partridge, Silva, & Kelly, 1990）。

反抗性孩子的親子互動本質

　　以對立性孩子家庭中的親子關係為主題的研究，因數量太多，無法在此一一回顧。有興趣的讀者至少應該細讀 Patterson（1982; Patterson et al., 1992）以及其他人（McMahon & Forehand, 2005; Wahler, 1975）的著作，這些著作具有歷史性的重要意義，並對有攻擊性及反抗性孩子的家庭互動提出洞見。尤其是 Patterson 等人針對親子互動裡，對立性和攻擊性的發展與持續，闡述了一個建構良好且被廣為接受的理論，稱作**脅迫理論**（coercion theory）（第 37 頁會談到相關內容）。脅迫理論涵蓋在社會學習理論的大框架下，而社會學習理論是所有行為取向親職訓練方案（包括本方案）的基礎（或至少最主要的一部分）（Scott & Dadds, 2009）。基本上，脅迫理論認為孩子的不順從、反抗及攻擊行為的產生和／或持續是源自家庭情境脈絡，尤其是這些行為從家庭成員那裡得到的社會性後果。這些行為是在家庭中以如此的方式習得並維持，所以可以藉由反學習（unlearning）或改變家庭裡對這些行為提供的不當增強，而降低這些行為的發生或回到一個正常狀態。若欲對一般的對立性本質，尤其是兒童 ODD 的當代文獻回顧有所了解，可參考 Hinshaw 與 Lee（2003），Beauchaine、Hinshaw 與 Pang（2010），Burke、Waldman 與 Lahey（2010），Ellis 與 Nigg（2009），Loeber 等人（2009），Nock 等人（2007），Rydell（2010），以及 Harvey 等人（2011）的著作。很重要的是，臨床工作人員在對這些家庭提供訓練時，應考量前述研究所得較具一致性和通則性的發現。筆者將這些研究結果摘要如下。

　　無庸置疑地，研究一再指出：親子互動的品質或本質與兒童期不順從、反抗、攻擊等行為模式的出現，這些行為在發展過程中的持續存在，以及日後產生青少年犯罪及 CD 的風險有強烈且確切的相關。有對立行為的孩子與父母的依附關係品質較差（Speltz, DeKlyen, Greenberg, & Dryden, 1995），同

時在與父母（及其他家庭成員）的互動中，明顯出現較多固執、言語反抗、脾氣爆發、爭辯，甚至肢體攻擊的行為。而這些孩子的父母對孩子的偏差行為也常給予非常不一致的、放任的，有時甚至是正向的行為後果（Beauchaine et al., 2010; Dumas & Wahler, 1985; Ellis & Nigg, 2009; Harvey & Metcalf, 2012; Harvey et al., 2011; McMahon & Forehand, 2005; Patterson, 1982）。如此不良的依附關係、無法預測的行為後果，甚至不經意地增強反抗行為，都可能會增加並維持孩子於日後互動中出現對立行為。當孩子不遵從父母的指令及規定，尤其是拒絕服從、出現脫序行為、大發脾氣、對父母有攻擊行為，或直接違抗命令時，父母確實很難不去注意這些行為；雖然這種注意的本質大致是負向的，而且常帶有明顯的敵意以及其他負面的情緒，但仍有可能會因而維持或增加未來的對立行為（Beauchaine et al., 2010; Burke, Waldman, & Lahey, 2010; Dumas & Wahler, 1985; Patterson, 1982; Snyder & Brown, 1983）。在其他場合，父母的放任不管可能也會助長 ODD 症狀的發展，或許就像給了孩子一個暗號，告訴孩子他不會因為對爸爸或媽媽的對立行為，而要承擔什麼後果（Harvey & Metcalf, 2012）。同樣地，父母可能會因為不想當眾出醜，而給孩子正向關注或獎賞，例如在商店、餐廳或其他公共場所，當孩子耍脾氣時，趕緊買糖果或玩具給他，這就是一個顯而易見的例子，父母的做法會加劇孩子對立行為的養成與持續。

　　相反地，父母也可能會對孩子的利社會行為或合宜的行為給予較少的關注或增強。臨床經驗指出，有行為問題的孩子，其父母監督或檢視孩子行為的頻率可能比一般發展孩子的家庭少，因此，他們不可能都會覺察到孩子當下出現的合宜行為（Loeber, 1990; Patterson, 1982）。就算他們當下覺察到孩子的行為良好，這些父母也會因為種種理由而選擇不去關注或讚美孩子。例如：在筆者的臨床經驗中，許多父母表示，當他們讚美或關注對立性孩子的好行為時，只會引起孩子爆發出負向行為，於是造成父母在遇到孩子正在表現出好行為時，會採取一種「別沒事找事」的心態。研究尚未證實當父母試著稱讚行為

問題孩子時，孩子會有這種反應出現；如果有，研究也還未發現是什麼樣的學習史使得這種行為模式產生。有可能當父母稱讚孩子的好行為時，會引發孩子開始調皮搗亂，因為孩子認為唯有如此，才能繼續吸引父母注意他；如果孩子繼續表現好行為，父母可能反而會停止和孩子互動而去做別的事。另一個使父母在反抗性孩子表現良好時不給予正向回應的原因，則是因為父母不喜歡和對立性孩子互動，因此會盡可能地選擇避免互動，減少和這個情緒化孩子有所接觸。當孩子長期出現反抗行為時，父母通常會對孩子產生憎惡或「懷恨在心」，以至於當孩子終於表現良好時，父母會選擇不去讚美他。最後可能導致父母願意花時間與孩子一起休閒及娛樂的情形明顯減少，只因為這麼做毫無樂趣可言。

另外，有對立行為的孩子（特別是那些會成為不良青少年的高危險群），其父母可能較少監控孩子的活動（Haapasalo & Tremblay, 1994; Loeber et al., 2009; Patterson, 1982; Patterson et al., 1992），也較少注意孩子的不良行為，以避免產生更多的對抗。俗話說「眼不見為淨」，父母最後可能會少花些心力去監督孩子在家的行為，免得為了任何雞毛蒜皮的不良行為而與孩子對抗。藉由忽視孩子的問題行為，父母便不需要面對為了處理這個難管教孩子而產生的厭惡感，或又陷入另一個負向且脅迫性的互動，這也許可以解釋常見的臨床現象：一般父母通常會加以糾正的不良行為，有些父母卻對眼前正在發生的這些行為視而不見、習以為常。各種可能原因有待進一步探討，但有些對立性兒童的父母簡直沒有盡到為人父母應盡的責任。追究可能原因大致有：年紀輕輕就為人父母、自己是單親父母、社會成熟度低或智力有限，甚至自己有心理障礙或精神疾病。不論問題根源何在，父母對孩子行動的監督和管教減少，通常與最嚴重的 CD 之發展有關 —— 同時包含內隱的反社會行為（如說謊、偷竊、破壞公物）及外顯的反社會行為（如對他人施以肢體攻擊）（Ellis & Nigg, 2009; Frick et al., 1993; Hinshaw & Lee, 2003; Loeber et al., 2009; Patterson, 1982; Patterson, Dishion, & Chamberlain, 1993; Patterson et al., 1992）。

　　事實上，有時也觀察到父母會去懲罰孩子的利社會行為或合宜行為，這同樣可能是出自於父母經年累月與孩子的負向互動而累積的怨恨。父母可能經常會在孩子終於做對一些事情之後給予「挖苦式的讚美」，像是諷刺地說：「總算等到你整理房間的一天了，為什麼你昨天不做呢？」由於上述種種原因，父母其實對孩子當下的行為表現並未提供適當、一致，甚至賞罰分明的行為後果，以至於無法有效地管教或控制行為。

　　這種不一致、反應過度（有時候又過於怯懦或放任）、賞罰不可預測的管教方式，正是高度對立性孩子的父母的正字標誌。這種「賞罰不明」管教法的特徵，就是對利社會行為與反社會行為一律給予懲罰，同時又間歇且不可預測地獎賞這兩類行為（Dumas & Wahler, 1985），在這種互動下，孩子不管順從或不順從，後果都會很慘。Dumas 與 Wahler（1985）曾經假設，當父母賞罰不明時，會在家中（特別是親子關係中）造成很大的社會不可預測性。這樣的環境對人類與動物都會引發與生俱來的厭惡感。孩子在此類情境中可能會試著以任何行為來降低不可預測性（增加可預測性），若成功，這些行為就被負增強，因而增加孩子這麼做的次數。因此，根據這個理論，孩子可能會對父母表現出各種反抗及攻擊行為，藉由這些行為增加親子互動過程中的可預測性。

　　負增強作用在這些親子互動中所扮演的角色已獲研究支持。正如 Patterson（1976, 1982）及同僚（Patterson et al., 1992, 1993; Snyder & Patterson, 1995）以其頗具影響力的脅迫理論所做的解釋，該研究團隊認為，父母與反抗性或攻擊性孩子都因為用攻擊和脅迫的方式對待彼此而得到負增強，而這種負增強會使得他們高度衝突且敵對的互動一直持續下去。已有大量研究支持此一論點（Beauchaine et al., 2010; Burke et al., 2010; Hinshaw & Lee, 2003; Patterson, 1982; Patterson et al., 1992, 1993; Snyder & Patterson, 1995）。

　　要了解此一理論，首先必須記得負增強和懲罰是**不一樣**的，對於行為理論的專有名詞不熟悉的人，經常會將兩者混淆。負增強是指某項行為能夠減少，或終止不想要的、令人厭惡的互動或情境。這種不愉快感的降低或減少情境的

厭惡性具有增強作用，會增加個體下次再碰到同樣情境或相關厭惡情境時，出現同樣行為的可能性。

　　在這個理論裡，一對親子中，甲方負向或令人厭惡的行為終止了乙方當下的負向行為，因此負增強了甲方的「脅迫」行為。一方運用憤怒、敵對、反抗或攻擊的行為，脅迫另一方降低或終止衝突的互動，因此稱之為「脅迫理論」。此處要了解的重點是，雙方都正在運用這種脅迫戰術對付對方（儘管不一定是故意的），因此也都處於負增強作用的影響之下，所以這種相互的負向互動鏈會持續維持下去。有時候甲方成功地脅迫乙方退出互動，或至少降低互動的厭惡性。有時候則是乙方的負向行為得逞，因此雙方都捲入了部分增強時制（partial reinforcement schedule）的作用。已知這種增強時制最能夠促使行為持續下去，上述負向或敵對的行為因而持續出現，正可解釋為何這種充滿衝突的家庭互動得以綿延不絕。經年累月下來，甲乙方都學到必須加劇本身的敵意、攻擊性或令人厭惡的行為，來使對方降低或終止互動。這大概可以解釋為什麼父母和孩子一旦開始了負向的互動，他們對彼此的負向行為會快速惡化為高強度的憤怒、敵意、攻擊性或全面性的脅迫。更糟的是，這類互動方式再度發生的可能性因而大增（Burke, Waldman, & Lahey, 2010; Pardini, Fite, & Burke, 2008; Patterson, 1982; Snyder & Patterson, 1995）。

　　舉例來說，當對立性孩子正在看他最喜歡的電視節目時，父母企圖強制命令孩子上床睡覺，想想看，此時可能會發生什麼？就像很多小孩一樣，這個孩子會覺得這樣的強迫令人厭惡、不愉快或不想要接受。因此他可能會對立、抗拒，甚至透過反抗、攻擊或其他脅迫性行為來逃脫父母的要求。如果父母從這種互動中退卻，就算是短暫的，孩子就能夠延遲上床睡覺而繼續看電視。一旦孩子能成功地逃避父母的命令（即使只是短暫逃避），他的對立行為就得到負增強。而下一次當父母要求孩子上床睡覺時，孩子抗拒命令的可能性就會增加。由於過去曾經成功地逃避父母所要求的事，當父母愈是持續地重複要求，孩子愈會更強烈地反抗。如前所述，許多父母最後可能都會默許孩子這樣的脅

迫行為。並不需要父母在**每次**下命令後都默許孩子的抗拒行為,只要有過幾次,孩子就會學到抗拒行為。

不過,父母可能也會對他們的孩子有攻擊或脅迫行為,而父母習得這些行為的歷程和孩子幾乎相同。這種情況是父母可能成功地透過大吼、尖叫,甚至體罰,使孩子停止哀叫、抗拒或發脾氣,轉而服從命令。父母可能也會發現,快速增加他/她對孩子的負向行為的強度,可以更成功地讓孩子投降而服從命令(特別是,若孩子一開始就反抗命令)。由於父母先前曾成功地終止孩子的對立行為,因此,在之後的情境中,父母可能很快地增加吼叫、威脅以及其他對孩子負向行為的強度。父母的這一招,並不需要在每一次或大多數時候遇到孩子的對立行為時都見效,只要能偶爾成功,就足以讓父母在與不聽話的孩子之間進行命令-順從的交戰時,持續此種敵對的行為模式。脅迫行為只要能偶爾成功,就足以讓父母的這種行為持續下去。

從這個觀點來看,不論是父母或孩子,都不時地有過部分成功逃離或避開對方高張的討厭或脅迫行為的經驗,可以說雙方都是這種脅迫式家庭歷程的受害者與建造者(Patterson, 1982)。結果是雙方都會在大部分的命令-順從互動中繼續對彼此採取這樣的行為。長期下來,雙方也都學到當命令-順從情境出現時,愈快加劇本身負面情緒強度與脅迫行為的一方,就愈可能使對方勉強同意他的要求。因此經過數月的彼此互動經驗後,親子間的對抗性互動可能會快速地惡化為相當強烈、情緒化,甚至攻擊性的衝突。有時這些衝突可能會演變為父母虐待孩子、孩子破壞東西、孩子對父母人身攻擊,或甚至孩子的自傷行為。

這個觀點也意味著,孩子會持續出現許多對立行為並不是由於父母的正向關注或正增強,反而是負增強所致(Patterson, 1982; Snyder & Brown, 1983)。因此,當臨床工作人員告訴父母要忽略孩子的負向行為時,可能只會使問題惡化,因為孩子很可能會把這種情況視為父母的默許。在許多情況下,父母就是不能忽略孩子的行為。因為一忽略,孩子正好可逃避而不去完成父母

的命令。在這種情況下，父母必須繼續與孩子互動，才能使孩子完成其要求。在對有行為問題孩子的父母進行訓練時，許多有經驗的臨床工作人員已注意到這個問題：「忽略反抗行為」這個方法並不永遠有效，或有時候甚至是不可能有效的。反之，許多負向的兒童行為不是透過正向的父母關注發展出來的，而是透過逃避學習（負增強）發展出來的，並且因為如此可以成功地逃避父母引發的不愉快或令人厭惡的活動，而使這些行為得以維持下來。如同 Patterson 所建議以及本方案所教導的，若想成功地減少孩子經由負增強作用而養成的不順從行為，則親職訓練方案必須加入一些輕微**且一致的**懲罰方法（通常使用隔離法），並且要防止孩子逃避父母的命令。

　　Patterson（1976, 1982）也指出，父母一旦接受訓練後，可能會主要依賴方案中所教導的懲罰方法，而逐漸減少使用正增強法。治療師必須要能預期父母會出現這樣的轉變與退步，而在親職訓練的最後幾堂課裡以及追蹤補強時處理這樣的問題。父母必須被告知，如果將懲罰方法當作主要的管教技巧，大多數的懲罰方法都會失去效用。若沒有對孩子其他的適當行為給予正增強，孩子的好行為是不太可能維持的（參見 Shriver & Allen, 1996，有關班級經營中類似問題的討論）。

　　以上有關對立性孩子親子互動幾個重要面向之回顧，可對如何訓練這些父母學習有效管教方法提供一些參考。其中最重要的是父母須被訓練到能夠：

1. 廣泛增加父母「關注」的價值，特別是在激勵與增強孩子的正向行為上，父母的關注所產生的效用。
2. 增加他們對孩子順從行為的正向關注及誘因，並減少偶爾會無意中對順從行為施予懲罰。
3. 減少無意間對孩子的負向行為給予正向關注。
4. 增加使用立即且一致的輕微懲罰來處理孩子的不順從行為。
5. 確定孩子沒有逃避掉被要求做的事（亦即孩子最終有順從命令）。
6. 減少重複命令的頻率，以避免延宕後果（口動不如行動）。

7. 辨識且迅速終止與孩子間愈演愈烈的、對立的負向互動。

8. 確定在訓練完成後，父母不會退步到以懲罰作為管教孩子的主要策略。

以上各點應該有助於減少因為賞罰不明或不一致的管教方式所導致的不可預測性，同時可確定孩子脅迫式的對立行為無法成功地逃離或躲避父母的請求、要求與命令。

了解孩子對立反抗的多元成因：孩子對立行為的四因子模式

對於促成孩子對立性的元素，可以精確地總結成一個四因子模式。請參見圖 1.1，並且討論如下。

❀ 因子 1：混亂的教養方式
（親子關係中脅迫式家庭歷程的運作）

誠如前述，造成不順從、反抗與社會攻擊行為的主要近因之一，是**混亂的教養方式**，也就是父母使用無效、不一致、賞罰不明，以及放任或甚至膽怯的管教方式，還常常（並非總是）合併有高比率的敵對情緒的表達，並且有時候包含過分嚴苛（虐待）又不一致的管教方法（Cunningham & Boyle, 2002; Farrington, 1995; Goldstein et al., 2007; Harvey & Metcalf, 2012; Loeber, 1990; Loeber et al., 2009; Miller, Loeber, & Hipwell, 2009; Olweus, 1980; Pardini et al., 2008; Patterson, 1982; Patterson et al., 1992; Pfiffner, McBurnett, Rathouz, & Judice, 2005）。此外，也發現對於有 ODD 並發展出 CD 的孩子，父母的溫暖關懷度低，孩子在家及在外（尤其是在外）的活動也缺乏父母的監管。結果，

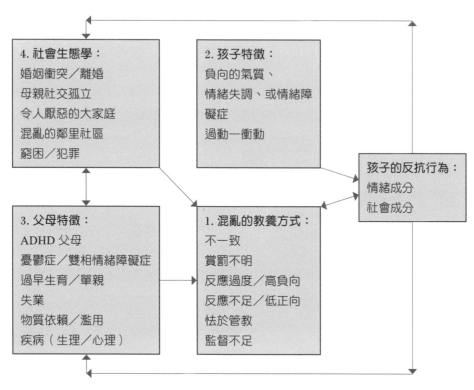

圖1.1　孩子對立反抗行為的四因子模式

即使孩子運用情緒脅迫只有部分成功，不順從與反抗也會變成他們的絕招，用來逃避不愉快、無聊或費力的工作。只要相互引發的脅迫作用有部分達到效果，它就遠遠足以讓雙方持續以令人厭惡、敵意和攻擊的行為對待彼此。孩子的脅迫行為或許也增加了親子互動結果的可預期性（無論多麼負向），甚至在某些情況中孩子會因為這樣做而得到獎賞（如：當孩子在商店發脾氣時給他們糖果）。所以相互脅迫是孩子對立性及更激烈的親子衝突產生的主要途徑。不過，莫因此就驟下錯誤結論：所有的反抗行為都完全是從親子關係學來的。社會學習理論只能讓我們了解孩子（或他們的父母）對立性與社會攻擊性的發展與演變。儘管一個孩子的不順從與反抗行為的確切形式、本質或樣貌，甚至其嚴重度，可能都跟孩子在家中的學習經驗大有關係；但是習得或表現對立或

不順從行為的可能性以及其嚴重度，至少也受其他三個領域影響（Burke et al., 2008; Loeber, 1990; Loeber et al., 2009; Patterson, 1982）。其他三個影響因素再加上混亂的兒童與家庭管教方式（即因素1），就構成了兒童對立行為的「四因子模式」。

❋ 因子 2：誘發性的孩子特徵

是否某些孩子比起其他孩子較容易有破壞性、對立或不順從的行為？的確如此。此模式的第二個因素即指出這個事實。很多證據顯示，具有某種氣質、心理特質及其他個人特徵的孩子，比其他孩子更容易表現出脅迫－攻擊行為，也更容易習得反抗或對立行為。

研究指出，孩子的對立性是由一個二或三因子結構組成，每個因子在發展上都可追溯到至少兩個早期先天性的孩子特徵。首先檢視對立性的二因子結構（Aebi et al., 2010; Hoffenaar & Hoeksma, 2002; Stingaris & Goodman, 2009; Stingaris, Maughan, & Goodman, 2010）。不同於 DSM-IV-TR 以及一些兒童行為量表中的陳述，孩子的對立性（或 ODD）不是單一症狀向度；而是由兩個（或甚至三個）不同但彼此有關聯的向度組成，這些向度值得加以區分。

第一個是**情緒**（emotional）向度，包含沒耐性、煩躁、易受挫或愛生氣、憤怒及敵意（Aebi et al., 2010; Hoffenaar & Hoeksma, 2002; Kolko & Pardini, 2010; Stingaris & Goodman, 2009; Stingaris et al., 2010）。也許還包括對懲罰的畏懼感和敏感度較低（Hoffenaar & Hoeksma, 2002; Humphreys & Lee, 2011），當然這些似乎更可能屬於兒童心理病理的某個面向，而不是 ODD 的情緒向度（Loeber et al., 2009；參見後文）。對立性有一部分是一種情緒困擾，亦即一種煩躁或易怒的情緒，而且大部分是孩子天生的特徵，可以回溯到兒童期早期跟負向或易怒的兒童氣質有關聯（Hoffenaar & Hoeksma, 2002; Loeber et al., 2009）。研究一再顯示兒童負向氣質和兒童期對立性的關聯（Loeber,

1988, 1990; Olweus, 1980; Patterson, 1982; Prior, 1992; Tschann, Kaiser, Chesney, Alkon, & Boyce, 1996）。雖然父母的心理病理以及不良的婚姻與家庭功能可能加劇孩子出現更多反抗與攻擊行為的風險，但是孩子的負向氣質特徵卻是這個過程中最有影響力的因子之一（Olweus, 1980），而且可能光是負向氣質特徵本身就足以導致產生反抗與攻擊行為的風險（Tschann, Kaiser, Chesney, Alkon, & Boyce, 1996）。兒童期早期氣質所產生的影響可能因性別而異：具有較多負向氣質的男嬰幼兒，可以預測其日後會發展出對立行為的風險較高；反之，對小女孩而言，早期負向氣質可以預測會**降低**未來發展出攻擊行為的風險，但可能會增加日後罹患內化行為障礙症的風險（Keenan & Shaw, 1994; Shaw & Vondra, 1995）。

　　在特別的案例裡，不管是否因為天生負向易怒的嬰幼兒氣質而發展出ODD 情緒向度；ODD 情緒向度也可能源自於某種心理障礙症的發作，打亂了正常情緒調節功能所致。這兩者（易怒氣質和早期情緒失調）實際上常常並存；例如兒童期發作的雙相情緒障礙症、憂鬱症和 ADHD 等心理障礙症，都是傾向誘發 ODD 共病的因子，而其致病路徑有一部分就是對情緒調節產生衝擊。

　　舉例來說，眾所週知 ADHD 與衝動情緒及執行功能缺陷有關，而情緒的自我調節是執行功能的一個向度（Barkley, 2010, 2012a）。所以相較於一般孩子，ADHD 孩子缺乏耐性，口頭攻擊以及憤怒的比率顯著較高（Barkley, 2010; Barkley & Fischer, 2011; Barkley & Murphy, 2011; Harty, Miller, Newcorn, & Halperin, 2008）。的確，ADHD 除了特別和 ODD 共有這個強烈的情緒向度外，也更普遍地共有兒童的外化心理病理向度（Singh & Waldman, 2010）；而這個共有的風險是來自共同的遺傳傾向以及環境匱乏（如前述因子 1）。某些心理障礙症（如 ADHD 或情緒障礙）會產生強烈情緒、情緒失調或衝動表達，以及情緒自我調節的執行功能不足，因此，就透過此第一個情緒向度 —— 煩躁、沒耐性、易怒，發展出 ODD 傾向。

　　就後續的發展來看，這個情緒向度明顯地和罹患憂鬱症的風險特別有關聯，通常和罹患情緒障礙的風險有關，且甚至和青少年期或更早的焦慮症風險有關（Biederman, Petty, Dolan, et al., 2008; Burke et al., 2010; Burke & Loeber, 2010; Drabick & Gadow, 2012; Kolko & Pardini, 2010; Rowe et al., 2002）。這個情緒向度也可能增加出現自閉症類群障礙症症狀甚至思覺失調症症狀的風險（Gadow & Drabick, 2012）。男女都有（尤其是女孩）罹患情緒和思考障礙症的風險。

　　ODD 的第二個向度是**反抗行為或社會衝突**（defiant behavior or social conflict），或任性（headstrong）傾向（Aebi et al., 2010; Hoffenaar & Hoeksma, 2002; Stingaris & Goodman, 2009; Stingaris et al., 2010）；包括：違規傾向，固執，不順從或直接拒絕服從，忽視父母和他人的要求，頻繁的探索活動（過動），衝動、過多的甚至反抗的口語行為，以及肢體抗拒別人的要求。這個 ODD 向度或對立性，和兒童期早期發展史中持續的過動－衝動（HI）行為有比較密切的關聯，大於此向度與早期注意力不足症狀間的相關（Burns & Walsh, 2002; Patterson, 1982; Stingaris & Goodman, 2009; Stingaris et al., 2010）。這解釋了為什麼高度情緒化的活動或 ADHD（過動型或複合型）常常是 ODD 的主要前兆，因為它會助長 ODD 的任性或社會衝突向度。顯然地，透過 ODD 的兩個向度，原先就有的 ADHD 或嬰幼兒時的前導氣質，可以助長 ODD。和 ADHD 有關的衝動情緒及不良的情緒自我調節會助長 ODD 的情緒向度，而 ADHD 症狀的 HI 向度（含衝動地表達情緒）也會助長 ADHD 的任性向度，因而傾向和別人（一開始是和父母）產生社會衝突。所以，不意外地，在 ADHD 的 HI 向度和 ODD 的任性向度之間有一個共同的遺傳傾向（Tuvblad, Zheng, Raine, & Baker, 2009; Wood, Rijsdijk, Asherson, & Kuntsi, 2009），而在這兩個因子與同時及未來會有的 CD 之間，同樣也有一個共同的遺傳傾向（Lahey, Van Hulle, Rathouz, Rodgers, D'Onofrio, & Waldman, 2009）。既然已知 ADHD 是 ODD 向度的促成因素，而且可以解釋 ODD 的任何基因

（遺傳性）傾向，甚至日後發展出 CD 的傾向（Lahey et al., 2009; Tuvblad et al., 2009），這就可以解釋為什麼 ADHD 患者罹患 ODD 的可能性比一般人高出十一倍之多（Angold et al., 1999）。

　　當 ADHD 症狀，如過動、注意力不足與衝動等出現在嬰幼兒身上時，通常被視為幼年氣質的面向，也被視為未來人格特質的前兆。如果這些氣質特性一直延續到幼兒園甚至小學階段，這些症狀很可能就會造成持續的親子互動衝突（Barkley, 1985; Barkley, Fischer, Edelbrock, & Smallish, 1991; Danforth, Barkley, & Stokes, 1991; Fletcher, Fischer, Barkley, & Smallish, 1996; Johnston, 1996; Johnston & Mash, 2001）和親職壓力（Fischer, 1990; Johnston & Mash, 2001; Joyner, Silver, & Stavinoha, 2009）。ADHD 症狀可能會阻礙孩子完成指定的活動，或在其他方面對親子互動造成不利的影響，因此，孩子更可能會引發父母增加對他的命令、監督以及負向反應（Cunningham & Boyle, 2002; Lifford, Harold, & Thapar, 2008, 2009）。這種關係會是相互的，孩子注意力控制不佳導致父母的負向反應，而反過來，也對孩子進一步發展注意力控制有不利的影響（Belsky, Fearon, & Bell, 2007）。ADHD 症狀較嚴重的兒童更可能會以衝動的、負面的情緒反應去回應父母的控制行為（Barkley, 2010）。如果孩子這樣的反應使他可以逃離父母進一步的要求，那麼，根據反抗性的脅迫理論，孩子未來會更加持續使用這樣的方式對付父母日後的要求。如果孩子只有 ADHD 症狀或早期對立行為兩種問題之一時，情況還不至於太糟，但是當 ADHD 症狀（特別是衝動控制不佳的問題）和早期對立行為在孩子身上同時出現時，簡直是雪上加霜，可預測家庭衝突會顯著地更為嚴重（Barkley, Anastopoulos, Guevremont, & Fletcher, 1992; Fletcher et al., 1996; Johnston, 1996）以及發展結果更糟，特別是日後的反社會行為方面（Hinshaw, 1987; Loeber, 1990; Moffitt, 1990; Tremblay, Pihl, Vitaro, & Dobkin, 1994）。

　　正如前述，雖然早期的 HI 行為明顯地會助長 ODD 的行為向度，但經由早年及現在的不一致教養方式下產生的社會訓練，可能也透過 ODD 的這個行

為向度運作。的確，社會訓練可能會在 HI 症狀及 ODD 的關係上扮演中介角色，因為一個混亂的家庭常規或不一致教養方式的情境脈絡，可能決定了 HI 是否會增加出現 ODD 的風險（Lanza & Drabick, 2011）。高 HI 孩子的活動量過大導致高頻率的違規，也造成和監管教養他們的人一再起衝突。在激烈情緒之下，他們對父母想控制的意圖，就更傾向於以煩躁、憤怒及敵意來對應。這是否會進一步發展成臨床的 ODD，很可能取決於父母的反應和家庭常規的一致性及可預測性。如果面對孩子無止境的問題行為和情緒化，父母的回應是不一致或反應過度的教養方式、激烈的情緒表達、怯於採用有效的管教方法、混亂或不可預測的家庭常規，以及父母的教養方式分歧，那麼經由前述的脅迫式家庭歷程，孩子往更激烈的對立性和反抗性前進之路便已鋪下了（Burke et al., 2010; Chen & Johnston, 2012; Harvey et al., 2011）。

父母教養方式與 ODD 行為向度的牽涉，幫助我們了解到，為何研究常發現 ODD 除了本身有情緒和行為／社會向度外，還有一個情境特定因素或情境脈絡（Hoffenaar & Hoeksma, 2002; Moura & Burns, 2010; Patterson, 1982）。也就是，ODD 可以是非常針對特定的情況和人的，最常見的就是親子互動。雖然在孩子和同儕以及孩子和老師的互動中也可以見到 ODD，但在這些和同儕或甚至老師的衝突中所涉及的孩子和家庭的相關因素，可能不同於以父母為對象的 ODD 所涉及的相關因素（Hoffenaar & Hoeksma, 2002; Moura & Burns, 2010）。不過，ODD 的這種情境針對性，也許正反映著 Patterson（1982）最早提到的踏腳石模式（stepping-stone model），亦即一開始 ODD 往往先在家裡針對父母出現，然後可能經年累月，發生頻率和激烈程度逐漸升高，並擴展到和兄弟姊妹的互動之間，隨後，再向前或向外轉移到和鄰里或學校同儕間的互動，最後甚至到與老師之間的互動（Moura & Burns, 2010）。綜合來看，孩子的氣質或心理因素以及父母教養方式／家庭環境因素，都助長了孩子的對立性或 ODD。

以上關於混亂的教養方式在 ODD 中扮演的角色之說明，有助於我們了

解為什麼 ODD 和 ADHD 一樣，也是一種家庭性障礙症（Harvey et al., 2011; Petty et al., 2009）。也就是，相較於沒有心理病理的家庭，家中有 ODD 孩子的家庭，其家庭成員也符合 ODD 診斷標準的可能性大增。Patterson（1982）發現，ODD 可以說是對整個家庭的診斷，而不僅僅是對家庭中某個孩子。這是可以預期的，因為 ADHD 特質（如 HI 及衝動情緒症狀）有高遺傳性，而且這些特質和 ODD 有共同的遺傳傾向，所以這些特質很可能在直系親屬身上也會出現；並且，在日復一日的親子互動中，整個家庭也一再地被訓練以這種相互脅迫的方式互動。

雖然 ODD 的情緒向度可能傳遞某些罹患 CD 的風險（Drabick & Gadow, 2012），但是我們現在更清楚地知道 ODD 的行為向度如何在發展過程中，能預測男孩及女孩現在和日後會罹患 CD 的風險（Biederman et al., 2008a, 2008b; Burke & Loeber, 2010; Burke, Waldman, & Lahey, 2010; Monuteaux, Faraone, Gross, & Biederman, 2007）。ODD 的行為向度更普遍地和違反規定、反抗權威，以及和他人起衝突等的關聯性最大。顯然早期的 HI 症狀之所以會間接增加 CD 的風險，是因為透過助長 ODD 行為向度中的任性傾向，因而助長了 CD 的發展。

ODD 的第三個向度通常稱作**傷害性**（hurtful）向度，這是一個較小的向度，並非所有的研究都發現此向度（Aebi et al., 2010; Kolko & Pardini, 2010; Stingaris & Goodman, 2009）。這個向度包含肢體攻擊和報復性（vindictive）症狀，這些症狀可以和 ODD 或兒童對立性並存。不過，這個肢體攻擊向度可能實際上比較是 CD（而不是 ODD）早期的一項特徵（Kolko & Pardini, 2010）。口語攻擊和 ODD 的關聯較高，而肢體攻擊則和 CD 的關聯較強（Harty et al., 2009）。即使如此，孩子早期的口語攻擊是未來發展出肢體攻擊的顯著預測指標（Marks et al., 2000），這解釋了為什麼 ODD 會增加未來有 CD 的風險（Rowe et al., 2002）。所以，最好還是把任何傷害性或肢體攻擊的行為向度視為 CD 的表現而非 ODD。

另外有一個兒童心理發展的成分雖未被視為 ODD 的一個向度，但和廣義的外化心理病理類別（ADHD、ODD、CD）有關，值得在此略加說明。因為它在某些 ODD 孩子，尤其是某些 CD 個案身上的發生率，高於一般孩子，這就是在兒童心理病理中已確認的冷酷－無情（CU）特質。強烈證據顯示，遺傳和神經學在 CU 特質或心理病態（psychopathy）的發展中扮演一定的角色；相較而言，社會成因則扮演相當弱的角色（Pardini & Fite, 2010）。具有 CU 特質的孩子明顯地對他人的不幸遭遇缺乏同理心，對於自己的過錯，沒有罪惡感、良心不安及懊悔的感覺。此外，他們對於受到懲罰的敏感度和懼怕感可能也比較低。的確，這後面幾項特質可能不太像是前述 ODD 情緒向度的一部分，反而比較像是這些孩子會出現 CU 特質的信號。已知這個 CU 向度關聯著或預示著在兒童及青少年期會同時有更嚴重及更持續的反社會行為，以及成年時會出現反社會型人格障礙症的風險（甚至排除 ODD 及 CD 之影響）（Burke et al., 2010; Loeber et al., 2009; Pardini & Fite, 2010; Pardini, Obradović, & Loeber, 2006）。

總而言之，ODD 似乎是由兩個各別但又相關的心理向度組成。一個是情緒向度，源自早年的負向／煩躁氣質以及早期出現情緒障礙症的症狀。這個情緒向度和日後青春期（或更早些）出現的情緒障礙症和焦慮症的風險升高有關。另一個是行為向度，其明顯特徵是反抗、違反規定、口語攻擊以及其他任性的行為。這個行為向度源自或關聯到早期持續的 HI 行為與脅迫式家庭歷程的交互作用。脅迫式家庭歷程會提供父母和孩子相互的間歇負增強，而強化互動過程中彼此的憤怒、敵意、固執及激烈的言詞交鋒，並且這個行為向度和現在或未來產生 CD 的高風險有關。有時 ODD 的這兩個向度會加入第三個向度 —— 傷害性（傷害、報復，或甚至肢體攻擊的行為），雖然傷害性向度不是 ODD 天生的一部分，但會和 ODD 共存，而且和現在出現或未來發展出 CD 的關聯極大。另外有些孩子可能顯現出第四個向度：CU 特質，這特質包含兒童心理病態，以及可預測更持久的反社會行為及成年反社會型人格障礙症。

✤ 因子 3：誘發性的父母特徵

　　如同有些孩子易傾向出現不良行為，是否某些父母比起其他父母更有可能使用脅迫式的教養方式，而且其子女的反抗性更強？的確如此。父母先天性的特徵可能會使孩子不順從或對立的可能性增加。例如，很早就生育的年輕媽媽，她們的孩子有侵擾行為的風險會比較高，尤其對第二及第三胎孩子的影響最大（D'Onofrio et al., 2009）。

　　ODD 孩子（尤其是共病 ADHD 的孩子）的父母，相較於孩子沒有這些障礙症的父母，更有可能罹患精神疾病，特別是 ADHD、憂鬱症以及反社會型人格障礙症（Goldstein et al., 2007; Harvey & Metcalf, 2012; Johnston & Mash, 2001; Steinhausen et al., 2012）。反之，不成熟、沒經驗、衝動、注意力不足、憂鬱、敵意、排斥或有其他負向氣質的父母，較可能會有反抗與攻擊的孩子（D'Onofrio et al., 2009; Olweus, 1980; Patterson, 1982）。當然一些父母及孩子共有的心理障礙症風險（如 ADHD、憂鬱症），甚至親子敵對的風險，都可能是由於共同的精神疾病遺傳性所致；而不是因為父母的障礙帶來的環境（教養）風險導致孩子的障礙（如 ODD）（Hirshfeld-Becker et al., 2008; Lifford et al., 2009）。不過研究顯示父母的心理障礙症（如憂鬱症及 ADHD）可視為一種帶給孩子風險的環境不利條件（混亂的教養方式），這與透過遺傳導致孩子出現障礙的風險，兩者是相互獨立的（Chen & Johnston, 2007; Chronis et al., 2007; Chronis-Tuscano, Raggi, et al., 2008; Hirshfeld-Becker et al., 2008; Lifford et al., 2009; Nicholson, Deboeck, Farris, Boker, & Borkowski, 2011; Tully, Iacono, & McGue, 2008）。這是因為 ADHD、憂鬱、反社會或有其他精神損傷的父母呈現對孩子較差的注意與監督能力，不一致的管教策略，較常使用負向教養方法，較易對孩子動怒、有敵意且表達較多負面情緒，而較少對利社會行為提供正向的教養方法和增強（Barkley, Anastopoulos, et al., 1992; Chen & Johnston, 2007; Chronis-Tuscano et al., 2011; Chronis-Tuscano, Raggi, et al.,

2008; Dumas, Gibson, & Albin, 1989; Johnston, Mash, Miller, & Ninowski, 2012; Mann & MacKenzie, 1996; Pfiffner et al., 2005; Pressman et al., 2006; Psychogiou, Daley, Thompson, & Sonuga-Barke, 2008）。然後，透過這種不一致、反應過度而且賞罰不明的教養方式，父母啟動了一個相互脅迫的家庭歷程，在此歷程中，孩子三不五時地成功逃避父母的要求，進而增強孩子使用對立或脅迫行為。接著，孩子脅迫行為的增加，可能再轉而惡化父母的情緒、效能感、自尊，甚至婚姻功能，終於形成一個雙向相互影響的惡性循環。這樣的父母也可能會用脅迫行為去對待其他家庭成員，因而提供了孩子不良示範（Patterson, 1982）。

有外化行為障礙症（如 ODD）孩子的父母比較可能有各種認知及歸因的困擾或偏誤，包含：難以同理他們的孩子、有不適當的或依賴外在控制的狀況、挫折容忍度低，而且親子互動不同步（Deault, 2010; Healey, Gopin, Grossman, Campbell, & Halperin, 2010; Johnston, Hommersen, & Seipp, 2009; Johnston & Mash, 2001; Johnston & Ohan, 2005; McElroy & Rodriguez, 2008）。這些認知風險因子除了影響混亂的教養方式之外，似乎又獨立地助長著孩子行為問題的演變（Johnston et al., 2009）。某些認知風險因子也和父母攻擊孩子的可能性有很大的關聯，可解釋父母施虐潛在性中 63% 的變異量，以及父母不當管教中 55% 的變異量（McElroy & Rodriguez, 2008）。

父母罹患某種特定的心理障礙症，可能進一步對父母教養方式造成不良衝擊。明確地說，父母患有 ADHD（Chronis-Tuscano et al., 2011; Chronis-Tuscano, Raggi, et al., 2008; Griggs & Mikami, 2011; Johnston et al., 2012; Theule et al., 2011）、父母患有憂鬱症（Chronis et al., 2007; Elgar, Mills, McGrath, Waschbusch, & Brownridge, 2007; Gerdes et al., 2007; Leckman-Westin, Cohen, & Stueve, 2009; Nicholson et al., 2011），以及父母患有反社會型人格障礙症（Monuteaux et al., 2007），都跟親職壓力及混亂教養方式的風險有顯著關聯。因此，父母的這些心理障礙症造成孩子現在發展出對立及攻擊行為，並在

未來出現 CD 或青少年犯罪行為的風險升高（Farrington, 1995; Frick et al., 1992; Goldstein et al., 2007; Harvey et al., 2011; Keenan & Shaw, 1994; Monuteaux et al., 2007; Olweus, 1980; Pfiffner et al., 2005; Schachar &Wachsmuth, 1990）。

　　這些心理障礙症的出現（尤其是父母患有 ADHD），也是行為取向親職訓練方案（如本案）會成效不彰或甚至失敗的預測指標（Chronis-Tuscano et al., 2011; Sonuga-Barke et al., 2002）。基於這些理由及以下說明的情境脈絡因子，當孩子因反抗行為而被轉介來接受評估時，父母的心理狀態必須是評估的正式焦點之一（第二章將討論此點）。在父母參與親職訓練之前，確實需要針對父母的 ADHD 或憂鬱症予以治療，以改善他們治療前的親職能力，例如：針對有成人 ADHD 的父母，施以興奮劑類藥物治療（Chronis-Tuscano, Seymour, et al., 2008），以提高父母參與親職訓練方案的成功率。

❀ 因子 4：誘發性的情境脈絡因子

　　誠如前述，各種父母特徵或屬性可能會誘發父母傾向使用混亂的教養方法，事實上不證自明的是，父母行為不僅僅受到這些特徵或屬性的影響，周遭的社會生態或家庭情境脈絡也會對父母行為產生不利的影響。在這樣的情境脈絡中有幾個因子已被辨識出來，即為圖 1.1 模式中的第 4 因子。家庭情境脈絡的某些特徵可能會直接或間接地提高孩子出現反抗行為、攻擊行為，以及日後青少年犯罪行為的風險（Mann & MacKenzie, 1996; Patterson, 1982; Tschann et al., 1996; Wahler & Graves, 1983）。正如前述，母親的社會孤立就是這樣的一個因子，父母的婚姻狀況則是另一個因子（Wahler, 1980）。單親媽媽最可能有具明顯攻擊性的孩子，其次為與男伴同居但未結婚的母親。已婚媽媽有具攻擊性孩子的比率最低；這些相關性會因較高的社經地位而減少（Goldstein et al., 2007; Harvey et al, 2011; Pearson, Ialongo, Hunter, & Kellam, 1993; Vaden-Kiernan, Ialongo, Pearson, & Kellam, 1995）。

　　父母婚姻失和也一再地被視為與兒童的侵擾和反抗行為有關（Chen & Johnston, 2012; Harvey et al., 2011; Patterson, 1982; Schachar & Wachsmuth, 1990; Wymbs et al., 2008），尤其是夫妻的激烈衝突（Goldstein et al., 2007）。除了婚姻失和，單是父母的教養意見分歧就會增加孩子侵擾行為的風險（Chen & Johnston, 2012）。父母關係和孩子侵擾行為兩者的關聯所涉及之機制尚無定論。也許是相互影響的關係，父母失和對教養產生不利的影響，因而使得孩子的對立行為比率升高；而孩子的對立性又會使得婚姻失和及教養意見分歧更為嚴重，這些都會加速父母離婚（Wymbs et al., 2008）。

　　此外，前面也提到，家庭不利的社會地位或社會困境是另一個和兒童期出現反抗與攻擊行為之風險有關的因素（Farrington, 1995; Haapasalo & Tremblay, 1994; Patterson, 1982; Patterson et al., 1992）。這些壓力事件或情境，似乎透過對父母教養孩子方法的影響（亦即造成父母在教養上不一致或賞罰不明、疏忽、少用正向教養，以及父母在管教孩子時表現出煩躁易怒或攻擊等），而使得孩子行為不良。如此混亂的父母行為會進而使孩子易於在家庭互動中發展出不順從或反抗的行為，或一直持續這種行為。另外要注意的是，在某些情況下存在一種互為因果的關係，也就是這些環境有可能會造成孩子的反社會行為，而一旦這類行為發展出來，就會使這些環境變得更糟，例如造成婚姻衝突、離婚以及父母精神困擾。有關 ADHD 兒童的研究指出，侵擾及對立行為也可能反過來增加父母喝酒的程度（Pelham & Lang, 1993）。

　　臨床工作人員太常看到許多被轉介來接受治療的反抗性孩子，他們的家庭幾乎都有前述大部分或所有的誘發性特徵：在一個有婚姻、財務、健康與個人困擾的家庭裡，情緒化、衝動、過動、注意力不足的孩子被不成熟、情緒化、衝動的父母養育，管教孩子又採用不一致、嚴苛、賞罰不明以及脅迫式的教養方式，通常又加上父母對孩子的活動疏於監督。

治療不順從或反抗行為的基本理由

　　本方案不只是以孩子的不順從、反抗行為或 ODD 做為治療焦點，同時也著重於家庭中的某些社會歷程。這些社會歷程咸信至少部分地助長了孩子對立行為的發展或維持。這些歷程在前述「反抗性孩子的親子互動本質」一節中已有詳細說明。不順從或對立性是這種歷程最明顯的產物，但這些歷程有其他顯著的相關因素與結果，茲舉幾個前面已說明過的例子：孩子有其他共病的障礙症、母親的憂鬱、父母的壓力及低自尊、父母自覺缺乏教養能力、婚姻失和及離婚，甚至手足之間的敵對及忿恨等（Harvey et al., 2011; McMahon & Forehand, 2005; Patterson, 1982; Patterson et al., 1992）。因此，我們有許多充分的理由選擇不順從或對立性，以及其潛在的家庭歷程，做為介入的焦點。

✺ 臨床轉介率高

　　首先，各種不順從或反抗問題似乎是家長帶孩子（尤其是男孩）到兒童心理衛生中心求助最常見的主訴（Hinshaw & Lee, 2003; Johnson, Wahl, Martin, & Johansson, 1973; Patterson, 1976, 1982; Patterson et al., 1992）。轉介到這類診所的個案有一半以上是因為對立或攻擊行為，如果將 ADHD 症狀也納入分析中，則數字會上升到 74% 以上（Patterson et al., 1993）。雖然這些孩子可能得到各種各樣的診斷，如 ODD、CD、ADHD、適應性反應（adjustment reactions）等，父母或老師帶孩子求診的最主要擔憂，還是孩子無法像同年齡的一般發展孩子一樣遵從指示、命令、規定或適齡的社會行為規範。父母可能抱怨孩子不聽話、亂發脾氣、有攻擊或破壞行為、對大人頂嘴、好爭辯、不做功課、不好好做家事、不能好好地與鄰居小孩玩、常常說謊或偷竊，或有其他不當行為。然而，所有的這些行為都是違背命令、指示或規定，而這些命令、

指示或規定早就對孩子講過了，或者已在特定情境中直接告訴孩子了。因此，廣義的不順從包括大部分的脫序行為、外化行為或行為規範問題。

❀ 高程度的家庭衝突

其次，家人與被轉介孩子間大部分的負向互動背後潛伏的是不順從。Patterson（1976, 1982; Patterson et al., 1992）及其他人（參見 McMahon & Forehand, 2005）指出，孩子的侵擾或攻擊行為並非在一天中連續或隨機地出現，而是「火山爆發式」或「洩洪式」的出現。這種強烈密集的對立或脅迫行為發作，不時打斷平日正常行為的進行。早期的研究指出，最常見的一個引發孩子不順從或反抗行為的因素，是父母或老師的命令或要求（Forehand & Scarboro, 1975; Green et al., 1979; Patterson, 1982; Snyder & Brown, 1983; Williams & Forehand, 1984）。

這種大人與孩子間的負向互動大都如圖 1.2 所示意的方式發生。發生順序一開始是：父母下命令，通常是要求孩子做一件他認為不好玩或得不到好處的事（例如：收拾玩具、整理房間、做功課）。只有在很少見的情況下，有行為障礙症的孩子會在第一次要求時就服從，這種情形通常發生在該命令是孩子不費力氣就可以做到的（例如：「幫我拿張面紙」），或對孩子而言是愉快的活動，或者是服從這樣的命令可立即得到酬賞（例如：「趕快上車，我們才能去買冰淇淋吃」）。在這些例子中（見圖 1.2 右側），孩子可能會遵從要求，於是家人也得以進行其他的互動。這個看起來似乎並不特別重要，但在此真正的重點是：像這樣的順從，卻很少得到社會性增強，例如：父母對孩子的順從表示感謝的正向回應。當父母不關注這樣的順從行為時，它往往就愈來愈少出現，到最後可能只有在孩子能從被要求的活動中立即得到高度內在增強的酬賞時，孩子才會出現順從行為。在這種情況下，孩子會服從並不是因為父母以前增強了這樣的順從行為，而是因為孩子被要求去做的活動本身具有高度的增強

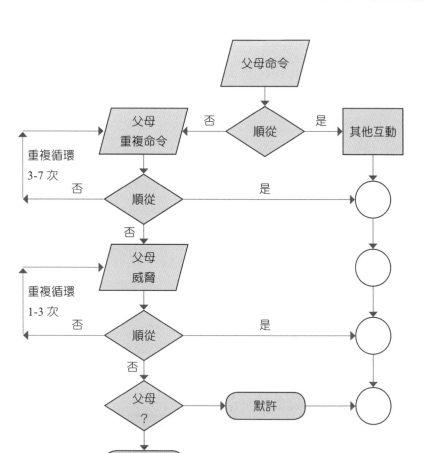

圖 1.2　一個命令－順從回合中父母與反抗孩子間的系列互動流程圖

來源：引自 Barkley (1981, p. 100). Copyright 1981 by The Guilford Press. 經同意轉載。

性。不過，通常只有在少數情況下，有行為問題的孩子會在父母第一次命令或要求時就順從。

　　較常見的是不順從的情形（見圖 1.2 左側），亦即孩子不遵從第一次命令，於是父母就再次命令，通常孩子還是不順從，因此父母可能以各種方式不斷地重複命令，也許會多達五至十五次（或更多次！），但孩子還是沒有順從其中任何一次命令。到某個程度之後，父母的挫折感上升，而親子互動的情緒

強度也遽增，此時父母可能會對孩子發出警告或威脅：如果再不聽話，令人不愉快或懲罰性的後果就會出現。然而，孩子往往面對威脅仍不順從，也許因為父母的威脅早已是陳腔濫調，既不可信也經常未執行。長期下來，親子雙方對彼此的情緒行為便愈演愈烈，不但說話變得大聲又激烈，還附帶有憤怒、反抗或破壞性的行為。最後，這樣的互動過程演變下去會有幾種結局。較不常見的結局是，父母會懲罰孩子：可能叫孩子待在房間、取消孩子最喜愛的特權，或甚至打孩子，但是這種管教方法經常失敗，一來因為每次執行得不一致；二來執行得太晚了，跟一開始要求孩子順從的時刻間隔太久。較常見的結局是，父母默許孩子的不順從行為，因此孩子完全沒照父母的命令做，或只完成部分的要求。即使最後孩子完成了工作，但是他至少已成功地拖延了完成的時間，讓自己有更多的時間去玩或做喜歡的事。

這種延遲的順從（孩子最後完成了工作）可能對父母與治療師而言，同樣難以理解。亦即父母可能相信他們實際上「贏了」，或成功地讓孩子聽話了，但是他們會驚訝地發現孩子下一次依舊會去逃避或抗拒相同命令。父母也許會詢問治療師：為何孩子面對一些他們終究會被迫去完成的工作時，仍然繼續地不聽話或違抗父母。然而，了解這種狀況的秘訣在於，你必須從孩子而非大人的角度來看這件事。大人傾向於將這個情境就整體來看，也就是無論如何他們都會要孩子去做到他們命令的事（例如：「準備上床睡覺」）。但是，大部分的孩子並不會對整個互動過程有這麼廣的覺察力，他們只看到瞬間的親子互動，而他們的立即目標就是逃離或避免做父母所要求的事，即使只有片刻也好。結果，只要能多拖一分鐘，對孩子而言，就多得到一分鐘讓他們可以繼續做原本正在做的事，這些事往往比父母要求他做的事更有吸引力。同時孩子也多了一分鐘逃避去做父母要他做的討厭的事，能逃避令人不快或討厭的活動本身就是行為的負增強物。

以上所述也許有助於解釋為什麼父母經常搞不懂孩子會寧願花更多的時間來逃避該做的事，並且跟父母爭執或對抗，也不願花較少的時間來完成工作。

其實，孩子一分一秒的拖延是一種雙重的增強，一來，孩子可以繼續做他喜歡做的事（正增強），二來，也成功地逃避去做父母所強制的討厭的事（負增強）。這種互動的結局（最終的懲罰或強迫順從）來得太遲，以至於對孩子當下的行為幾乎毫無影響。

　　當孩子無法完成被要求的事時，默許的情形就會發生。有時候孩子會離開當下的情境，他可能沒把事情做完就從房間或院子跑走了。或是父母可能很生氣或挫敗，於是大發雷霆地離開房間，留下孩子繼續做他自己原來在做的事。在某些情況中，父母可能實際上自己去完成原本命令孩子做的事，像是父母自己去幫孩子把玩具收好，或者父母會在要求孩子自己做之後，卻又去幫忙孩子。在有些例子中，孩子可能不僅成功地逃離父母要他做的事，而且還得到一些正向後果；例如：當母親指示孩子去收拾玩具，孩子拒絕，並且倒在地上開始用頭撞地板。面對孩子的這種行為，母親可能害怕孩子會傷到自己，便把孩子抱到她腿上，試著安撫孩子的情緒。結果，孩子發脾氣及自傷的行為，不僅經由逃避了當初母親所要求的討厭工作而被負增強，而且也因被安撫的關注得到正增強。對立行為所獲得的這種雙重後果，快速地促使孩子學會在未來類似的情境中出現並維持這樣的行為模式（Patterson, 1976, 1982）。這些默許的互動模式成為父母與反抗或不順從孩子間許多負向接觸的潛在原因，這些問題必須列為治療焦點，才能成功地改善家庭的痼疾。

✿ 情境的普遍性

　　選擇不順從做為介入目標的第三個理由是，相較於在孩子身上出現的其他行為問題，不順從行為更具有跨情境的普遍性。研究（Hinshaw & Lee, 2003; McMahon & Forehand, 2005; Patterson, 1982）指出，在某情境中會出現不順從或脅迫行為的孩子，極可能最後會在其他場合，對其他的命令或指示，對其他的大人或孩子，也出現這些行為。因此，選擇以增進孩子的順從性做為治療焦

點，比起只鎖定改善單一情境中的某個行為問題，可以對更多的情境與個人發揮更廣泛的效用。

❀ 對家庭社會生態的影響

第四個理由，孩子的不順從行為（如圖1.2所示）可能會間接影響家庭功能，並以一種相互影響的方式逆轉回來，對孩子的心理適應產生更多不良的影響。受損的家庭管教方式的後果可見圖1.3，此乃 Gerald Patterson（1982）在其對攻擊性孩子研究的長期方案裡首次提出，且得到後續大量關於對立性兒童療效研究的支持。如前所述，經由受損的家庭管教過程，孩子很快就學到一套脅迫行為，在被指示去做不喜歡做的事時，他就用這套行為對抗父母、家人或甚至同儕。父母也可能逐漸學到一套迅速高張的脅迫行為來對付孩子，因為在少數的狀況下，用大吼、恐嚇或懲罰等方式，最後可以得到孩子順從的結果。長期下來，父母因為預知會遭遇到孩子的抗拒、對立行為，可能就漸漸地愈來愈少要求或命令孩子。反而，父母可能自己承擔更多孩子該做的日常家務和責任，或是把這些工作分派給較順從的兄弟姊妹。如此一來，不但可能會造成孩子整體適應功能水準（如獨立性、生活自理能力、責任感）以及孩子融入社區和社會的能力衰退，並且會使其他手足對反抗性孩子產生敵意與怨恨，因為他做的工作較少。

另外的情況是，父母與手足會漸漸地減少與反抗性孩子共度休閒時光及找他一起從事娛樂活動，以免與他發生不愉快。假使父母也常常採用類似的脅迫式策略來對付其他家人，則手足也可能會學到那套脅迫行為模式，而經常反過來用來對付反抗性孩子及父母（Patterson, 1982; Snyder & Patterson, 1995; Stormont-Spurgin & Zentall, 1995）。因此，在反抗性孩子的家庭中，令人嫌惡的人際互動發生的密度，比一般家庭高很多。無庸置疑地，這樣的家庭模式可能對為人父母的自尊、父母的無助感、家庭的和諧、婚姻的和諧（若孩子

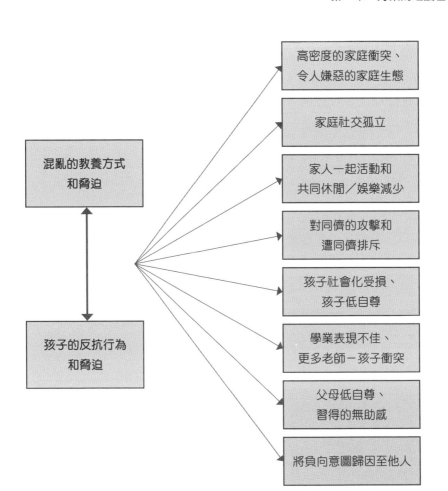

圖 1.3　孩子的反抗行為、混亂的教養方式，以及脅迫式家庭歷程的潛在後果

與雙親之一的對立比較嚴重），或反抗性孩子的自尊都有負面的影響，這些
影響已得到研究證實（McMahon & Forehand, 2005; Patterson, 1982; Patterson et
al., 1992）。因此，在反抗性孩子的親子關係中存在一個相互影響的系統，其
中不僅親子的行為雙向地影響彼此，並且產生廣泛的「溢出」（spillover）效
應，波及到更大範圍的家庭社會生態（Patterson et al., 1992; Stormont-Spurgin
& Zentall, 1995; Vuchinich, Bank, & Patterson, 1992）。

❋ 發展的持續性

　　第五個理由，孩子的不順從與反抗行為似乎歷經時間的變遷仍保持高度的穩定性，顯著地預測了這種行為模式在發展過程中的持續性（August et al., 1999; Biederman et al., 2008a; Fischer, Barkley, Fletcher, & Smallish, 1993; Loeber, 1990; Loeber et al., 2009; Olweus, 1979; Patterson, 1982; Rowe et al., 2002; van Lier et al., 2007）。事實上，除了 ADHD 以外，兒童期的反抗性或攻擊性（和 ADHD 常有關聯）可能是發展過程中最穩定的兒童期行為障礙症之一。

❋ 預測多種負面的發展結果

　　第六個理由，鎖定早期的反抗行為做為治療目標之所以重要，正如前述，因為研究一再顯示，早期的反抗行為與日後青少年期、成年早期的各種適應不良有關（Olweus, 1979; Patterson, 1982; Patterson et al., 1992; Tremblay et al., 1992, 1994）（參見圖 1.3）。也就是說，反抗與脅迫行為也是其他更嚴重形式的反社會行為、犯罪活動及藥物濫用等的發展前兆，尤其當孩子反抗行為的嚴重程度和持續時間已導致需要轉介至心理衛生服務時（Barkley, Fischer, Edelbrock, & Smallish, 1990; Lahey & Loeber, 1994; Loeber, 1990; Lynskey & Fergusson, 1994; Patterson, 1982; Patterson et al., 1992）。這樣的模式很清楚地顯示著：兒童的對立行為與日後出現的肢體攻擊、違犯常規及侵犯財物的犯罪行為之間，存在著一個發展進階的關係（Frick et al., 1993; Loeber, 1988, 1990; Loeber, Green, Lahey, Christ, & Frick, 1992）。兒童期對立行為也顯著地預測日後在學業表現與同儕接納方面的問題（Hinshaw & Lee, 2003; Loeber et al., 2009; Patterson, 1982; Patterson et al., 1992; Tremblay et al., 1992; Wells & Forehand, 1985）。此外，有反抗或攻擊行為的兒童，日後出現憂鬱、自殺意念，以及

自殺意圖等問題的風險也比較高（Burke, Hipwell, et al., 2010; Capaldi, 1992; Patterson, 1982; Patterson et al., 1992; Stingaris & Goodman, 2009; Wenning, Nathan, & King, 1993）。因此，愈來愈多的研究指出，兒童期的對立反抗行為或社會攻擊性，是發展過程中最穩定的兒童期心理病理問題，而且，相較於其他兒童偏差行為，更能顯著地預測廣泛的一系列負面的社交和學業風險（Biederman et al., 2008a; Burke et al., 2010; Farrington, 1995; Fischer et al., 1993; Hinshaw & Lee, 2003; Loeber, 1988, 1990; Loeber et al., 2009; Monuteaux et al., 2010; Olweus, 1979, 1980; Paternite & Loney, 1980; Patterson, 1982; Patterson et al., 1992; Rowe et al., 2002）。當兒童期反抗行為又同時合併有較嚴重的 ADHD 症狀出現時（特別是兒童期衝動性），這些發展風險就變得更有可能發生，也更為不利（Farrington, 1995; Hinshaw, 1987; Hinshaw & Lee, 2003; Loeber et al., 2009; Moffitt, 1990; Olson, 1992; Tremblay et al., 1994）。如果不及時處理孩子的對立行為，未來帶給孩子及家庭的負面後果將不堪設想，因此本方案特別將對立行為鎖定為治療目標。

✻ 做為有效治療其他問題的前奏

　　最後一個理由，如果不先把孩子的不順從問題處理好，其實很難去治療孩子出現的任何其他問題。舉例來說，若想嘗試對一個不順從的三歲大孩子進行大小便訓練，除非先教會孩子服從要求，否則不太可能會成功。同樣地，父母教導學齡兒童做功課也可能徒勞無功，因為孩子已經習慣只要跟父母有任何關於功課／工作的互動時，就以反抗行為來應付。同樣的道理，除非先訓練不順從的孩子遵從成人指令，否則任何其他醫療方法或教育方案都不易成功。

摘要

　　第一章說明了本親職訓練方案以孩子的不順從與反抗行為做為主要目標的重要性。孩子發展出對立、反抗或不順從行為，持續維持或增加其比率的過程，也在本章詳細討論。顯然這些行為得以維持，部分是（或者主要是）透過成功的家庭脅迫歷程 —— 終止了父母的要求，讓孩子能逃避父母所指派的那些不愉快、費力或無聊的工作，同時也讓孩子能繼續去做他喜歡的活動。父母也可能因為本身對孩子的負向行為偶爾可以成功地終止孩子當下的討厭行為（如發脾氣或反抗），而且最終使孩子乖乖就範，因而漸漸加劇他們的負向行為。由於父母和孩子的特殊氣質模式及心理障礙症，雙方可能都容易傾向使用脅迫行為。更大的情境脈絡事件，如壓力、婚姻失和、父母的社會孤立，或對家庭造成衝擊的外來事件等，都可能會使父母在管教孩子時的一致性、對孩子順從行為之正增強，以及對孩子活動的一般監控等方面大打折扣，而使孩子產生反抗行為的機率增加。

第二章

反抗性兒童的臨床衡鑑

對於行為問題兒童及其家庭應該如何進行完整的臨床衡鑑，本章無意在此做詳細的回顧。反之，本章將強調評估時應包含的重點，以及可用於評估反抗性兒童及其父母的一些方法。目前可用的方法有很多，此處只著重筆者所推薦的部分。其餘的方法在 Mash 與 Barkley（2007）及其他人的書，還有筆者有關 ADHD 的教科書（Barkley, 2006）中均有討論。

衡鑑議題

評估反抗性兒童必須採用多元的評量方法，依賴許多資料來源者提供有關孩子在各種不同情境中所出現的問題（及優點）。為了達到這個目的，必須和父母、兒童及老師進行晤談，父母及老師必須填寫兒童行為評量表、兒童適應功能評量表或調查表，而有關父母本身精神狀況的自陳量表、父母及家庭功能的資料等，也都應該蒐集。有些臨床工作人員可能希望取得 ADHD 症狀的檢驗結果（如果孩子有 ADHD），以及直接觀察親子的互動。當然，如果懷疑兒童有智力或發展上的遲緩或學習障礙，而又尚未做過相關心理測驗時，必須

安排這些方面的心理衡鑑。

　　評估兒童的反抗行為時，有幾個目的要銘記在心。首要目的，不只是確定有無心理障礙症（如 ODD、CD、ADHD），也要對 ODD 與其他兒童期心理障礙症做鑑別診斷，因此需要對這些心理障礙症具有豐富的臨床知識。讀者可參考 Mash 與 Barkley（2003, 2014）的兒童心理病理學著作，以回顧主要的兒童期心理障礙症。在評量反抗性兒童時，應盡量採用有常模的測量工具，且常模的建立必須考量所在國家中各族群樣本有足夠的代表性（如果可找得到這樣的工具），如此便可排除因為根據白人兒童的診斷標準，來推論少數族群兒童時可能產生過度診斷的問題。

　　評估的第二個目的，是開始釐清個案所需的各種介入方式，以便處理經衡鑑過程確認的心理障礙症，以及心理、學業與社會領域的損傷。之後會提到這些介入方式，可能包括個別諮商、行為管理的親職訓練、家族治療、教室的行為改變技術、精神藥物治療，以及正式的特殊教育服務等。對兒童期障礙症的治療想深入了解的讀者，可參考 Mash 與 Barkley（2006）的著作。

　　評估的另一個重要目的，是確認有無共病狀況，以及這些共病狀況是否會影響預後或治療決策。例如：當孩子出現高度的肢體攻擊行為時，可能表示親職訓練方案（如本方案）不適用於此個案（至少暫時不宜採用），因為當父母對孩子的不服從命令行為設限時，可能會暫時增加孩子對父母的暴力行為。同樣地，也要考量可能共病 ADHD 的 ODD 兒童會出現高度的焦慮和一般內化症狀。研究發現，相較於沒有焦慮症狀的 ADHD 兒童對興奮劑藥物治療的反應（Blouin, Maddeaux, Firestone, & Stralen, 2010），焦慮和內化症狀的出現可預測對興奮劑藥物治療的反應較差或只有部分反應（Moshe, Karni, & Tirosh, 2012）。同樣地，表現出高度的易怒情緒、嚴重的敵意和反抗行為，以及週期性的嚴重肢體攻擊和破壞行為等，都可能是孩子日後會出現嚴重情緒失調障礙症，或甚至兒童期雙相情緒障礙症（躁鬱症）的早期標誌（如果伴隨有情緒起伏變化傾向躁狂）。青少年期發作的雙相情緒障礙症幾乎都會出現對立行為

（Carlson & Meyer, 2006），這樣的疾病可能需要結合精神科藥物治療及親職訓練方案來處理。

　　評估的最終目的是找出兒童的心理優勢和弱勢的模式，然後考量這些模式可能如何影響治療計畫。這些可能也包括了解父母本身執行治療計畫的能力、家庭的社會與經濟狀況，以及在其所處的社區和文化族群裡是否有治療資源可用。如果兒童罹患的心理障礙症（如發展遲緩、學習障礙或 ADHD）可能符合接受特殊教育的條件時，也需要判斷該兒童的障礙症是否符合該學區的條件。

　　正如前述，評估兒童的反抗行為只是對 ODD 兒童進行臨床衡鑑的許多目的之一。接下來將簡短地討論用於評估反抗性兒童的各種衡鑑方法。

衡鑑方法

❀ 評估前

　　當父母打電話到診所預約評估時，診所助理會先使用個案轉介單蒐集關於孩子與父母的重要基本資料、轉介原因，以及醫療保險資料（必要時可與保險公司核對）。然後，診所出納人員及接案的臨床工作人員會檢視轉介單上的資料。取決於該臨床工作人員的專長，某些類型的轉介可能與其專長不合，此時可以篩檢出來並轉介至更適合的服務單位。

　　在獲得父母的書面同意後，先以資料袋寄出表單和問卷給父母和老師，並要求他們在就診前先交回填好的資料（事實上，有些診所要求父母一定要先完成並交回袋內所有資料後，才安排就診日期）。這個步驟可以確保袋內所有表單會被相當迅速地填寫完成，讓臨床工作人員在與家庭晤談之前有機會先檢視，使評估過程能更有效率地蒐集重要資料。在當前對心理評估所耗成本愈來

愈敏感的時代，特別在這個健保制度（managed care）的大環境下，評估的效率變得很重要，直接與家庭接觸的時間常是有限又昂貴的。

父母資料袋中包含幾種表單（本手冊第三部分會提供）：「問卷總指導語」、「孩子與家庭資料表」和「發展史與醫療史」。此外，資料袋裡還包括相當完整的兒童行為量表，涵蓋兒童心理病理的主要向度，如「阿肯巴克實證衡鑑系統 —— 兒童行為檢核表」（CBCL; Achenbach, 2001）或「兒童行為評估系統 —— 第二版」（BASC-2; Reynolds & Kamphaus, 2004）。資料袋裡還有一份「ADHD 量表－IV」（ADHD Rating Scale-IV; DuPaul, Power, Anastopoulos, & Reid, 1998），因為考量 ADHD 和 ODD 有高度共病的可能性；「巴克萊功能損傷量表 —— 兒童及青少年版」（BFIS-CA; Barkley, 2012b），用來評估兒童在十五個領域的心理社會損傷程度。如果在轉介原因中有提到執行功能（自我調節）問題，臨床工作人員可以使用「巴克萊執行功能缺陷量表 —— 兒童及青少年版」（Barkley Deficits in Executive Functioning Scale — Children and Adolescents, BDEFS-CA; Barkley, 2012a）來進行篩檢。最後，資料袋裡還包含了「家庭情境問卷」（Home Situations Questionnaire, HSQ; Barkley & Murphy, 2006；本手冊第三部分也會提供），以便讓臨床工作人員能盡快了解孩子在家裡和公共場所的各種情境中，出現侵擾行為的廣泛性及嚴重度。在評估過程與日後的親職訓練方案中都可以將這些情境做為討論的焦點。

老師的資料袋裡包括 CBCL 或 BASC-2 的教師版、「學校情境問卷」（School Situations Questionnaire, SSQ; Barkley & Murphy, 2006；參見第三部分）以及「巴克萊 ADHD 量表－IV 教師版」（the teacher version of the Barkley ADHD Rating Scale-IV）。臨床工作人員也可以加入「社交技巧量表」（Social Skills Rating Scale; Gresham & Elliott, 1990），這份相當簡短的量表可以快速地篩檢兒童在學校的社交問題與學業能力，頗具參考價值。如果可能的話，在家庭會談之前，先和老師進行簡短的電話訪談會很有幫助。不然就在家庭會談之後進行。

一旦父母與老師的資料回收後，應該與父母電話聯絡約定會談時間。然後寄信確認會談日期與時間，並附上交通資訊以及一份詳細的說明——「如何為孩子的評估做好準備」（參見第三部分，表六），這份說明提供就診家庭相關資訊，讓他們知道評估當天將做什麼，也許可以減輕他們對心理評估的擔心不安或焦慮。

有了上述的準備後，剩下在評估當天要做的事項包括：（1）父母晤談及兒童晤談，（2）父母完成自陳量表，及（3）依轉介性質安排所需的心理測驗（例如：智力和成就測驗等）。

❀ 父母晤談

雖然父母（通常是母親）晤談常被批評為不具信度又主觀，但仍是兒童臨床衡鑑當中不可或缺的一部分。若限制只能用一種方法來進行兒童心理評估時，無疑地，父母（母親）晤談必為首選。不論是否完全正確，有關孩子的問題，父母的描述往往是最具生態效度與重要的資料來源。通常讓父母帶孩子來就醫的主訴，會影響父母對孩子的看法及反應，並影響父母是否會遵從治療建議。更甚者，父母晤談的信度和正確性取決於晤談進行的方式和晤談中提問的具體性。目前已有實證研究顯示，某些心理病理症狀與某些特別的心理障礙症之間有高度相關，晤談時，如果能以非常詳細具體的問題來詢問這些心理病理症狀，則診斷的信度可大幅提高。如果要根據評估結果來訂定心理社會與教育的治療計畫，晤談也必須聚焦在關於孩子心理適應的具體主訴及任何有關其問題的功能性分析的參數（促發問題行為之前置事件與行為後果）。

◇ 基本資料

如果事前未取得孩子與家庭的基本資料，則在晤談一開始應先蒐集下列

有關孩子和家庭的基本資料（例如：孩子與家人的年齡，孩子的出生日期，父母姓名、住址、職業、工作單位及宗教信仰，孩子就讀學校、老師、主治醫師等）。筆者也會利用這個開場的時機，向家庭說明法律對晤談內容保密性的限制，例如：臨床工作人員負有法律責任（依國家或各行政地區之法律規定）要向政府當局通報疑似兒童虐待案；孩子（或父母）可能對特定他人造成身體傷害的威脅（告發的責任）；以及孩子（或父母）可能自我傷害的威脅（如自殺威脅）。

◇ 家長主訴

晤談接下來著重在了解父母要求轉介的主訴，如果適當的話，也可了解專業人員轉介此兒童個案的主要理由。當父母大略陳述了主訴之後，評估者必須追問具體細節，以闡明問題的詳細狀況，並辨識各種顯然的引發因素。這樣的晤談所要探究的，不只是有關問題行為的明確本質、發生頻率、初發年齡及慢性化，還包括行為及其後果在不同時間與情境裡的變化。如果問題已慢性化（通常如此），則找出是什麼原因使父母在此時帶孩子來就診，這方面的資料有助於了解父母對孩子問題的看法、跟問題嚴重度有關的目前家庭狀況，以及父母接受治療的動機。

◇ 檢視主要的發展領域

接下來，評估者必須和父母一起檢視孩子在各發展領域可能出現的問題，包括動作、語言、智能、思考、學業、情緒及社會功能。這樣的資料有助於對孩子問題進行鑑別診斷。為了達到這個目的，評估者對於其他兒童期障礙症之診斷特徵必須具備適當的知識，這些障礙症中有一些會出現類似 ODD 的症狀。例如：許多患有自閉症類群障礙症（ASD）或早期發生的雙相情緒障礙症

的孩子，可能被他們的父母視為有 ODD 或 ADHD，因為父母較常聽到這兩種障礙症，因而會在自己孩子身上看到一些這類障礙症的特質。當詢問父母有關孩子是否曾出現任何不適當的思考、情感、社交關係及怪異動作的狀況之後，可能會發現孩子有更嚴重且更廣泛的問題。

◇ 學校史、家庭史和治療史

關於學校史和家庭史的資料也應蒐集。家庭史包括：父母和手足可能有的精神困擾、婚姻困擾，以及任何家庭問題（聚焦在慢性疾病、職業問題或家庭中其他潛在壓力源）。當然，評估者要蒐集一些關於孩子及其家人因主訴問題而曾接受過之治療的資料。如果從以上資料發現有可被治療的生理疾病或神經方面的問題（例如：過敏症、癲癇、妥瑞氏症等），必須轉介醫師處理。不過，如果沒有證據顯示有這方面的問題時，轉介醫師做檢查通常是徒勞無功的，不會得到更多有用的資料來幫助孩子的治療。但是有個例外，那就是如果有考慮使用精神科藥物治療個案，就應該轉介給醫師處理。

◇ 檢視兒童期障礙症

評估者在與父母進行晤談時，有一部分的詢問必須包含常會在反抗性兒童身上看到的主要兒童心理障礙症的症狀（可參考 DSM-5 列出的主要兒童期障礙症）。為了能部分防止對弱勢族群兒童過度診斷的情況發生，建議採用以下做法調整；當與父母一起檢視兒童期障礙症的症狀時，如果父母指出孩子目前有某一症狀，臨床工作人員接下來應詢問：「與同種族或少數族群的其他孩子比較起來，你會把這個視為你孩子有問題嗎？」只有在父母對這個問題回答「是」的時候，才將症狀視為存在，可納入精神疾病診斷時的考量。

如果臨床工作人員能認清 DSM 只是指引診斷的方向，而不是法律條文

或不容質疑的「神聖教條」，則 DSM 準則就能有所幫助。在臨床實務上，對個別案例使用這些準則時，必須要加上臨床判斷。例如：孩子的狀況符合 ADHD 的診斷準則，包括父母及老師對孩子的症狀也有一致的看法，但是有一個不符合 DSM-5 的部分是，這個孩子的症狀及功能減損的初發年齡是十三歲，而不是 DSM-5 建議的十二歲；難道這樣就不能下 ADHD 這個診斷了嗎？既然「ADHD 的初發年齡為十二歲」這項準則缺乏特異性（specificity），睿智的臨床工作人員無論如何還是會給予 ADHD 診斷。所以，在臨床上應用任何 DSM 準則時，都應該有些彈性（並且用點普通常識！）。

多年來，有些臨床工作人員完全避開對兒童下診斷，他們認為那是機械化而且非人性的做法，只會給兒童貼上不必要的標籤。此外，他們覺得這樣做會阻礙臨床工作人員了解每一位個案的臨床獨特性，以及不必要地把臨床個案的異質性同質化。有些人認為沒必要把兒童貼上診斷的標籤，因為更重要的是擬定行為治療計畫，弄清楚兒童在行為及發展上的過與不及之處，這遠比下診斷重要。雖然這些觀點在過去可能有些合理，特別是在具有實徵基礎的診斷準則發展出來之前，但是，基於大量的研究投入訂立最新版的 DSM 兒童期障礙症及其診斷準則，這些觀點目前已不適用。這並不是說臨床工作人員不必繼續記錄過與不及的行為模式，這些資料對訂立治療計畫依然重要，只是不可把它當作不下診斷的藉口。此外，在聯邦及州的法律及規定之下，兒童個案的教育權和其他權益能否受到保護，可能取決於是否給予診斷；完全不給診斷可視為專業疏忽。基於這些理由，臨床工作人員必須以系統性的方式，與每位兒童個案的父母一起檢視症狀表及各種兒童期障礙症的診斷準則。

父母晤談中也可能會發現，父母當中有一位（通常是母親）在管教 ODD 孩子時遭遇較多困難。臨床工作人員必須小心地討論父母兩人管教方法的不同，以及可能因此產生的任何婚姻問題。因為，這些管教孩子的困難常會造成父母的休閒及娛樂時間減少，以及婚姻衝突的增加；如果是三代同堂或彼此住得近的大家庭，還會經常造成家族內的衝突。詢問父母對孩子行為障礙的

歸因，可以有助於揭露其無知或誤解之處，因而可以在日後進行初次家庭諮商時，針對孩子的障礙症及可能成因特別予以澄清。評估者也應簡要地詢問父母和家庭的社交活動性質，以了解個案父母與社會疏離或孤立的程度（相較於一般父母會參與社會支持網絡的情形）。在緒論及第一章曾提到 Wahler（1980）的研究，發現母親的孤立程度與其日後參加親職訓練方案的失敗有顯著相關。因此，若發現父母有顯著孤立程度時，應對症下藥，把處理孤立問題做為治療的第一目標，而不是直接進展到兒童行為管教訓練。

　　父母晤談的尾聲是討論孩子的正向特徵和特質，以及孩子想要的各種獎勵及增強物，這些在日後親職訓練中使用行為後效管理法（contingency management）時就可用上。有些 ADHD 兒童的父母飽受長期及廣泛的管教問題之擾，在第一次被問到時，發現很難說出自己的孩子有什麼優點。讓這些父母開始思考孩子的正向特質，正是邁向治療的第一步，因為親職訓練方案的初期會教導父母將焦點及注意力放在孩子良好的行為上。

　　在之後的晤談，甚至是在親職訓練的第一次訓練課程，評估者可能希望探究更多細節，以了解與孩子遵守規矩有關的親子互動本質。可以詢問父母關於孩子在各種場合以令人滿意的方式達成要求及命令、在各種情境遵守行為規範，以及在沒有大人的監督之下表現適齡的自我控制（遵守規矩）的能力。筆者發現一個有助於完成上述工作的方法，就是依照表 2.1 設計的格式來詢問父母關於他們與孩子在各種家庭情境和公共場合的互動狀況。當父母提到在某情境下會出現問題時，評估者可依照表 2.1 所列的問題繼續詢問。如果父母已在此次評估中填過「家庭情境問卷」（HSQ），則可利用問卷上的回答做為晤談的起點，針對問卷上被指出有問題發生的每個情境，依照表 2.1 的問題，一一做後續的詢問。

　　採用此法可蒐集到豐富的資料，包括：親子在各種情境中互動的性質、孩子表現不服從的形式（如：拖延時間、做事有始無終、完全的對立及反抗等）、父母為處理孩子不順從行為所使用的特定管教風格，以及孩子在不順從

行為中使用的特定脅迫行為形式。在原有的父母晤談之外，再加這個部分，會需要增加三十至四十分鐘的時間。如果情況許可，尤其是接下來可能會建議這個家庭參加管教孩子行為的親職訓練時，這些時間是相當值得投資的。若時間有限，可使用 HSQ 來得到類似的資料。在父母完成問卷之後，可挑一或兩個問題情境，採用表 2.1 中同樣的提問來繼續詢問父母。HSQ 將於之後的章節討論。

表 2.1　父母晤談格式：評量孩子在家裡和公共場合的行為問題

要討論的情境	如果造成困擾，接著詢問以下問題
整體的親子互動 獨自玩時 和其他孩子一起玩時 用餐時 穿衣服／脫衣服時 盥洗和洗澡時 父母在講電話時 孩子在看電視時 家有訪客時 到別人家拜訪時 在公共場所時（如：商店、餐廳、教堂） 父親在家時 要求孩子做家事時 要求孩子做家庭作業時 上床睡覺時 孩子在車上時 孩子跟臨時保母在一起時 任何其他問題情境	1. 這是一個造成困擾的情境嗎？如果是，繼續詢問 2~9 的問題。 2. 孩子在這個情境裡做了什麼事而讓你困擾？ 3. 你可能的反應是什麼？ 4. 孩子將會對你有什麼反應？ 5. 如果這個困擾持續的話，接下來你會怎麼做？ 6. 通常這個狀況的結果是什麼？ 7. 這些困擾在這個情境下有多常發生？ 8. 你對這些困擾的感覺如何？ 9. 在 1（沒困擾）到 9（嚴重）的量尺上，評量一下這個困擾對你而言有多嚴重？

來源：引自 Barkley (1981, p. 98). Copyright 1981 by The Guilford Press. 經同意轉載。

兒童晤談

評估者應該安排一些時間與轉介的兒童個案直接互動。晤談時間長短依兒童的年齡、智力和語言能力而定。對學齡前兒童而言，晤談的目的只是找機會接觸兒童，彼此熟悉一下，也可藉此觀察他們的外表、行為、發展特徵及一般的態度。對較大的兒童和青少年而言，可以充分利用這段時間詢問他們：對於自己被轉介來接受評估的看法、他們如何看待家庭功能、他們覺得自己還有什麼其他問題、他們在學校的表現如何、他們被同儕接受的程度，以及他們認為家庭可以如何改變才能使他們在家裡比較快樂。如同對父母的詢問，評估者可以問兒童他們可能想要的獎勵和增強物，這些資料可在日後制定行為後效管理方案時使用。

小於九至十二歲的兒童對自己侵擾行為的陳述並不怎麼可靠，而患有 ADHD 的對立性兒童往往自我覺察和衝動控制都變差，以至於自我陳述的可信度問題更為加劇（Barkley, 2012c）。這些 ODD 或 ADHD 的兒童通常對評估者的提問不會自我反省，反而可能說謊或扭曲事實以討人喜歡。有些兒童會報告他們有很多朋友，在家和父母沒有互動上的問題，而且在學校表現良好，與父母和老師對兒童的不適當行為抱怨連連完全相反。由於 ADHD 兒童對自己行為嚴重性的陳述有輕描淡寫之傾向，特別在侵擾或外化行為的部分（Barkley et al., 1991; Fischer et al., 1993），所以評估者從不根據兒童的自我陳述來決定 ODD 或 ADHD 的診斷。但是兒童對自己內化症狀的陳述（例如焦慮和憂鬱）可能會比較可靠，所以在診斷 ADHD 兒童是否共病焦慮症或情緒障礙症時，應該多加參考（Pliszka, 2009）。

雖然在診所裡觀察兒童的行為、順從性、注意力持續度、活動量和衝動控制是有幫助的，但是，對於那些在診所裡或診療室裡未出現反抗行為的兒童個案，臨床工作人員必須有所警惕，不要做出任何診斷性的結論。許多有 ODD 和 ADHD 的兒童在診間並沒有出現不良行為，所以過於依賴診間的觀察往往

會造成診斷上偽陰性的錯誤。有時候，兒童與父母在候診室等候就診時的行為，可能更可以反映出孩子在家的管教問題，反而兒童對臨床工作人員的行為（尤其是一對一互動時），並不是可信賴的指標。

　　這並不是說兒童在診療室的行為是完全無用的資料。當所表現的行為是非常不適當或極端時，它是兒童在其生活情境裡（尤其是學校）可能會出現問題的警訊。反而當兒童在診療室裡行為舉止相當正常時，並不表示在其他場合裡也是如此正常。例如：筆者等人利用一項早期研究（Shelton et al., 1998）所蒐集的 205 位四至六歲兒童的資料，檢驗孩子的診療室行為與父母和老師評量間的關係。從這些兒童在幼兒園登錄的父母對孩子的 ADHD 和 ODD（攻擊）症狀的評量結果中發現，有 158 位兒童的得分落在高於平均值 1.5 個標準差的位置（93 百分位數）。之後，這些兒童在診所裡接受將近四小時的評估，再由評估者針對兒童在診療室的行為完成一份評量表。接著，將兒童依臨床評量分數的高低區分為兩組（高於或低於 93 百分位數）（用來比對之資料來自這個計畫中的一般控制組）。另外也使用 CBCL 上父母對兒童在家行為與老師對兒童在校行為的評量分數，將這些兒童區分為兩組（高於或低於 93 百分位數）。結果發現：兒童在診療室裡的行為（無論正常或異常）與父母評量的結果無顯著相關。但是，臨床上異常表現得分與老師評量的異常表現得分之間有顯著相關，亦即，診療室行為被分類為異常組的兒童，有 70% 在老師評量的教室行為也被分類為異常組，特別是外化行為向度。然而，兒童在診療室表現出正常的行為，並不能預測在父母和老師的評量上也是表現正常。這種現象顯示，在冗長的臨床評估過程中，兒童所顯現出來的異常或顯著侵擾行為，可能是在學校情境會出現類似行為困擾的標記。雖然如此，明智的臨床工作人員可以直接與老師聯絡，以了解兒童的學校適應狀況，而不是完全依賴診療室行為來推論在校行為。

✾ 老師晤談

在與家庭進行初次評估之前或之後不久，評估者需要和兒童的老師聯絡，以便進一步澄清兒童問題的本質。這個部分通常透過電話進行，除非臨床工作人員是在兒童的學校系統內工作。跟老師晤談的價值就如同跟父母晤談一樣，它是第二個不可或缺的具有生態效度的資料來源，可以提供關於兒童在校心理適應的重要資料。正如父母的報告一樣，老師的報告也可能有偏誤。所以，不論是父母或老師，評估者都必須衡量資料報告者的誠信，以便判斷資料本身的效度。

許多反抗性兒童，尤其是共病 ADHD 者，在學業表現和教室行為方面都有問題，評估者需要了解這些問題的詳細狀況。雖然一開始可以透過電話與老師晤談，但是，若時間和資源許可，去學校訪視，直接觀察與記錄兒童的行為會更有幫助。如果評估者需要進一步記錄共病的 ADHD 行為，以便規劃日後在教室執行的行為後效管理方案，則更需要親自到校訪視。儘管如此，對在學校系統外的臨床工作人員而言，尤其在目前日漸強調健保制度的氛圍之下，評估時間的給付受到嚴格限制，校訪可能性不高。但對那些在學校系統內工作的專業人員而言，直接的行為觀察對診斷很有幫助，且特別有利於訂定治療計畫（DuPaul & Stoner, 2003）。

評估者也應該請老師協助填寫前述之評量表，這些評量表可以放在資料袋中，在實際評估前寄出並回收，以便在晤談時可以和父母討論評量結果，也可在隨後的電話訪談或學校訪視時和老師討論。

老師晤談應該聚焦在學校環境裡兒童問題的特性，同樣採用行為分析的方式進行，探究主要行為問題發生的情境、性質、頻率、後果事件和誘發事件。表 2.1 列出來的提問（亦即在父母晤談中用來進一步探詢親子互動的提問），在這裡也很管用。由於這類兒童出現學習障礙的機率較高，評估者應該要詢問老師有關兒童可能潛在的學習障礙。如果證據顯示學習障礙存在，則對兒童的

評估必須延伸探討老師觀察到的學習障礙的本質與程度。即使沒有學習障礙，有 ADHD 的反抗性兒童較容易出現寫字潦草、做事粗心大意、不會好好整理自己的學用品，以及低於能力水準的學業表現。評估者應該花些時間與老師探討出現這些問題的可能性。

❊ 衡鑑工具與內容

◈ 兒童行為量表 ── 家長版和教師版

兒童行為檢核表及量表已成為評估與診斷兒童行為問題不可或缺的要件。由於有好幾種量表已具有適用於各年齡層兒童的良好常模，並有可接受的信度和效度，因此在衡鑑流程裡，加入使用這些量表會十分方便且非常有用。所得資料有助於判斷兒童問題行為在統計上的偏差程度，以及可能出現其他問題的程度。因此，評估者應將這些量表放在資料袋裡，在初次晤談前先寄給父母，請他們在晤談當天或前一天交回（如前所述）。這可以讓評估者有機會在與父母晤談之前先檢視量表並計分，也讓評估者有機會在晤談時針對含糊的或重要的答案問個清楚，並且有助於將接下來的晤談聚焦於評量結果中顯著異常的部分。

雖然兒童行為量表有其限制，但它提供了一種方法，讓評估者可以從那些跟兒童經年累月相處的人蒐集資料。除了晤談之外，沒有其他方式可以像使用行為量表在這麼短的時間內得到如此大量的資料。這類量表提供了量化他人意見的方法（通常是在質性的向度上），並且可以將分數與大規模的兒童常模做比較，這些都是這類工具的優點。不過，行為量表所測得的是個人意見，其信度和效度易受個人的疏忽、偏見及限制的影響。

現有之兒童行為量表種類繁多，建議一開始先使用「寬頻」（broad-band）的家長和教師量表，以便能涵蓋目前已知的兒童心理病理的主要向度，

如：憂鬱、焦慮、退縮、攻擊、非行，以及不專注和過動－衝動（HI）的行
為等。目前有兩個量表 —— BASC-2（Reynolds & Kamphaus, 2004）及 CBCL
（Achenbach, 2001）—— 都有家長版和教師版以及令人滿意的常模（CBCL
中文版可洽心理出版社。BASC-2 可向 Pearson 出版社取得：Pearson, Clinical
Assesment, Ordering Department, P.O. Box 599700, San Antonio, TX 78259）。

　　初次篩檢兒童時，也應該包含較「窄頻」（narrow-band）的量表，特別
是針對 ODD 和 ADHD 症狀評量的量表。在根據 DSM-5 診斷準則所設計的量
表尚未編製出來之前，臨床工作人員可以繼續使用根據 DSM-IV-TR 設計的量
表，因為在 DSM-IV-TR 和 DSM-5 中所列出的症狀清單（以及以它們為基礎
編製的量表）相關很高，所以目前可以繼續使用以 DSM-IV-TR 為基礎的量
表。

　　在家裡和學校情境出現兒童行為問題的普遍程度也要調查，因為這類的
情境普遍性測量工具似乎比前述量表具有同樣或更好的跨時穩定性（Fischer et
al., 1993）。HSQ 和 SSQ（Barkley & Murphy, 2006）就是這類的測量工具，
並有常模可用。HSQ（本手冊第三部分有提供題本）是由父母評量自己的孩
子在十六個不同的家庭和公共場所情境中的行為問題。同樣地，SSQ（在第三
部分也有提供）是由老師報告學生在十二個不同的學校情境中的問題。兩個量

年齡（歲）	男生		女生	
	問題數	嚴重度	問題數	嚴重度
家庭評量				
4-5	7.3	3.8	6.1	3.4
6-8	9.1	4.1	8.7	3.9
9-11	8.6	4.2	7.5	3.5
學校評量				
6-8	7.4	4.5	4.0	3.1
9-11	7.6	5.1	4.5	2.6

表的計分方法相同，各自得出兩種分數。第一種是「問題情境數」，只要清點答「會」的題目數即可算出。第二種是「平均嚴重度分數」，算法為將各題困擾程度圈選的數字加總後再除以答「會」的題目數。同樣地，以 93 百分位數（高於平均值 1.5 個標準差）代表臨床顯著性，凡得分等於或高於以下閾值即達到顯著性。

在本方案的親職訓練開始前和結束時，可使用「侵擾行為障礙量表」（Disruptive Behavior Disorders Rating Scale, DBDRS）中針對 ODD 和 ADHD 症狀之特定或窄頻的量表，以及 HSQ 和 SSQ 來監測治療反應。它們也可以用來監測興奮劑藥物對 ADHD 兒童的行為療效。在此情況下，建議也使用「副作用量表」（Side Effects Rating Scale；參見 Barkley & Murphy, 2006）。

◈ 自陳行為量表 — 兒童版

Achenbach（2001）的 CBCL 量表出版了跨資料提供者的版本（Cross-Informant Version），可以把家長版、教師版和青少年版的結果直接比較。研究指出，雖然 ADHD 兒童和青少年的自陳比未患有 ADHD 者的自陳顯示出較多的偏差行為，但是 ADHD 青少年自陳的困擾（不論是由晤談或 CBCL 自陳表所蒐集到的），通常都會比父母和老師所描述的較不嚴重（Fischer et al., 1993; Loeber, Green, Lahey, & Stouthamer-Loeber, 1991）。

兒童自陳的內化症狀（如焦慮和憂鬱）會比父母、老師對兒童這些症狀的報告要來得更可靠且正確（Achenbach, McConaughy, & Howell, 1987; Hinshaw, Han, Erhardt, & Huber, 1992）。基於這個理由，仍有必要蒐集反抗性兒童和青少年的自陳量表資料，因為這些資料可能更關乎兒童的共病診斷，而非反抗行為本身。

◈ 適應行為量表和調查表

研究已開始顯示有一主要生活功能領域受到反抗性和 ADHD 的影響，那就是一般適應行為（Patterson, 1982; Roizen, Blondis, Irwin, & Stein, 1994）。適應行為通常指的是：兒童發展出技巧與能力，以成為更獨立、負責及照顧自己之個體。其範圍通常包括（1）自助技巧：如穿衣、洗澡、用餐和如廁等基本技能，以及看鐘錶和使用時間、了解和使用金錢；（2）人際技巧：如分享、合作和信賴；（3）動作技巧：如精細動作能力（例如：拉拉鍊、扣扣子、畫圖、寫字、使用剪刀等）和粗動作能力（例如：走路、跳躍、爬樓梯、騎腳踏車等）；（4）溝通技巧；和（5）社會責任感：如在家和在外可允許的自由度、跑腿辦事、做家事等。ADHD 兒童在此領域的功能減損是如此可觀且普遍，以至於 Roizen 等人（1994）甚至主張，IQ 和適應行為分數（以標準分數表示）之間的顯著落差或許是 ADHD 的一個標誌。

有好幾種工具可用來評估一般適應功能領域。其中，「文蘭適應行為量表」（VABS; Sparrow, Cicchetti, & Balla, 2005）[3]可能是最常用來評估適應功能的量表。不過，此量表採晤談方式，施測相當費時。由父母填寫的 CBCL（參考前面所述）也包含幾個簡短量表，可以對孩子的幾個適應功能領域（活動、社交和學校）做粗略的篩檢，但無法替代涵蓋面較深入的 VABS。

◈ 心理社會功能損傷

CBCL 和 BASC-2 家長版的前幾頁（見前面的討論）包含一些簡短題項可以對幾個功能減損的領域做粗略的篩檢（活動、社交和學校）。不過，如果想

3　VABS 目前已有第三版，請參見 Sparrow, S. S., Cicchetti, D. V., & Saulnier, C. A. (2016). *Vineland Adaptive Behavior Scales* (3rd ed.). San Antonio, TX: Pearson.

要對心理社會功能損傷有更詳細的了解，臨床工作人員現在可以使用「BFIS-CA」（Barkley, 2012b）。父母可以使用這個量表，評量孩子在十五個主要生活領域出現功能失能（損傷）的程度，並回答關於孩子在學校、社交和社區適應的進一步提問。此量表已建立美國常模（以 1,800 位六至十七歲的美國兒童為代表性樣本），並且有相當令人滿意的信效度（見其指導手冊）。

◇ 同儕關係的測量工具

如前所述，ODD 兒童（尤其共病 ADHD 者）通常在同儕互動上有顯著的困難，這些困難跟 ODD 或 ADHD 持續存在的可能性升高有關（Biederman et al., 1996）。有關行為問題兒童的研究已使用過各種評估同儕關係的方法，如：直接觀察和記錄社交互動、由同儕和研究對象完成社交計量評量，以及家長版與教師版的兒童社交行為量表。這些評估方法大多沒有常模，因此不適用於 ODD 或 ADHD 兒童的臨床評估。就臨床目的而言，量表可以提供最方便、最符合經濟效益的方法來評估這個重要的兒童期功能領域。前述之 CBCL 和 BASC-2 量表均包含了評估兒童社交行為的題項，這些量表均有常模，因此適合臨床用途。雖然還有其他評估社交技巧的量表，像「馬特森兒童社交技巧評量」（Matson Evaluation of Social Skills with Youngsters, MESSY; Matson, Rotatori, & Helsel, 1983），或「兒童社交情境問題分類表」（Taxonomy of Problem Social Situations for Children, TOPS; Dodge, McClaskey, & Feldman, 1985），但只有「社交技巧評量系統」（Social Skills Rating System; Gresham & Elliott, 1990）有常模及電腦計分系統，適合在臨床情境使用。

◇ 父母自陳式測量工具

愈來愈顯而易見的是，影響父母及整個家庭的因素多多少少會影響孩子

的行為障礙症、嚴重度及對介入的反應。正如在緒論及特別在第一章曾提到，具有反抗行為或 ODD 的兒童，其家人罹患某幾種心理障礙症的可能性，會比控制組兒童來得高。過去二十年，許多研究也已證實，家人的這些問題可能會更加影響反抗性兒童行為問題的頻率和嚴重度。如第一章所討論的，有行為異常兒童的母親，其社會孤立的程度會影響兒童行為障礙症的嚴重度以及親職訓練的成效。其他研究亦顯示，父母的心理病理及婚姻失和會分別且相互作用地影響轉介兒童就醫的決定、親子互動的衝突程度，及兒童的反社會行為。父母對親職訓練的抗拒程度也取決於這些因素。所以，在進行反抗性兒童的臨床衡鑑、主要障礙症的鑑別診斷，以及根據衡鑑結果擬定治療計畫等工作時，都必須評估父母的心理健全程度。因此，對兒童反抗行為進行評估通常就是進行家庭評估，而不只是單獨評估兒童。雖然因篇幅所限，無法對成人及其心理障礙症之臨床衡鑑進行詳盡的討論，不過此處仍會簡短地介紹一些臨床工作人員認為有用的評估方法，可對反抗性兒童治療中的一些重要變項進行初步篩檢。

當進行兒童晤談時，可請待在候診室的父母填寫評估其本身適應狀況的測量工具（介紹如後）。不可將這些工具和其他量表一起事先寄給父母，因為臨床工作人員需要向父母簡短地介紹這些自陳量表的目的，才不會讓他們對於詢問這些敏感性的資料產生反感。筆者的典型作法是向父母說明，為了要完全了解孩子的行為問題，必須對孩子和父母都有更多的認識，包括蒐集更多關於父母本身心理適應狀況以及他們如何看待自己為人父母角色的資料。然後，介紹這些量表就是用來蒐集這些資料的一種方法。採用此種方式介紹後，很少有父母會拒絕填寫這些量表。為了節省時間，有些專業人員偏好選擇在進行評估晤談之前，先將這些自陳量表與兒童行為問卷一起寄給父母。如果選擇這麼做的話，一定要準備一封說明函，婉轉地向父母解釋需要得到這些有關父母資料的理由。例如，這封信可以包括下列內容：

「當您在填寫關於您自己、您的婚姻和家庭的這些問卷時，請切記

我們並不是想要去評估您；反而我們是想要盡可能地了解您孩子所處的家庭環境。了解家庭環境很重要，可以有助於我們了解孩子可能正經驗到的問題的本質。有了這些資料，讓我們得以提供您仔細且完整的建議 —— 如何提供孩子最好的幫助，使他在家裡及學校都能適應得更好、更成功。」

◇ 父母的 ADHD 和 ODD

針對 ADHD 和 ODD 兒童的直系親屬聚集出現心理障礙症的家族研究，清楚顯示這些兒童的父母罹患 ADHD 和 ODD 的盛行率較高（Biederman, Faraone, Keenan, & Tsuang, 1991; Faraone et al., 1993）。一般而言，有 ADHD 的反抗性兒童似乎至少有 40-50% 的機率，其父母之一也有成人 ADHD（母親的機率是 15-20%，父親是 25-30%）。而父母的 ADHD 對 ADHD 孩子的行為有何特別影響及對家庭環境的一般衝擊又如何，迄今尚無足夠研究檢驗。不過研究已經證實，ADHD 成人比較可能會有焦慮、憂鬱、人格障礙症、使用和濫用酒精，以及婚姻問題；他們也較常換工作和住處；而且教育程度和社經地位均比沒有 ADHD 之成人為低（Barkley, Murphy, & Fischer, 2008）。在有 ODD 或 CD 共病診斷的 ADHD 兒童次群體中，其父母的心理病理更多元且更嚴重（Barkley, Anastopoulos, et al., 1992; Lahey et al., 1988）。較嚴重的 ADHD 似乎也與父母較年輕有關（Murphy & Barkley, 1996），比起非 ADHD 兒童的父母，在青少年或成人前期懷孕似乎是 ADHD 兒童父母的特徵。可以想見，這些因素和 ADHD 主要症狀影響著家庭裡管教孩子行為的方式，以及這些孩子的整體家庭生活品質。研究顯示，如果父母有 ADHD，則其 ADHD 孩子也有 ODD 的可能性大幅上升。其他研究顯示，若父親或母親有 ADHD，則可能會干擾其從一般的行為取向親職訓練方案獲益的能力（Sonuga-Barke et al., 2002）。治療父母的 ADHD（採用藥物治療）可促使日後再次接受親職訓

練更為成功（Chronis-Tuscano, Seymour, et al., 2008）。這些初步的研究發現暗
示，在針對孩子的 ADHD 和 ODD 進行評估時，確認父母是否也有 ADHD、
甚至 ODD 是很重要的。

　　最近，DSM-IV 的 ADHD 症狀清單已被編製成行為量表的格式，而且在
美國已蒐集到 1,200 多名十七至八十一歲成人的常模（Barkley, 2011）。此成
人量表稱為「巴克萊成人 ADHD 量表－IV」，使用時必須填寫兩次：第一次
是評估目前的行為適應；第二次是回想並評估五至十二歲的兒童期行為。其指
導手冊提供目前行為及回想兒童期行為的分數常模。光是量表得分達到臨床顯
著性，並不保證父親或母親符合 ADHD 診斷，但是臨床工作人員應該提高警
覺，懷疑其可能性；若是如此，則應考慮轉介父母接受進一步的評估，必要時
轉介接受成人 ADHD 的治療。

　　欲判斷反抗性兒童的父母是否有 ADHD，很有用的第一步就是使用這些
量表來篩檢反抗性兒童的父母。如果兒童符合 ADHD 的診斷準則，而且其父
母在 ADHD 篩檢量表上呈陽性反應（達臨床顯著性），則可能需要轉介父母
去做更詳細的評估及鑑別診斷。至少，當篩檢得到陽性反應時，表示在擬定治
療計畫及親職訓練時，應將此結果納入考量。

◇ 婚姻失和

　　目前有許多工具可評量父母間的婚姻失和狀況。在有關兒童期障礙症的
研究中，最常使用的就是「洛克－華萊士婚姻適應量表」（Locke-Wallace
Marital Adjustment Scale; Locke & Wallace, 1959）。正如第一章所述，反抗性
兒童的父母較常出現婚姻失和、分居及離婚等問題。有這些婚姻問題的父母，
可能他們的孩子會有較嚴重的對抗性及攻擊行為，而這樣的父母本身也可能在
親職訓練方案中較難成功（參考第一章）。因此，當治療者在考量為這類父母
規劃親職訓練方案時，篩檢父母的婚姻問題可提供重要的臨床資料。筆者鼓勵

臨床工作人員將婚姻失和的篩檢工具納入他們整套的評量工具裡。

◈ 父母的憂鬱和一般心理苦惱

反抗性兒童的父母常會比一般兒童的父母憂鬱，這會影響他們對行為取向親職訓練方案獲益的程度。常用來評估父母憂鬱程度的一個簡便工具就是「貝克憂鬱量表」（Beck Depression Inventory; Beck, Steer, & Garbin, 1988）。目前已發現，ADHD 兒童的父母普遍心理病理程度較高，罹患特定心理障礙症的比率也較高，其中有許多父母也有 ADHD。評估父母心理困擾的方法之一是使用「症狀檢核表 90 —— 修訂版」（Symptom Checklist 90 — Revised, SCL-90-R; Derogatis, 1986）。這個工具不僅包含評估成人憂鬱問題的量表，也包括了其他量表來測量成人心理病理和心理苦惱的其他向度，因為孩子的治療通常是透過父母來執行，父母的問題可能會影響孩子治療的進程與執行，所以不論使用這個量表或其他工具，臨床工作人員都需要評估父母的一般心理苦惱及特別的心理障礙症。

◈ 父母的壓力

早在二十五年前的研究就已經發現，有行為問題孩子的父母（尤其是孩子同時有 ODD 和 ADHD 的問題）所陳述的家庭和父母角色的壓力，比一般組或非 ADHD 的臨床組的父母來得大（Anastopoulos, Guevremont, Shelton, & DuPaul, 1992; Breen & Barkley, 1988; Fischer, 1990; Johnston & Mash, 2001; Webster-Stratton, 1991）。在這類研究中最常用來評估這個構念的測量工具是「親職壓力量表[4]」（Parenting Stress Index, PSI; Abidin, 1995）。PSI 是一個有 120 項選

4　第四版中文版（Parenting Stress Index, Fourth Edition; Abidin, 2012）由翁毓秀修訂，2019
　　年，新北市：心理。

擇題的問卷，計分後可得到六個有關孩子行為特徵的分數（如：分心程度、情緒等），八個有關母親特徵的分數（如：憂鬱、親職勝任感等）及二個有關情境和生活壓力事件的分數。這些分數加總起來可以產生三個領域分數或總分，即「孩子領域」、「母親領域」和「全部壓力」。此量表已有簡式版發行（Abidin, 1995）[5]，鼓勵臨床工作人員採用此量表來評估反抗性孩子的父母。

❀ 衡鑑方法摘要

綜上所論，可知反抗性兒童的臨床衡鑑是一件複雜且慎重的工作，需要足夠的時間（大約三小時）、對相關之研究與臨床文獻及鑑別診斷具有充足的知識、純熟的臨床判斷以挑選出適切的議題，以及擁有充分的資源以便能利用各種衡鑑方法從多方來源（父母、孩子、老師）取得多元資料。如果時間和資源允許，也可以請學校人員直接觀察孩子在教室裡的反抗及 ADHD 行為。至少，臨床工作人員應該跟老師電話聯繫，以進一步釐清老師在兒童行為量表上作答的內容，以及反抗性兒童在教室裡的行為問題細節。除了上述衡鑑方法外，必要時還可以針對那些常跟隨兒童反抗行為或 ODD 一起出現的特殊問題，增加其他的衡鑑方法。

治療涵義

對兒童的反抗行為採用多元方法加以評估時，一定會發現各種過與不及和受損的功能領域亟需臨床介入，甚至可能需要比此處所述更為仔細的行為評估。後續的治療無疑會基於轉介者（如父母、醫師、老師等）認為最明顯、最

5　參見本書第 27 頁註 2。

重要的缺損，或是對於目前和日後適應有最大衝擊的部分。評估者所建議的治療範圍，可從單純提供父母關於該障礙症的諮商（當孩子沒有功能損傷時），到住院治療（當 ODD 或 CD 孩子有嚴重、慢性或甚至危險的行為規範問題或憂鬱症時）。在這兩極端之間，治療建議可聚焦在以興奮劑藥物治療或教室行為介入，來改善任何共病 ADHD 症狀，以及經由學習有效管教方法的親職訓練，來改善反抗性孩子的對立行為。許多反抗性兒童有同儕關係問題，如果能在孩子會用到社交技巧的學校或社區情境裡，實施個別或團體社交技巧訓練，對這些孩子會有所助益。在大部分情況下，評估結果會顯示孩子（或甚至其他家人）需要多元的介入，以便能充分處理所發現的問題。不論最初的評估所建議之治療方式為何，臨床工作人員需要採用上述衡鑑方法，持續、定期地再評估，以檢視並記錄療程中是否產生改變、治療結束後是否能跨時維持療效，以及療效是否可類化到其他問題行為和環境。

法律和倫理的議題

在提供兒童心理衛生服務的一般實務工作中有許多法律和倫理議題，其中有幾個議題更可能在評估反抗性兒童時出現。首先會涉及的是孩子的監護權議題，只有孩子的法定監護人才能要求評估孩子是否有反抗性或 ODD。ODD、ADHD 或 CD 的孩子更有可能來自父母分居、離異或嚴重婚姻失和的家庭。因此，當家長與診所或專業人員聯絡時，臨床工作人員必須注意確認誰擁有孩子的法定監護權，特別是誰有權代表孩子要求心理衛生服務。在共有監護權的狀況下（在離婚／監護權情境中愈來愈常見此現象），評估者必須確認沒有和孩子同住的父母一方是否有權利：反對轉介孩子接受評估、同意孩子接受評估、評估當天也來參與晤談，以及（或）取得最後的評估報告。諸如此類檢視或反對心理衛生服務的權利，也可以延伸至對反抗性孩子提供治療服務的部分。在

評估之前若未注意這些議題，可能會導致各方產生很多爭論、挫折，甚至採取法律行動，這些都是事前多花些心思即可避免的。雖然這些議題有可能出現在所有的兒童評估工作中，但是更可能發生在尋求協助的 ADHD 兒童家庭裡。

　　另外一個也會在所有的評估中發生的議題（但更可能發生在 ADHD 的個案身上），就是臨床工作人員在評估當中，若發現任何疑似兒童遭受身體虐待、性虐待或疏忽之情形，有責任向政府當局通報。在正式的評估程序開始**之前**，臨床工作人員應該例行地告知父母有關政府當局規定的通報責任。有鑑於反抗性或 ODD 孩子會帶給他們父母更多的壓力，以及父母可能自陳的心理苦惱也比較大，所以反抗性兒童被虐待的風險可能會比一般兒童來得高。而這些父母患有 ADHD 或其他心理障礙症的可能性較高，也更提高這類的風險，導致評估患有侵擾行為障礙的兒童時，更可能涉及疑似虐待的情況。了解當地相關法律責任的規定，小心且適當地執行，並對可能涉及的更大臨床議題保持敏感度，這是提供兒童心理衛生服務的每位臨床工作人員的責任。

　　由於過去十年來，ADHD 兒童已逐漸得到政府當局的重視，得以享受某些權益（有時被視為其法律權利），所以臨床工作人員需要熟知這些法律議題，以便能在必要時，適當、正確地協助每位個案的父母和校方人員。例如：在美國，依「身心障礙者教育法案」（Individuals with Disabilities in Education Act, IDEA; 1991）重新審定的部分 —— 「其他健康損傷」類別，ADHD 兒童現在有權利接受正規的特殊教育服務。當然，必須是在其 ADHD 問題已嚴重到足以明顯干擾學校表現時才適用此規定。這個規定在美國各地已逐漸普為人知。較少為人所知的是 ADHD 兒童也享有其他法律的保護與權益，例如：依 1973 年的「復健法案」（Rehabilitation Act）第 504 節或最近重新審定的「美國身心障礙者法案 2009」（Americans with Disabilities Act of 2009, ADA; 2011 更新）規定，提供身心障礙孩子適當的教育〔可參考 DuPaul 與 Stoner（2003）及 Latham 與 Latham（1992）討論這類權益／保護的文獻〕。如果 ADHD 孩子的障礙非常嚴重，而且家境清寒，依據「社會安全法案」（Social

Security Act），他們也有資格申請補助金。因篇幅所限，無法在此詳盡說明相關的法律權益。此處主要想強調的就是：如果臨床工作人員的服務對象是可能患有 ADHD 的反抗性兒童，必須熟知各種相關權利及權益的規定，方能為這些兒童爭取最大權益。

最後一個與反抗性或 ODD 兒童有關的法律議題是：這些兒童是否應為其行為負起法律責任（參見 Barkley, 1997, 2006, 2012c）。此爭論的重點是大部分反抗性兒童可能都共病 ADHD，而 ADHD 是一個自我控制發展障礙。患有 ADHD 的反抗性兒童應該為他們所造成的財物損害、他人傷害或犯罪行為負起法律責任嗎？簡而言之，在表現出不負責任的行為時，能否以 ADHD 為藉口，而不用承擔行為後果的責任？答案並不清楚，需要有比筆者更具法律知識的人來關注此議題。不過，筆者的看法是，儘管 ADHD 對為何會做出某些衝動行為提供了一個解釋，但 ADHD 並不足以完全擾亂心智狀態，不能做為逃避法律責任的藉口〔例如：主張「心神喪失辯護」（insanity defense）〕。在涉及犯罪活動（尤其是涉及暴力犯罪）的定罪或判刑時，ADHD 也不可以做為減輕刑罰的條件，此看法乃基於已知之事實 —— 絕大多數的 ADHD 兒童（甚至共病 ODD 者），長大後並不會涉入暴力犯罪。此外，試圖預測 ADHD 犯罪行為的研究，追蹤 ADHD 兒童樣本至成年期，結果無法找到犯罪行為的適當預測因子，頂多就是早期出現行為規範問題或障礙的程度。即使發現這些預測因子，其可解釋的犯罪行為變異量亦微不足道。至於較可能顯著預測犯罪或犯行的變項，多半跟測量到的父母和家庭失功能、結交損友，以及低社經地位有關，很少涉及測量到的 ADHD 症狀。在此議題尚未經過更仔細的法律檢驗之前，比較明智的看法似乎是，將 ADHD 視為對衝動行為的眾多解釋之一，但 ADHD 既不是犯罪行為的直接、主要原因，也不是犯罪行為的立即原因，因此，不能以 ADHD 為理由免除應負的法律責任。

篩檢家庭參加親職訓練

　　沒有任何一個治療方案會對所有的個案都有效。認清了這一點之後，研究人員曾探討在一個親職訓練方案中（如本方案），有哪些因子可預測訓練的成敗（緒論曾討論過）。顯然地，那些會影響父母參與訓練的因素也會影響他們在本方案的成功。例如，父母的精神問題，即使未影響其正常出席訓練活動，也會干擾其在訓練方案中學習和使用資訊的能力。如果父母在訓練期間有憂鬱症或 ADHD（如前述），或有精神病症狀或藥物依賴的狀況，即使他們能跟得上訓練課程，恐怕也很難前後一致地利用這些程序處理孩子的行為問題。同樣地，那些會影響父母行為的慢性健康問題，也多多少少干擾父母有效地處理孩子行為。雖然關於這個議題的研究很少，但是筆者的臨床經驗發現，某些慢性疾病，如偏頭痛、癲癇症、經前症候群及糖尿病會削弱父母實施孩子管教方法的效能。研究已不斷地證實許多父母特徵可預測訓練成效不佳，如憂鬱、婚姻失和、母親的孤立無援（與社交圈隔離），及家庭社經地位。這些變項和療效呈線性關係，所以家庭內這些因素愈多或愈嚴重時，訓練的預後就愈差。當這些因子出現時，臨床工作人員必須小心地判斷並決定，是否應該在訓練開始前先處理這些問題（如果可能的話）。

　　同樣地，某些影響孩子的因素，也會阻礙孩子管教方案成功地執行。顯然在決定是否採取本方案或類似的訓練方案時，必須要考量到孩子行為問題的類型和嚴重度。如果孩子極可能出現嚴重的肢體攻擊與傷害行為，至少一開始先採取住院治療而非親職訓練會是更謹慎的選擇。在密切監督的住院環境下，一旦孩子的脅迫性行為得以控制後，就可以把親職訓練當作一個治療方案，為孩子出院回家的轉銜鋪路，並讓父母為成功的轉銜做好準備。本方案對有嚴重語言遲緩或明顯的心智遲緩的孩子可能效果不佳，因為本方案強調的是服從口語命令及規則。就筆者的經驗，只要心智或語言年齡至少達兩歲的孩子，就可以

受益於這些程序。當然，對心智或語言年齡兩歲的孩子，臨床工作人員可能需要花多一些時間訓練父母，尤其是在診所裡多做些練習，不過，這些孩子的行為確實有可能改善。

家庭作業及訓練方法的可行性

由於本方案包括要求父母完成各種家庭作業，因此臨床工作人員必須考量這些作業對某個家庭而言是否可行，以及是否需要依父母或孩子的特徵來修改。對教育程度或智力較低的父母可能需要給他們少一點閱讀資料，而對程序多做一些示範和講解，以便讓他們可以充分了解。若父母有感官或其他障礙時，可能需要用特別的器材來記錄他們的家庭作業，例如：對視障或文盲的父母，可使用錄音機來記錄家庭作業。

如何教導父母這些方法，也可依各治療師執業的臨床情境或受訓練家庭的獨特性而略加修改。有些父母甚至需要或希望能把訓練過程錄下來，以便在平日加以複習。從研究（Cunningham, Bremner, & Boyle, 1995; Webster-Stratton, 1984）和臨床經驗中都發現，某些情況下，將孩子管教程序的說明或例子錄成影片呈現，也會達到親職訓練方案的成效，而且比個別的家庭訓練更合乎經濟效益。一般而言，臨床工作人員需要能敏銳地覺察每個家庭的獨特性，並相對地調整家庭作業及訓練方法。

這麼做時，臨床工作人員必須決定是否要使用個別或團體親職訓練。以這些程序訓練個別家庭一定有效，尤其再加上當場示範如何使用這些方法，並在治療師的督導下，讓父母有機會練習將這些程序用在孩子身上。在診所的遊戲室只要設有單面鏡及旁邊有觀察室，再加上耳機通訊器材，臨床工作人員就可以好好發揮其能力，立即指導、塑造及增強父母對孩子的管教（Eyberg & Matarazzo, 1980）。

然而，許多臨床工作人員的工作量太大，往往無餘力進行個別的家庭訓練。所以，將四至八對父母（不帶孩子參加）合成一組進行團體訓練實有其必要。團體訓練比個別訓練更符合經濟效益，也讓父母們有機會對彼此的處境（亦即與行為問題孩子相處的痛苦經驗）互相慰藉，以及分享自己在處理某些問題時發現的解決之道。很多時候父母也會在團體中與其他人發展出患難與共的情誼，因而增強他們執行家庭作業的動機，尤其是當他們必須在下次團體進行時報告執行成功的情形。在比較團體與個別訓練的研究中（Christensen, Johnson, Phillips, & Glasgow, 1980），研究者發現，團體訓練不但像個別訓練一樣有效，同時又大幅減少專業人員花在訓練的時間。不過，有些父母可能容易被團體中較坦率或成功的父母嚇到，或可能需要更個別化的教導才能完全掌握這些方法。使用本方案的臨床經驗顯示，並非所有的家庭對團體訓練的反應都很好，所以治療師應該要有一些篩選標準，以便決定該為父母安排個別或團體治療。一般而言，當孩子的問題較嚴重、父母的教育程度低或經濟條件差，或父母具有多重風險因子時，至少在剛開始應該要安排個別化的訓練方案。而且甚至可能還需要根據其他親子關係模式，來調整原本立基於社會學習理論的本親職訓練方案（Scott & Dadds, 2009）。

摘要

　　本章回顧了衡鑑兒童期反抗性或 ODD 的程序。所建議的衡鑑方法包括：結構性晤談、使用量表評估孩子的偏差，以及父母自陳式測量工具評估其心理適應情況。有些評估工具可以在親職訓練方案開始前和結束後各施測一次，以評估親子關係的改善。基於父母和孩子的某些特徵與訓練成效不佳有關，衡鑑也將揭示這些特徵，並作為不適用本訓練方案的考量。而了解其他的父母特徵，將有助於臨床工作人員將家庭作業個別化，以適用於該家庭的狀況。

第三章

親職訓練的實務考量

訓練中的後勤支援與實務考量

　　臨床工作人員在初次學習本方案時，往往會問一些實務上很重要的問題，例如：是否需要父母都參加訓練、訓練是否應在診所或家中進行，以及他們應如何處理沒有完成家庭作業的父母。這些問題的答案顯然視個別家庭的特徵而定，然而，在此仍可提供一些通則性的建議。

✼ 父親參加訓練

　　雖然筆者發現，（如果可能的話）父母都來參加訓練會很有幫助，有時也會為了配合上班的父母，而把訓練時間安排在傍晚進行，但研究指出，這並非介入成功的重要因素（Adesso & Lipson, 1981; Firestone, Kelly, & Fike, 1980; Martin, 1977）。在親職訓練中，單親父母的表現幾乎不輸給雙親父母（Reyno & McGrath, 2006）。一項針對父親參與親職訓練的早期文獻回顧（Horton,

1984）指出，父親可以從這類訓練中獲益，只是和母親比較，父親的行為改變模式有些不同。即使父親沒有參加訓練，只要母親把在親職訓練課程中所學的傳授給父親，父親管教孩子的行為也是可以改善的。真正重要的是：沒有參加訓練的那一方（通常是父親），是否支持配偶參加訓練及在家執行策略（Horton, 1984）。目前最好的狀況是鼓勵父親參加親職訓練，但不要只因父親不能參加，就拒絕母親參與。

對單親的個案，這一點不成問題。不過，治療師可能會發現，單親父母對孩子的不良行為會顯得更苦惱，可能因為沒有一個可支援的配偶來分擔這個重擔。如果單親父母還要外出工作的話，那麼平日下午放學後的時間根本不可能監督或訓練孩子，只能把孩子交給較沒有管教技巧的保母照顧。因此，本方案對這些個案的成效可能會稍微降低。不過，許多單親父母還是可以成功地習得本方案技巧，並有效地應用在反抗行為的孩子身上（Reyno & McGrath, 2006）。

❀ 在診所或在家中訓練？

少有研究檢驗門診訓練和居家訓練是否同樣有效。這些為數極少的研究顯示，居家訓練並沒有顯著地增加親職訓練方案的成效（Worland, Carney, Milich, & Grame, 1980），但它絕對會增加服務成本。在美國，保險公司，尤其健保制度愈來愈不可能給付治療師出診的費用，因此對那些以居家服務謀生的工作人員，這個議題毫無實際可言。不過，筆者的經驗是：在診所環境裡進行訓練可以相當成功、省時、省錢，且對大多數的家庭而言，和居家的訓練一樣有效。筆者覺得，當專業人員到府服務時，可能會對家庭環境造成人為的改變，使得家中環境與診所遊戲室的人工環境對提升治療效果的差別不大。雖然了解家中環境的安排與狀況，多少有助於針對該特殊家庭提供個別化的管教技巧，然而，比起居家訓練所需的額外時間與費用，這些效益就顯得沒那麼重要

了。就目前而言，居家訓練應該保留給那些有最嚴重侵擾行為的孩子，因為其父母需要這樣的加強服務。

❀ 團體或個別家庭訓練？

由於提供家庭心理衛生服務的成本意識日漸提升，臨床工作人員也被要求使用最符合成本效益的方法來執行他們的治療方案。如果親職訓練方案可以採團體方式進行且成效相當，那麼團體訓練就是為大多數家庭提供服務的更好方式，因為有更多的家庭可以用較少的時間與金錢以團體方式得到治療。幸運的是，研究數量雖然不多，但結果都顯示對大多數家庭而言，在團體訓練中的獲益，和個別家庭親職訓練的效果是相等的（Adesso & Lipson, 1981; Christensen et al., 1980; Cunningham et al., 1995; Webster-Stratton, 1984）。不過，有一個研究未發現團體訓練和個別親職訓練一樣有效（Eyberg & Matarazzo, 1980），而且接受團體訓練的父母滿意度較低。但仍有其他幾個研究發現，接受個別訓練與團體訓練的父母在消費者滿意度評分上沒有差異（Webster-Stratton, 1984; Webster-Stratton, Kolpacoff, & Hollinsworth, 1985）。更甚者，就治療師的時間及費用而言，團體訓練的成本效益是個別親職訓練方案（治療同樣數目的家庭）的五至六倍（Cunningham et al., 1995; Webster-Stratton, 1984）。因此，應以團體親職訓練為首要治療方式，除非有其他情況與團體訓練抵觸。在這些訓練團體中，使用孩子管教技巧的示範錄影帶做為團體討論的一部分，可以提升療效，這會比只有團體討論管教方法的效果好（Webster-Stratton et al., 1995）。另外，在社區（如學校與社區中心）提供這樣的親職訓練課程（比起在醫院或診所提供），可明顯增加弱勢族群家庭、移民家庭以及孩子行為問題較嚴重家庭的參與（Cunningham et al., 1995）。

❀ 處理父母的不遵從

　　父母不遵從治療方法是一個不易處理的議題。當父母沒完成作業就來參加下次的訓練時，治療師應該如何處理呢？在過去三十年裡，筆者訓練過數以百計的家庭使用本方案，曾用過以下很有用的處理方法。首先，必須要很清楚地向父母表示：除非不遵從的議題及其原因獲得處理，否則不會進一步訓練其他管教方法。換句話說，父母要能將目前正在學的這一階課程熟練到治療師滿意的程度，否則他們不會被允許進行方案的下一階課程。因此，有的家庭會比其他家庭多花幾個禮拜才能完成方案的各階課程。對接受團體訓練方案的家庭而言，缺交一次家庭作業或缺席一次訓練是被允許的，但這個家庭必須在下次團體訓練進行之前，和治療師個別約談，以補足所缺的訓練或家庭作業。超過一次沒參加團體訓練或沒做作業的家庭就得停止團體訓練。若父母有意願，治療師可提供個別訓練。

　　第二，治療師必須在個別訓練時，處理無法完成作業的原因。通常父母會有正當的理由。在這種情況下，可以縮短個別訓練的時間，並要求父母在接下來的這一週再試著完成作業。如果父母無法提出為什麼不遵從的明顯理由，治療師必須有技巧地詢問父母參與訓練的動機，或是否可能有干擾訓練的家庭壓力事件（如婚姻失和、酒精濫用、財務困難）。在某些情況下，可以先暫時停止訓練，讓父母有餘力處理家庭壓力事件，或針對壓力源（如母親的憂鬱、婚姻失和）提供父母不同的介入。

　　第三個因應父母不遵從的方法是建立一個「違約金制度」（"breakage" fee）（Patterson, 1982），亦即父母先交給治療師一筆固定金額的錢，每當父母缺交作業時，一部分的錢就會捐贈到父母最討厭的政黨或其他組織。如果錢是由治療師拿走，效果可能不好，因為有些父母會覺得自己帶給治療師不便，所以錢給治療師是理所當然。這筆錢並不是治療費用的一部分，而是特別為了激勵父母的遵從行為而訂定的。也可以在父母每次正確地完成作業時，把一部

分的錢歸還給父母，以做為一種增強父母遵從的方法。有些治療師可能選擇對某個家庭同時執行這兩個程序，尤其當父母參與治療的動機較一般家長為低時（如：法院或社會服務機構強制參加訓練的父母）。

　　當父母長期不遵從的狀況發生時，必須詳加記錄這種行為模式，並中止治療。治療師可以告訴父母，當他們改變主意，決定配合訓練時，他們可以再回來。治療性服務很貴，而且供不應求，所以不能一直跟不合作的家庭耗下去，提供永無止境的治療。

臨床與風格的考量

　　眾所周知，治療的成功或失敗，可以僅取決於將治療方案呈現給家庭的方式或風格。事實上，治療師的特質被發現是父母抗拒親職訓練方案的一個主要來源。相對於治療師在訓練方案中給予更多催化（facilitative）和支持，在訓練中著重教導和面質父母的治療師可能會增加父母對訓練的抗拒及不遵從（Patterson & Forgatch, 1985）。Patterson 與同事在奧瑞岡社會學習中心針對此議題所做的早年研究顯示，親職訓練師必須做到微妙的平衡，即「在教導與面質父母及夫妻時，找到一個最理想的程度，這個程度要有恰好足夠（但不能太過）的指導和面質，以促動父母去改變家庭管教方式」；同時，仍要給予足夠的催化和支持，以降低父母的抗拒和不遵從（Patterson & Chamberlain, 1994, p. 31）。另外，相對於資深治療師，指派給實習治療師的父母似乎也較可能中途退訓（Frankel & Simmons, 1992）。

　　當然，一大部分的治療成效可歸之於「安慰劑」（placebo），或與治療師有關的非特定因子（nonspecific factors），例如：治療師的特質、與人互動的態度，以及在教導父母這些方法時所散發出的信心與熱情。雖然特定的治療程序顯然很重要，但是如果臨床工作人員不能有力地說服父母這些程序的重

要性及功效，這些程序就不會有什麼效果。這些評論對老練的臨床工作人員可能是顯而易見的，但卻鮮少在這類治療方案的學術論文中提到，甚至資深臨床工作人員也可能忽略掉這一點。誠然，臨床工作人員對風格的議題各有所好，在此所述的觀點顯然是筆者個人的喜好及過去治療案例時發現有用的方法。因此，這些看法應僅被視為建議，而非一套不可改變的規則一體適用在所有個案身上。

筆者發現，以一般教導式風格對父母傳達概念和行為原則最有用。這似乎有助於父母認為自己是為孩子設計方案過程中重要的一分子，而非覺得自己像個傻瓜或笨蛋，必須接受直接說教。臨床工作人員使用所謂蘇格拉底式風格（Socratic style）向父母提問，並引導他們獲得正確的結論、概念或方法，會讓父母覺得他們靠自己找到了解決方法，或至少自己對發現解決方法有所貢獻。這個方法似乎能讓父母對所學的教材內容印象更深刻，或許能幫助維持父母參與治療的動機。此外，這種風格避免了當採用比較指導性的教學方式時會帶來的暗示，亦即暗示父母對管教孩子的原則一無所知 —— 這其實是一種迷思，只要接過幾個親職訓練個案，很快就會打破這種迷思。雖然父母可能不會用專業術語來描述這些原則，但他們通常可以精確地描述所涉及的實際過程。當然，有時的確會需要比較指導性的風格，尤其是在描述和示範某個特定方法，或概要敘述方案某個特定課程的家庭作業時。若時間急迫，治療師也可能會選擇直接講授的方式，以便涵蓋大量的教材內容，但據筆者的經驗，這種做法往往不利於父母長久記得這些教材內容。

採用蘇格拉底式風格的一個必然結果就是，盡可能地避免使用專業術語。努力教導父母行為心理學的專有名詞，幾乎無法保證他們就能充分理解基本原則，以及保證在治療之外也會使用這些方法。使用如「增強的後效關聯作用」（contingencies of reinforcement）、「消弱」（extinction）以及「刺激控制」（stimulus control）這樣的術語，是過度賣弄學問且自我吹捧，而且不必要地侷限了這些方法只能教導給某個教育程度或智力範圍的父母。對大多數沒有受

過大學教育的父母而言，這些術語也可能被視為枯燥乏味或不知所云，並可能影響他們對治療的遵從度。也沒有實證研究顯示使用這些術語可以提升療效。在缺乏實證數據之下，筆者覺得對教導有效的孩子管教方法而言，使用行為學派術語會是阻礙多於助益。當然，這一點必須由你去判斷。如果身為父母，你會比較喜歡聽到：你必須「三不五時地稱讚孩子順從要求的行為」，或者是你必須「在孩子對口語命令的順從反應出現時，以間歇增強時制提供社會性次級增強物」？

用蘇格拉底式的方法教導父母似乎也可以避免治療中常見的問題 —— 父母對治療師的依賴。當你獨自設計行為方案，然後交給父母去使用時，父母可能會無法學到問題解決技巧，來因應孩子現在和未來的行為問題（尤其是那些行為問題並未在本方案中設定為目標行為時），週復一週，這樣的父母在前來治療時，就只是在「偉大的行為工程師」（你！）的腳下呈上另一個問題，而從來不了解你用來設計這些方案的基本原則為何。當治療快要終止時，這樣的依賴將會很難中斷。了解管教方法之基本原則及概念的父母，比只被單單教導方法的父母更可能使用該方法。雖然這個問題尚未被廣泛地研究，但很多臨床工作人員應該會同意以下的看法：當父母了解一個管教方法所依據的原則和概念時，他們會比那些只學到方法的父母更可能去使用那個方法。

許多行為取向的治療師曾表示：他們想要傳達給父母的那些可以用在孩子身上的原則，跟他們自己訓練父母時所用的原則十分相似。說得更明白些，就是在父母參與治療討論、完成行為紀錄，及執行所建議的治療方法後，父母都得到了充分的稱讚和欣賞（催化和支持）。當父母不遵從所建議之方法時，通常得到的後果是不贊同、面質，甚至撤回增強物（如違約金），但是就如前面提醒的，必須用支持與催化小心地去平衡懲罰。

在每次訓練當中，你必須不時地暫時停止討論新的教材，去評估父母對剛剛教過的部分是否了解。此外，你應該邀請父母發表意見，聽聽看他們是否認為所教的方法能符合他們特有的作息或風格，尤其是這樣的方式如何使用在他

們的孩子身上。這樣的討論通常都會揭露出妨礙或阻止父母遵從這個方法的因素，暗示可能必須修正所教的方法，以求能「適配」某個特殊家庭。治療的要求和家庭生活方式之間的差距愈大，父母愈不會遵從治療。雖然老練的讀者對這種狀況一目了然，但在時間寶貴、案量驚人的臨床情境中卻常常被忽略。

　　同樣也要注意：不要在每次訓練一開始就立即進行新教材的學習，而沒有先回顧上次訓練後家裡有沒有發生什麼事，或檢查家庭作業做得如何。忽略掉這類顯然的預防措施往往會導致失誤，而這些失誤會在之後的訓練中透過個案的各種反應（包括抗拒和更多不遵從），讓你不得不去注意。反應之一會是明顯的厭煩或不注意臨床工作人員所說的話，因為懸而未解的困擾占據了父母的心思。其他的個案可能會更武斷地打斷訓練，提出他們的困難（如配偶離家出走、家人有嚴重的醫療問題，或是父母或孩子發生嚴重不幸事件以致中斷執行家庭作業規定的方法）。這樣的揭露通常使得療程不得不變更或暫時延後，直到這些新議題得到處理。

　　在討論行為方法時，你應該盡量邀請父母修改或修飾這些方法，以符合其家庭情境的特殊需求。這時，可能就換成你要從跟孩子相處經驗較多的父母身上學習。在此有個很好的案例，有一對父母被教導在公共場所（如商店）中如何使用隔離法處理孩子的不良行為（此時無法用椅子或角落來隔離）。筆者告訴父母，在這種情況下，可以使用小筆記本記錄孩子的不良行為，並在事前讓孩子知道，每次在筆記本上記下一筆不良紀錄，一回到家，孩子就要在隔離椅坐十分鐘。在下次訓練時，父母告訴筆者他們已經試過這個方法，而且還增加了一個新絕招。他們用拍立得相機拍下孩子坐在家中隔離椅上的照片，把相片放在外出攜帶的筆記本裡，在進入商店之前，父母先把相片拿給孩子看，並提醒他：如果出現不良行為，隔離椅就是回家後他要待的地方。筆者發現這個新招非常實用，所以現在筆者對每位接受本訓練方案的父母都介紹這個方法，並加入訓練父母處理孩子在公共場所的不良行為的講義中（第七階課程：預想問題：在公共場所管理孩子）。時下流行的數位相機（特別是智慧型手機）更有

利於父母提高在外管教孩子的效力。正如前述，父母並非對有效的行為方法或原則一無所知，在治療的某些時候，他們可以做為稱職的「協同治療師」。筆者發現，在治療一開始向父母說明這種合作之必要是很有用的，這樣的合作方式的第二項功能，就是讓父母知道，臨床工作人員不必然對他們孩子的所有問題都有答案。雖然臨床工作人員可能是一般行為原則和技術的專家，但顯然父母才是自己特殊孩子的專家，了解他們的習慣、氣質及反應模式等。若是治療師表現出一副「父母對兒童行為原則一無所知」的態度，會顯得高高在上，在專業上過於天真。沒有整合雙方「專家」的資訊，治療是不太可能成功的。

　　不言而明的，在整個療程中，治療師應該要不時地對父母或家人當下的處境（特別是成功使用本方案所需的努力）表達同理。承認這些管教孩子的方法「知易行難」，也會讓父母覺得受到支持。治療師也應該不時提醒父母規律地做作業及練習這些方法的重要性；有用的一招是，把學習管教孩子的技巧比喻為學樂器或做運動。父母通常會很快將孩子任何行為改善的功勞完全歸功於治療師，必須讓父母清楚知道，治療成功絕大部分是來自父母切實使用行為方法之故，因為就像只把工具放在架子上並不能奇蹟式地修復疑難雜症一樣。總而言之，治療師催化及支持的行為，在提升父母對親職訓練方案的參與及遵從上，是很重要的一環。

訓練時程的安排

　　雖然親職訓練的時間可以安排在平日門診的任何時段，不過筆者發現，把本方案訓練時間安排在傍晚時刻（或甚至有時安排在星期六早上）比較好，如此可以鼓勵在職的父母親來參加訓練而不致影響工作。個別家庭訓練通常是每週一次，每次一小時；不過，親職訓練團體應該是更優先選擇的治療模式。團體訓練則是每週一次，每次二個到二個半小時。雖然研究發現，在社區情境提

供團體親職訓練，每個團體有多達十八個家庭參與，仍有成效（Cunningham et al., 1995）；但在臨床情境裡，最適合的團體大小則是不超過六到十個家庭。

決定讓家庭接受團體或個別治療，通常須斟酌以下議題：父母的教育程度或心理問題，孩子問題的類型、數目和嚴重度，家庭壓力的程度，以及家庭需要個別關注的程度。基於成本效益的理由，明智之舉是先讓大部分或所有的家庭參加團體親職訓練，然後再對成效不佳的成員採用個別化方式重新訓練。

摘要

筆者在本章中回顧臨床上執行本方案時的各種實務議題，例如：提供訓練的環境和形式、因應父母不遵從的方法、訓練風格的考量，以及訓練時程的安排。筆者強調以合理、務實和謙虛的態度來教導父母，使父母清楚了解本方案的要求和使用的具體方法，同時對父母的參與保持同理與支持。

第四章

親職訓練方案概論

在詳細檢視本方案中每一階課程所教導的具體方法前，必須先細查本方案所依據之基本概念、每一階課程如此排序的理由，以及每次訓練裡的活動計畫表。

管教孩子訓練的基本概念

一些管教孩子的重要原則交織在整個訓練過程中。為了完全掌握本方案的方向及潛在效力，執行者必須先了解這些概念。

❀ 即時給予後果

孩子行為的後果不管是正向的或負向的都必須立刻給予，這樣父母才能有效地控制不適當行為。你應該重複強調：在目標行為發生後的五至十秒內，父母要立刻給予後果，而不是等幾分鐘或幾小時過去後，才處理問題或獎勵適當行為。由於很多家庭的生活方式很忙亂，大多數的父母都會拖延著，不理

會孩子的行為，尤其是正向或適當的行為。他們通常會較快注意到令人討厭或是特別擾人的行為，但即使對於這些行為，通常也會等到命令重複了四、五次之後，才對孩子的不順從給予後果。簡而言之，父母愈快對孩子的行為給予後果，就愈能控制孩子的行為。

✤ 給予明確的後果

你也要指導父母，所給予的後果應該要十分明確具體，尤其是口語或社會性的後果。稱讚和批評都要針對當下的目標行為，而非模糊、籠統或含糊地指涉孩子本身、一般行為或人品。同樣地，懲罰也是一樣，後果必須能對應不良行為，且適度為之，不可依父母對目前或過去處理不良行為的不耐或挫折程度來任意行之。

✤ 後果要一致

幾乎所有行為取向親職訓練都強調：後果一致性的概念是掌控孩子行為的關鍵。這包括跨情境、跨時間以及跨父母之間的一致性。簡單來說，跨情境的一致性是指：如果某個行為發生在某一情境會受懲罰（如在家），則該行為在其他情境發生也要被懲罰（如在商店）。雖然這個原則可能偶爾有例外，但父母對於孩子在不同社會情境下的行為給予相似的反應是一個好策略。不過，這往往與父母管教孩子的實際情況相反，許多父母在家處理孩子問題用的是一套，而在有旁觀者的公共場所用的又是另一套（或完全不處理）。這種管教方式只會讓孩子直接地學到可以在哪種場合撒野而不會被懲罰。

所謂跨時間的一致性是指：父母對於孩子可接受和不可接受的行為標準，不應隨時間大幅變動。雖然這些標準會隨著孩子發展上的變化而改變，但在較接近的時段內，父母必須盡可能給予行為一致的後果。在某天被定義為不被接

受的孩子行為，則在另一天不應被任意容忍，或甚至獎賞。例如，父母由於頭痛而懲罰孩子「突襲」冰箱，日後卻忽視或實際上協助孩子「拜訪」冰箱，這是一個荒唐可笑的管教方式，只會大大地增強違反家規的行為。反之亦然，今天受獎勵的行為未來也應該得到獎勵，且絕對不可日後受懲罰。

父母為孩子制定規矩，以及遵守或違反規矩會得到的後果時，父母之間能有一致的共識也很重要。常見母親管教孩子的方式和父親非常不同；這往往不僅導致在建立對孩子的一致規範時會起衝突，而且也會造成婚姻關係的衝突。

❀ 在懲罰前先建立獎勵方案

另一個概念是，父母必須先在家中建立一個獎勵適當行為的具體方案後，才能再加入對不適當行為的懲罰方法。大多數父母所關切的是孩子的負向行為，往往會鉅細靡遺地說出他們不喜歡孩子什麼部分。這樣自然而然會考慮以懲罰方法制止不良行為。結果，懲罰成為家庭互動的主要模式，而孩子就算出現任何可接受的行為也很少得到獎勵。更糟的是，當家庭環境中對適當行為缺乏正向獎勵時，懲罰似乎就會失去效果。藉由教導父母改變抱怨孩子行為的措辭方式，說出他們希望孩子能以什麼樣的利社會或適當行為來取代問題行為，接下來的自然反應，就是父母會思考用獎賞來鼓勵這些行為的增加。直到此時才可考慮用懲罰方法去減少孩子的不良行為。在教導父母有關懲罰的課程中，要特別強調此概念，以免父母誤認為治療師提倡使用懲罰做為處理孩子不良行為的首要方式。

❀ 對不良行為的預想和計畫

有經驗的臨床工作人員可辨識許多父母對孩子不良行為的反應是衝動的，就像他們的孩子對各種事件的衝動反應一樣。這導致父母耗費大量時間管教

不良行為，卻幾乎沒有投入時間去分析、預想，甚或防止孩子可能會出現問題的情境。如果父母能夠預想會遇到問題，他們就可以發展出一些方法減少這些問題發生的機率。或許父母之所以如此缺乏先見之明或拙於未雨綢繆，只因為父母已被孩子屢教不改的行為壓垮，以至於難以採取「主動攻勢」試著預想並防止未來在某個特別情境裡會發生問題。或者，有些父母有類似孩子的心理病理狀況（如 ADHD 和 ODD），使得他們比其他父母更衝動且不成熟（一如這些孩子相較於同儕）。無論原因為何，缺乏先見會造成父母在特定場所（如商店、餐廳等）管教孩子時困難重重。治療師必須定期和父母討論這個議題 —— 與其受制於人（reactive）不如先發制人（proactive），先預想問題情境，並且在進入這些情境之前，先擬定管教孩子行為的計畫。這種做法當然和父母平日的管教方式相反，以往都是要等到侵擾或難控制的行為發生時，才試著決定該如何處理；用那樣的策略來管教反抗性孩子簡直就是「不痛不癢，緩不濟急」（too little, too late）。

❀ 認清家庭互動是相互的

　　另一個貫穿本方案要傳達給父母的概念，就是家庭互動的相互性。父母通常對孩子行為問題的原因抱持單方面的看法：要不是父母本身導致問題，就全是孩子的錯。你必須不時強調家庭互動模式十分複雜，尤其目前尚無法充分了解。然而，早期研究者提出有力的證據顯示，在一定程度上父母對孩子的行為受到下列因素的影響：孩子對父母的行為，孩子的氣質、身體特徵和能力，以及先前和孩子相處的經驗（Bell & Harper, 1977; Patterson, 1982）。同樣地，孩子的行為在一定程度上受到下列因素的影響：父母對待孩子的方式，父母自己的氣質、身體特徵和能力，以及先前和自己父母相處的經驗。因為這是父母和孩子之間雙向的影響，所以很難責備是哪一方造成目前衝突的狀況。因此，本方案不把時間浪費在責備父母或孩子造成互動問題，因為這對解決問題毫無

建設性的助益。反之，所有涉及不良互動的各方都有責任來解決這個問題。選擇父母做為改變的主要焦點，比較是因為方便，且父母較有動機去改變困擾的互動，而不是要挑剔父母的管教技巧。

　　總之，在整個治療過程中要不時強調以下關於管教孩子的一般概念：（1）即時且明確地給予行為後果；（2）行為後果應維持跨情境、跨時間和跨父母的一致性；（3）先建立對適當行為的獎勵方案，然後再實施懲罰方法來壓制不良行為；（4）預想可能出現問題的情境，並事先準備行動計畫；以及（5）強調家庭互動模式是相互作用的系統，因此追究是父母或孩子的錯，毫無建設性的價值。

方案各階課程的順序

　　本親職訓練方案的核心共有十階課程，整個方案可以當作一個完整、獨立的服務項目，在完成最後一次訓練後就結束全部的治療，或者也可以整合到其他正在進行中的治療（例如：為處理家庭、婚姻或父母個人生活中其他困難，而正進行的家族治療或父母諮商方案）。在某些情況下，可能需要在完成這個方案的訓練課程後，再轉而接受其他類型的治療，以便能處理孩子的其他問題（如：遺尿症或遺屎症、不遵從醫囑，或在校表現等議題）。在任何情況下，本核心方案裡的程序都應該保持同樣的順序。在建構本方案的十階課程及其順序時，筆者投入了相當多的研究與臨床經驗，因此，刻意安排以這個順序呈現是有充分理由的。雖然有些家庭由於孩子僅有輕微的不順從行為，可能不需要進行所有的訓練課程，但為任何特別個案所選擇的訓練仍應遵循這個順序。理由是一開始的幾次訓練強調在家庭內發展正向行為管教方法，尤其是採用對遵從規定及命令的行為予以獎勵，而後來的訓練則特別涉及懲罰的技巧。若顛倒

順序，先教導懲罰的技巧，可能會導致父母在整個方案中過度依賴懲罰，最後或許導致這些技巧成效變差。先建立對適當行為充滿獎勵的家庭環境，顯然接下來就可以更順暢有效地引進選擇性且輕微的懲罰方法。

對只有輕微不順從的孩子，治療師可以選擇只訓練父母對孩子可接受的順從和適當行為採用稱讚，然後跳到教導父母使用「隔離法」的程序，處理孩子偶爾出現的不順從。在這種情況下，父母通常會發現光是這兩個程序就十分夠用了，他們不需要更強烈的行為後效管理方法，也不需要討論孩子不良行為的理由。而且，即使採用隔離法的程序，也不需像一般那麼戲劇化或激烈地執行，因為殺雞焉用牛刀，不需要採用強烈手段來對付孩子輕微的不順從。有時，治療師可能希望實施家庭代幣或記點系統，來擴大對這些孩子使用稱讚的效果，這些做法通常會非常成功。雖然如此，即使是輕微的個案，仍要保持相同的順序 —— 要在導入懲罰程序之前，先教導正增強和誘因法。

在大部分的情況下，本方案完整訓練課程應依以下順序教導：

◇ **第一階課程：孩子為何行為不良。**本階課程是想要教導父母有關孩子反抗性的常見原因、這些原因如何互相影響，以及父母要怎麼做才能開始在他們的孩子身上及家庭中辨識出這些原因。

◇ **第二階課程：關注你的孩子！**在治療剛開始時，對孩子而言，父母給予的注意力沒有什麼價值，以至於在很多情況下，父母的關注幾乎無法激勵孩子表現更好的行為。本階課程想要訓練父母消除無效或甚至有害的關注，同時增加更有效的方式來關注、讚許及欣賞孩子的行為。

◇ **第三階課程：增加順從行為和獨立遊戲行為。**一旦父母發展出更有用、有效的關注技巧，這些技巧就可以特別針對增進孩子的順從行為來使用；亦即，當孩子的順從行為一出現時，父母就立即給予肯定、欣賞和稱

讚。本階課程也指導父母：當父母正在忙（如：講電話、在廚房做事、和客人說話），而孩子**沒有**打斷或煩擾父母時，父母要如何關注孩子。此時父母可以不時暫停自己的事情，而對孩子獨立遊戲的行為給予正向關注，如此就可以增長孩子在父母做事情時不會去煩父母的時間。

◇ **第四階課程：當稱讚不夠用時：家庭籌碼和記點系統。**治療師知道只靠稱讚和關注，並不足以讓臨床轉介來的孩子有動機表現更好的順從性，因此治療師現在要求父母去執行一個高效的動機方案。這個方案利用家裡各種現成的獎賞與誘因，來增加孩子遵從命令、規定、家事分工及社會行為規範。這個方案對心理年齡四歲以上的孩子十分有用。玩撲克牌時用的籌碼可用來做為四至八歲孩子的代幣，而九至十一歲的孩子則是用筆記本記錄「點數」。當孩子出現令人滿意的遵從規定和命令的行為時，就可以賺取到點數或籌碼，然後，他們可以使用這些代幣來購買每天、每星期或長期的特權和獎品。

◇ **第五階課程：隔離法和其他管教方法。**本階課程將指導父母如何使用上述代幣系統做為一種懲罰方式 ——「反應代價」（對不當行為處以罰金）。不過，本階課程主要聚焦於詳細討論「從增強環境隔離」（time out from reinforcement）或簡稱「隔離法」（time out）的程序。這個程序包括當發生不順從或不良的社會行為時，立即把孩子孤立在家中某個無聊角落的椅子上。到目前為止，父母只能針對一兩個不良行為使用隔離法，管教其他類的不良行為則可採用代幣系統的罰金方法。

◇ **第六階課程：將隔離法延伸到其他不良行為。**一旦父母能有效地使用隔離法技巧，就可以允許父母將其延伸應用到孩子額外一兩個不良行為。如果使用隔離法時遇到困難，本階課程會有很多時間專門用來排解執行隔

離法的疑難，並修正做法。

◇ **第七階課程：預想問題：在公共場所管教孩子**。到目前為止，父母都被提醒只能在家裡使用治療程序。現在第七階課程要訓練父母在公共場所（如商店、餐廳、教堂等），使用微調過的技巧管教孩子的不良行為。訓練中會加入一個「事前諸葛」（大聲想－事先想）（think aloud — think ahead）的方法，也就是父母在即將進入任何公共場所前，先設想好一個處理孩子不良行為的計畫，讓孩子知道這個計畫，然後在公共場所依此計畫行事。這個計畫中通常包括給孩子一套正向或建設性的活動（小助手），讓孩子在即將展開的行程中有事可做。雖然，最初只教導父母在家庭外的地方使用這個程序，但父母也學到，當孩子在家裡即將面臨一個家庭活動的大轉換之前，也可以使用此方法（如：客人來訪、從遊戲轉換到做功課、安排做額外的家事、洗澡時間、上床睡覺時間，或其他的主要活動變換）。

◇ **第八階課程：從家中改善學校行為：每日在校行為報告單**。本階課程是為在學校出現問題行為的學齡兒童而設計，並不一定要包含在親職訓練方案中。雖然不能總是期待父母幫助老師管教孩子的課堂行為，但是有個方法可以讓父母使用家裡的獎勵，來增強孩子在教室的良好行為 —— 就是將「每日在校行為報告單」跟家庭為本的獎賞方案（通常為前述之代幣系統）結合使用。已知使用每日行為報告單（或做為多元行為介入方案的一部分），會讓孩子的在校行為及學業表現有顯著的改善（Fabiano et al., 2010, Jurbergs, Palcic, & Kelley, 2008, 2010）。本次訓練就是用來討論孩子的在校行為，並且教導父母將每日在校行為報告單與家庭代幣系統結合使用。

◇ **第九階課程：處理未來行為問題**。本階課程簡短地教導父母如何把前述所學程序應用在孩子目前尚未出現的其他行為問題上。此外，並考考父母如何根據他們使用過的方法，設計一個行為改變方案。

◇ **第十階課程：補強訓練和追蹤會談**。請父母在一個月後回來進行補強訓練，以評估他們是否持續執行治療方法、是否計畫逐漸停止家庭代幣系統（如果適當的話），以及排解父母目前可能遇到的任何疑難。提醒父母要注意自己在管教策略上的閃失或倒退 —— 回到以前無效的、以懲罰為主的方法 —— 並鼓勵他們盡可能持續使用治療技巧，愈久愈好。然後，安排父母在三個月後再回診進行追蹤，以再度評估其進展及問題（必要時再度治療）。

每次訓練課程的活動順序

　　除了第一階課程以外，其他各階課程均依循著一個標準的事件模式進行。不論選擇以團體或個別家庭訓練做為教導方式，每次訓練課程都是從回顧上一週的家庭作業以及家庭想要和治療師（或團體）分享的任何其他事件開始，在執行先前所習得的技巧時，可能會出現的問題也在此時加以討論與解決。在個別家庭訓練中，若父母未完成家庭作業，這個議題必須加以討論（如前述），並再次將此作業指派給父母做為下週的作業。當這種情況發生時，在這次的訓練課程中就不討論新的教材。以團體訓練方式進行時，如果有任何家庭未完成作業，治療師則與這樣的家庭另外安排個別會談，以便私下討論這個議題，並決定該家庭是否應該繼續接受訓練。不過，這個家庭仍會留在團體中參加這次訓練課程。不論是個別家庭或團體訓練，如果家庭作業做得不錯，就繼續教導新的教材、概念和方法。在適當的情況下，治療師應該要示範或演示這

些方法。有些治療師可能會選擇使用錄影帶示範技巧，以促進父母習得這些方法（參考 Cunningham et al., 1995; Webster-Stratton, 1984; Webster-Stratton et al., 1989）。

如果是進行個別家庭訓練，那麼在走完前述流程，進行到這個階段時，可以鼓勵父母練習一下所教的方法。父母和孩子可以到遊戲室，在你的督導下，父母練習對孩子使用這些方法。如果有單面鏡設備，通常可以透過多種傳聲裝置進行督導，例如：在觀察室中裝置小傳聲器和麥克風，連接到隔壁遊戲室的天線。在練習的當下，父母從佩帶的小助聽器（接收器），可接收到來自隔壁觀察室的聲音，如此父母可得到直接和立即的回饋。若沒有這個資源可用，就在你辦公室的一角觀察父母與孩子十五分鐘，然後和父母討論你對其表現的印象，也可以達到同樣的目的。然後，你可以和父母討論下週在家中執行技巧時，父母預想會產生的問題。若採用團體訓練，於此階段不需要做練習。此時團體活動的焦點反而應該是讓團體討論這些方法，以及每個家庭預想在家中執行這個程序時會遭遇的問題。

接下來，指定下週的家庭作業，並解答關於家庭作業的疑問。在每次訓練課程中，對父母參與討論、遵從指導、完成家庭作業，以及對訓練方案的普遍配合等，都要給予充分的稱讚、鼓勵和正向回饋。

摘要

本章簡短地描述治療方法所依據之重要概念或原則，以及本方案的十階課程及其順序。重點是，不僅所教導的方法很重要，更強調要遵從訓練的特定模式。在訓練中依照何種順序介紹哪些方法，往往對提高整體方案成效至關重要。本章也提出在各階課程中有條理地安排教材的方法。

第二部分

治療師執行本方案的指導方針

本部分的章節提供詳細的指導方針，指引執行本親職訓練方案的每階課程。在每階課程中，首先明確陳述該階課程的目標，提供該階課程大綱，然後詳細說明執行該階課程的指導語。在開始治療每位新個案前，你必須先複習每次訓練課程裡的活動順序（就如本手冊第一部分第四章所述）。在執行本方案的每階課程時，你也會發現參照該階課程大綱會很有幫助，可以確保所有重要資訊都與父母一起檢視過了。最後，每階課程的父母講義都詳列於本手冊的第四部分，需要時，可以將這些講義影印給你的個案，做為本方案治療的一部分。

孩子為何行為不良

目　標

1. 教導父母了解關於孩子反抗行為的原因。

2. 敦促父母辨識在家庭中有哪些原因或因素可能會引發或促成反抗行為。

3. 鼓勵父母針對可在家中修正的反抗行為，著手去除引發的原因。

所需材料

- 家庭情境問卷（HSQ）
- 第一階課程的父母講義
  - 孩子和父母特徵的簡述
  - 家庭問題調查表
  - 對立反抗互動圖

課程大綱

- 回顧完成評估後發生的事件

- 簡要地再次評估在家中及公共場所的各種情境裡孩子的侵擾行為（HSQ 量表）
- 邀請父母坦誠地討論他們對孩子不良行為成因的看法
- 介紹了解孩子不良行為的模式
  - 孩子特徵
  - 父母特徵
  - 情境後果
  - 家庭壓力事件
  - 這些因素間的交互作用
- 介紹治療目標：使父母、孩子及家庭環境間達到「最適配」（best fit）
- 解釋有些障礙是屬於行為層面的：當 ADHD 與反抗性並存時，需要提供輔助性的社會環境

家庭作業

- 家庭問題調查表
- 家中防兒保護措施

回顧完成評估後發生的事件

　　每次訓練一開始都會先請父母談一談從前一次和治療師會面後發生的重要事件。對大部分的個案而言，前一次會面就是孩子的首次臨床評估；對某些個案而言，則是正在持續進行的治療，家庭規律地與治療師會談，此時治療焦點轉換為直接教導管教孩子技巧。由於每次訓練都是同樣以回顧先前事件開始，所以在介紹本方案的後續各階課程中就不再贅述此點。

再次評估孩子的侵擾行為

　　為了能監控家庭對親職訓練的反應，筆者建議治療師從第一次訓練開始，每隔幾次訓練就使用量表評估孩子行為（亦即第一、五、七、九階課程及一個月後的補強訓練）。HSQ 是不可或缺的工具，只需要花一點點時間填寫，就可以簡要地再評估孩子行為問題的嚴重度及廣泛性。這些資料有助於引導治療師和父母的討論，也可做為評估療效的測量。研究指出，治療師可預期，相較於孩子的初始評估，在開始親職訓練再次評估時（第一階課程），問題嚴重度的評分會降低。這樣的練習效果很常見，如果沒有經由再次評估發現，常會錯誤地將之歸因為治療成效。在開始正式親職訓練前請家長再度填寫 HSQ，然後以第二次填寫的分數當作基準線，才能在後續訓練中，更準確地測量出對該家庭的療效。所以，把 HSQ 影印五份放在個案的檔案夾中，以便於親職訓練過程中請家長在前述的這幾次訓練時填寫。

坦誠討論父母對不良行為成因的看法

　　雖然本次訓練的主要目標是提供父母一個架構去了解孩子的不良行為與心理病理，不過評估父母本身對孩子「為何會發展出明顯的行為問題」的看法也很有用。一開始，你應該邀請家長坦誠地討論：他們認為是什麼原因導致孩子出現不良行為。治療師應該把這些討論內容寫下來，以便能夠放在接下來要呈現的不良行為成因模式中討論。依筆者經驗，家長很快就會指出「獲得注意」是孩子出現侵擾行為的主因。雖然在某些例子中這是正確的，但是等一下你會讓父母看到脅迫式互動其實是從逃避學習（負增強）發展而來，而不僅僅是要吸引大人的注意。有些父母會責怪自己，認為「教養無方」是不順從行為的主

因。此時，你只要寫下這些評論就好。但切記，在你說明了下面將討論的不良行為模式後，務必要對此做回應。那時，藉由展示形成不良行為的原因有多麼複雜，你可以稍微消除父母這個想法。少數父母可以正確地指出有些孩子似乎一出生就註定有行為上的問題；此時，可以請父母針對這個想法多談一些，將有助於銜接到接下來你要呈現的模式。

了解孩子不良行為的模式

在有關發展心理病理學及兒童侵擾行為的研究中（參見第一章及第二章），已發現無數個導致孩子不良行為的原因，這些原因可歸類為四大因素，以易於教導父母。

❀ 孩子特徵

有些孩子天生具有某種傾向：亦即普遍的負向氣質以及特定的侵擾行為。這類孩子可能具有某些遺傳素質，傾向於煩躁、挫折容忍度低和易怒，甚至有更嚴重的問題，例如：思考障礙、精神病行為、智能遲緩、注意力不足、衝動和過動等問題；目前已有研究證據顯示，這些障礙症具有家族性。大部分這樣的孩子在發展早期就顯現出難養的氣質，使他們容易和照顧者產生衝突。這裡所指的「氣質」是指孩子的活動量、注意力持續度、情緒本質和過敏性、社交性、對刺激的反應，以及習慣規律性。

此時，你應該發給父母本階課程的第一份講義，以便他們能跟上這些討論（本手冊第四部分有每一階課程的父母講義。請注意：後續各階課程中將不再重複說明此點）。一定要向父母解釋：這些氣質面向顯然大都是孩子天生的特徵，通常在出生六個月內就很容易辨識出，而且會穩定持續多年。簡短說明每

個特徵，並請父母在講義上指出該特徵是否對孩子而言是個問題。父母可以想像用一個 10 點量尺對每個特徵加以評分，1 分代表輕度或無此問題，10 分代表重度或非常嚴重的問題。

很多會導致親子互動緊張的孩子特徵，同樣也可能造成孩子與他人的衝突，其中，顯而易見的特徵有：孩子的健康問題或慢性疾病、肢體障礙、發展遲緩，甚至衝動控制困難。雖然顯而易見，還是應該和父母簡短地討論所有特徵，以助於了解這個孩子與家人或與外人的任何衝突。

在講義中，「注意力持續度」指的是孩子對環境中的事物花在看、聽、操弄或反應的平均持續時間。特別重要的是，孩子對活動的注意力持續度是日後自我控制及 ADHD 的早期標記；ADHD 的特徵就是注意力持續度低及易分心。「活動量」指的是孩子表現出的運動神經活動的特定程度。「社交行為問題」指的是社交性或孩子對人的一般興趣（相對於對東西的興趣）。孩子的社交性包含與他人眼神接觸、開啟與他人互動、把與人互動看得比與東西互動重要等各層面。尤其當孩子接收到來自他人的社交回饋時，孩子的回應程度也是這構念中很重要的一部分。

孩子的情緒問題及過敏性也應該討論，並且特別著重在對刺激的反應。孩子對噪音，觸覺、聽覺或視覺刺激，他人的動作等等的一般反應都是重要因素。有些孩子只要被環境稍微刺激一下就會表現出退縮，他們相當的「感覺防衛」、「大驚小怪」，並對環境刺激過度敏感。其他孩子可能在被刺激時容易哭或變得煩躁不安。還有些孩子可能會尋求刺激，精力充沛地探索環境中的新奇處，在某些情況下還喜歡來自別人的輕微刺激。孩子生理習慣的一致性，如吃喝拉撒睡等作息，都應該討論，以確定孩子的習慣規律性。有些孩子挑食、容易肚子痛、睡眠比一般人短或大小便不規律。顯然當照顧者要建立嬰幼兒的「日常作息」時，這樣的氣質特徵會造成照顧者額外的壓力。情緒問題及過敏性也是孩子對環境中事件的一般情緒反應的線索。孩子多快或多容易就會表現情緒？有些孩子就是很容易生氣、愛哭，生起氣來不易安撫，而且情緒容易激

動和常常反應過度。

向家長解釋：這些是孩子相互重疊的特徵，只是簡單地歸併為一個對孩子氣質的整體印象（從很好帶的安樂型到很難帶的磨娘精型）。孩子在這些氣質面向上愈偏離正常範圍，且在愈多的氣質面向上偏離，則孩子和父母產生衝突的可能性就愈高。對孩子日常生活必須最常做出要求的那位家長（主要照顧者），往往最常與孩子發生親子衝突。因為這樣的要求很可能引出孩子的負向氣質，使得那位家長（主要照顧者）對孩子的受管教性有較多負面的看法，遠多於另一位比較少管教孩子的家長（非主要照顧者）。當父母其中一人受到孩子負向氣質的衝擊時，不難想見，這種情況可能會導致婚姻不和。

不難看出孩子的這些特徵會如何造成與其他大人及街坊鄰居的衝突。目前社會所重視的好特質是：受控制且適當引導的活動量、持續的注意力、合理調適的情緒反應、適度的社交性、健康而受引導的好奇心、可預測而好照顧的作息規律性。如果一個孩子在這些面向嚴重地偏差或負向發展，他就註定會在社會與家庭適應上有很大的困難，不管他有什麼樣的父母都一樣。簡而言之，從出生開始，有著負向氣質的孩子較可能在他們的社會環境中碰到衝突或引起衝突。你可以試著經由這個調查來判斷眼前的孩子是不是這種類型，並讓父母了解這個可能性。極有可能你從前面有關衡鑑的章節中所討論的心理病理量表的得分，已經發現孩子有負向氣質的高可能性。在這些行為量表得分高的孩子，常常在幼小時有難養氣質。這其實表示親子衝突並非全是父母的錯，有些孩子對他們的家庭普遍有負向影響，且對親子關係特別有所衝擊。

孩子的**生理特徵**是另一個會使孩子傾向表現不良行為的因素。至少在一開始，孩子的外表、動作協調、體力、耐力及一般體能等，眾所皆知多少都會影響別人如何和他互動。一個沒吸引力、動作不協調、身體虛弱或體能異於一般人的孩子，一開始與人互動時，很少有正向的結果，可能會是意外地碰壞了東西，也許無法適當地參與孩童們的遊戲或比賽，也可能有些學習上的困難（如：寫字）等。這類問題不只導致其他孩子一開始的負向回饋或嫌惡，甚至

排斥或公開地表現敵意，也會傷到孩子的自尊心，以及打擊他想要被家人、同儕和社會接納的渴望。光是孩子長得像家庭中某個令人討厭的傢伙（例如：前夫）這個事實，可能就會微妙地影響到其他家人（例如：媽媽）與他的互動類型和態度。

最後，孩子的**發展能力**也可能會造成他產生行為問題的風險。就像生理特徵一樣，發展能力也會影響別人一開始對這孩子的看法及之後和他的互動。例如：語言發展輕微遲緩或語言表達受損、中等以下的智能，或視動協調差，可能導致社交接受度低、戲弄，或社交上其他形式的粗暴對待。這些遲緩也會影響孩子的社交問題解決能力、了解並順從父母命令或要求的能力，或學習適當習慣或控制情緒的能力。這些會直接導致孩子與照顧者及其他互動者間的衝突。可以邀請父母在每一個發展領域提供一些例子，說明他們注意到有哪些特別的特徵會影響孩子的社交行為與社交接受度。

此時，請父母簡短地就上述各領域來描述他們的孩子，以助於了解有哪些孩子原來就有的特徵會使得孩子傾向表現不良行為。可以利用本手冊第四部分所提供的「孩子和父母特徵的簡述」講義來達到此目的。

✿ 父母特徵

你現在要和父母討論有哪些父母本身的特徵會影響孩子行為問題的發展及持續。你可以依據前述有關孩子特徵的大綱，和父母討論他們是否可能具有某些先天的傾向：個人心理障礙症、氣質特徵、生理特徵或肢體障礙，或發展障礙等，使得他們較容易造成孩子有行為問題。這些特徵會使父母在管教孩子不良行為時，不能保持一致性並缺乏效能。實際上，有行為問題的孩子在這些領域的困難，在父母身上也看得到。

鼓勵父母針對這些類別，將他們認為會造成其難以管教孩子（特別是有行為障礙症的孩子）的特徵列舉出來。然後讓父母填寫本手冊所附的「孩子和父

母特徵的簡述」講義。設計「孩子和父母特徵的簡述」講義之目的，是要讓父母更了解他們自己的特徵與孩子特徵間的「適配」（fit）情況，並注意到兩者間可能會發生衝突的部分。同樣地，從前面關於衡鑑的章節中，透過篩檢父母本身心理病理的自陳量表，你可能對父母一方或雙方所具有的負向氣質已有初步印象。可能的話，父母也許會盡力改變他們自己的特徵，或至少學著忍耐以免使得孩子的管教問題更形惡化。正如在探討孩子特徵時，提到家庭與孩子的衝突並非全是父母的錯一樣，探討父母特徵也會發現這類衝突並非全是孩子的錯。

❀ 情境後果

　　造成孩子行為問題的最重要因素之一，是當孩子出現不適當行為時，各方互動後所產生的後果。事實上，本模式所描述的某些因子正是透過這些後果（尤其是父母給的後果）運作。父母特徵及家庭壓力事件顯然直接影響父母能否在管教孩子行為時給予一致、適當且有效的後果。此外，孩子的特徵必定會影響他如何啟動與父母的互動，以及對父母的管教方式如何反應，因此這些行動及反應間接影響父母接下來會對孩子的行為給予什麼後果。

　　對父母闡述一個觀念 —— 孩子的行為不是無緣無故的；也就是說，孩子的行為不是隨機產生的，其發生是因為：孩子具有某種特定的反應傾向（如前述特徵）、孩子在家的學習經驗，以及在出現問題行為的當下情境中他得到的後果。後果運作的歷程可細分為二個基本概念：正增強及逃避學習（負增強）。這些歷程在第一章已說明，現在要以父母能了解的方式講解給他們聽。

　　基本上，教導父母：孩子有些時候藉著不良行為來獲得正向後果或酬賞，而其他時候以不良行為來逃避正在進行的不愉快、無聊或耗費精力的活動。請父母描述，當孩子出現不良行為時，可能會自然產生的正向後果類型，大部分的父母都能夠提供相當精確的後果清單。然而，要父母列出孩子會想要逃避的

後果時，似乎就困難多了，這時候就需要你的協助。對父母指出：我們指派孩子去做的大部分活動（特別是做家事），都不怎麼愉快或跟獎賞無關，通常需要花很多努力，而且會需要孩子停止他正在做的事（通常是好玩的事）去做這件不愉快的事。因此，孩子可能會嘗試以各種方法來逃避或避免做家事或遵從父母的其他要求，因而發展出以對立反抗行為對應父母的命令。你會發現給家長看第一章的對立反抗互動示意圖（參見第 55 頁的圖 1.2）很有幫助，所以本手冊第四部分提供此圖以便影印使用。要詳細講解此圖，讓父母能了解他們給予孩子對立行為的後果，如何適得其反地引起孩子的對立行為並使之持續下去（至少部分如此），這往往是由於孩子能時而成功地逃避，不去做父母強迫他做的討厭的事。

　　向父母解釋：孩子並不需要每次都能得到正向後果，或每次都能成功地逃避不愉快的事，才會對大部分的命令出現侵擾、不順從或對立的行為。這就是大多數治療師都知道的「間歇增強原則」：即使孩子的不順從行為只在少數時間得逞，只要有時得到想要的後果，這種不順從行為就可以被強化而持續下去。如前所述，使用行為心理學的專業術語，對這些家庭沒有什麼幫助；反而要使用通俗的字眼，強調只要孩子時而成功就足以維持他的反抗行為。有時可以舉成人賭博的例子對父母說明這個概念，例如：賭博時而贏個小錢即會使人沉迷其中。再次聲明，對父母而言，教導專業術語不如傳達概念來得重要。

✾ 家庭壓力事件

　　現在你要和父母一起檢視家庭可能會經驗到的各種壓力事件。這可以細分成幾個壓力源：個人問題、婚姻關係、健康問題、財務問題、夫妻一方或雙方的職業、親戚和朋友問題，及家中手足產生的問題。

　　應教導父母：這些壓力事件會以好幾種方式運作，來增加孩子不順從或不適當行為的可能性。首先，因為壓力事件會直接影響到父母自身的情緒健康，

所以當不良行為發生時，必然會影響到父母處理這些行為的一致性及效能。壓力之下，父母的管教策略可能更加寬嚴不定。有些父母可能會因為自身易怒的情緒而增加對孩子的命令、監督及懲罰；或者可能會因為全神貫注在壓力事件及伴隨而至的焦慮和憂鬱，反而抽離出來，不去管教孩子的行為。不管哪一種方式，父母對孩子的管教都更變化無常、更不一致，使得孩子更容易成功地以對立行為來逃避或避免去做不愉快或費力的工作。

家庭壓力影響孩子不良行為的第二種方式是：改變了父母對孩子的看法。憂鬱、焦慮或苦惱的父母傾向於誇大陳述孩子的行為問題，也就是說，這類父母會覺得孩子的不良行為比實際上更嚴重，因為孩子的這些行為使父母深感苦惱（其實是父母本身的精神狀態不佳）。如果父母基於對孩子的這種看法來採取行動（父母通常會這麼做），他們會視孩子的行為是偏差或不能接受的（但事實上孩子的行為並非如此），因此需要加以處理。如此一來，父母可能不經意地懲罰了孩子正常或可接受的行為；增加以命令、指導及負向態度來對待孩子；開始使用負面字眼描述孩子的性格。這麼做可能不只影響了孩子的行為，也會影響孩子的自尊。簡言之，他們可能對孩子不起眼的不良行為做了過度反應，進而導致孩子出現本來沒有的偏差行為，因此在結果上證實了父母一開始的看法是對的，也就是孩子是偏差的。

家庭壓力也會直接影響孩子以及其情緒狀態，進而增加孩子的不良行為。正如父母一樣，孩子也會把全副心思放在家庭壓力事件上，而引起焦慮、憂鬱或苦惱。然後這些事件又會使孩子出現負向、對立或不順從行為的可能性升高。

務必協助父母了解，家庭壓力在引起或加重孩子不良行為上所扮演的角色。這些壓力源（例如：婚姻失和、家庭財務困境、親戚間緊張關係）可能都會在家中形成一種情緒氛圍，使得孩子的對立行為愈演愈烈，其部分原因是壓力會影響父母看待及處理平日孩子管教問題的態度。當然不能期望父母馬上解決所有會影響他們的潛在壓力事件，但可鼓勵他們開始擬定計畫 ── 他們

打算如何減少因某個特殊家庭情境而造成的壓力。很多時候，父母就只單純地選擇接受命運，逆來順受；即使他們可以試著努力一下去解決問題。最起碼，父母需要覺察到這些壓力源正在影響他們管教孩子的方式，並採取行動，不讓這個影響衝擊到孩子。為協助父母啟動這個改變歷程，可以請父母在進行訓練時，填寫「家庭問題調查表」講義（本手冊第四部分附有此表，可供影印使用），如果採父母團體形式進行親職訓練，則可以指派為家庭作業。此調查表有助於父母清點潛在的壓力源，並且開始提出可行的解決方法。

❀ 各因素的交互作用

現在你必須簡要地向父母說明：雖然上述的每個因素都會直接引起或維持孩子的不順從行為，但是這些因素間也會相互影響，進而造成家中更大的困難。舉例來說，不管是父母或孩子的醫療問題都會影響家庭的財務狀況，然後這又可能會影響父母的婚姻關係，而這個壓力反過來會影響父母和孩子互動的態度（例如：變得較暴躁），因而加劇孩子出現不良行為的可能性。這些因素的交互作用會在家庭裡造成名副其實的風險事件混亂局面，使得孩子的行為問題日益加重。

治療目標：設計出「最適配」

在此時，總結上述內容會是有幫助的；可以告訴父母：很多時候，父母或孩子的特徵就是這樣，很自然地會讓對方容易動怒。同樣地，某些父母或孩子的特徵可能會使他們對某些家庭壓力事件沒辦法適當反應，因而更加引發偏差的父母或孩子特徵，進而增加雙方的偏差行為。治療目標之一是：在情況許可下，試著改變這些互不適配的情境特徵、父母特徵、孩子特徵，以求減少孩子

的行為問題。欲達此治療目標，須協助父母做到下列三點：

1. 認清父母本身的「風險」因子，盡可能改變，或者至少試著預防，別讓那些因子干擾他們有效地管教孩子。

2. 認清孩子的「風險」因子，可行的話，嘗試改變它們，並且至少學習去接納那些無法改變的部分，盡可能的努力因應。

3. 改變父母在孩子不順從時所給予的情境後果，因為那些後果常會引發、維持或惡化孩子的反抗行為。

輔助性社會環境之必要

如果孩子的行為問題或對立行為是輕微的，對這類父母而言，本方案很可能可以把孩子的行為拉回到社會規範容許的正常範圍內。換句話說，家庭來求助的問題是可以「治癒」的。然而，本方案無法「治癒」更嚴重的行為問題，例如：罹患 ADHD、自閉症類群障礙症、精神病或其他發展障礙的孩子所出現的行為問題。但是本方案可以大幅降低父母因為孩子的行為問題（侵擾、不順從和不被允許的行為）所感受到的痛苦，也會減少孩子的反抗行為。在這類個案中，親職訓練可以為孩子營造出一個長期、持續、輔助性的社會環境，將孩子表現適當行為的能力提升到最大程度。即使盡力而為，這類孩子和一般孩子比起來，他們在家庭及社會中的行為表現仍會呈現較多困難，但至少他們不會再像剛轉介來的時候，有那麼多的偏差行為。依此推論，這類孩子需要這些方法的幫助，讓他們能做到一般孩子不需專業協助就能做到的。就像機械義肢一樣，這些行為管理技巧是用來讓有行為障礙的孩子變得更正常，一旦拿掉這些輔助性技巧時，孩子可能會故態復萌，甚至出現更嚴重的偏差行為。不過，和義肢不同的是，父母可以在一段長時間當中慢慢地減少對這些行為方法的使用頻率、強度以及系統性運用，等到孩子成熟且發展出更好的自我控制，治療

效果就可以永續了。

治療師必須針對每件案例中獨特的孩子、父母及家庭狀況量身打造地說明前述議題，同時特別強調：父母的動機對本治療方案成功與否具關鍵作用。不論在別人身上已證實這些技巧多麼有效，如果父母不照著做，就無法發揮功效。要強調：你不能替父母做這些，若要能夠真的改變孩子，父母必須自己練習和執行這些程序。有些父母會認為，改善孩子的行為是治療師的工作，不是他們自己的工作，以一種「送修」的心態來看待孩子的治療，認為自己的任務就是把孩子送去看心理衛生專業人員，讓他來修理孩子的問題，自己只要坐在候診室等就好了。顯然，父母這樣的態度會產生反效果，必要時，在治療一開始就要直面處理。

家庭作業

本次訓練共指派二項家庭作業。第一，填寫「家庭問題調查表」。如果父母沒有在進行當次訓練課程中完成家庭問題調查表的話，則指定為家庭作業，在下週內要完成。鼓勵父母各自填寫一份，父母可以自行選擇要不要互相分享自己的答案，但沒有分享的話，顯示其婚姻並不和諧，治療師應記下此點。父母要簡要地列出每個類別下的家庭壓力事件，然後簡要地提出他／她想要對這些壓力事件做些什麼（如果有想要做什麼的話）。父母並不需要本週就解決他們的問題，但至少應該構思減低這些壓力源的計畫。筆者常常驚訝地發現，在調查表裡揭露的資料，在對家庭初次評估時並未呈現，顯然現在父母可以了解這些壓力源對孩子不良行為的影響。對於採團體訓練的家長，你應該聲明：下週交回調查表時，調查表內容不會在團體中分享，你會私下看；若有任何重大壓力事件需立即關注，你會和父母單獨約談。偶爾會出現的狀況是，某些問題被揭露了，必須先處理，以至於得暫時延後訓練。

　　第二項作業：是要求父母在家裡做好防兒保護措施（如果他們還沒這麼做的話）。研究指出，對立性孩子（尤其共病 ADHD 的孩子）比起一般孩子，更容易發生意外、更可能損壞財物和貴重物品，以及更可能使他人發生意外。應該鼓勵父母估量家中每個房間裡，具有潛在傷害性的物品或機械、可能會被小孩不經意損壞的貴重財物，或父母希望保藏或保護的東西，是否正被放在這個衝動孩子隨手可及之處。

第二階課程

關注你的孩子！

目　　標

1. 教導父母了解他們和孩子的互動方式如何大大影響孩子為他們工作的動機。
2. 訓練父母關注孩子正向行為的方法，同時有區別性地忽略負向行為。
3. 要求父母未來一週在家練習這些區別性關注技巧。
4. 開始建立親子間更正向的互動模式。

所需材料

■ 第二階課程的父母講義
  • 關注孩子良好的遊戲行為

課程大綱

■ 檢查家庭作業
  • 家庭問題調查表
  • 家中防兒保護措施

- 介紹發展關注技巧的原理
  - 討論關注品質的重要性
  - 以「最差」vs.「最佳」主管為例
  - 延伸討論：父母如何關注行為問題孩子
- 分發及檢閱「關注孩子良好的遊戲行為」父母講義
  - 複習本次訓練課程的目標
  - 強調講義中關注技巧的重點
  - 討論父母對此技巧的反應
- 為父母示範技巧
- 讓父母當場練習這些方法（僅適用於個別家庭訓練，團體訓練可跳過此點）
- 決定在家執行「特別時光」（special time）的時間

家庭作業

- 開始每日「特別時光」的練習期間
- 記錄在家練習「特別時光」的資料

本次訓練一開始先檢查上次的作業（如果有指定「家庭問題調查表」做為家庭作業的話），並討論填寫時所碰到的問題。如果是採用個別訓練的方式，你可以與這個家庭一起檢視在家庭問題調查表上所填寫的內容。如果是家長團體，你先回收調查表後，另外在團體外的時間再檢視內容。你接著要了解父母是否有為反抗性孩子做了任何的家中防兒保護措施。如果沒有指派任何作業，就直接開始進行本次訓練的內容。

介紹發展關注技巧的原理

　　在本次訓練開始時，先**不要**發下父母講義，而是先跟父母討論關注的品質，以及這會如何影響人們的行為。首先，問父母：是否相信得到別人的關注對自己很珍貴？接著，可以開始討論，即使身為成人，我們從別人得到的關注品質，如何影響我們接下來為別人工作的意願。

　　介紹這一點時，筆者發現下列技巧特別好用。筆者請父母先把孩子的事放在一旁不想，而去好好想一想過去曾經共事過的人 —— 特別是他們曾共事過的最差的人（通常會是主管）。並試著描述，這個人有什麼特徵讓自己有這種感覺。為協助進行練習，讓父母將一張白紙分成兩欄，在第一欄標示「最差主管」，在第二欄標示「最佳主管」。在第一欄裡寫下至少五個「最差主管」的特徵。如果是家長團體，在黑板上記錄所有家長的答案。通常要父母想這些特徵不會有什麼困難，不過，必要時你可以給予協助。多花些時間讓父母詳細說明，對那個人的感覺是因為自己被對方用哪些討厭的方式對待。你的目標是要讓父母承認：主管對待他們的方式，影響他們為主管工作的動機，並且可能也影響了他們自己的工作品質。

　　接下來，指導父母去想他們曾經共事過的最好的人，並在第二欄寫下至少五個「最佳主管」的特徵。同樣地，如果是家長團體，則將家長的答案寫在黑板上。你的目標是要讓父母清楚地說出：當主管以最理想的方式對待他們時，會如何增強他們為主管工作的動機，並且可能也提升了他們的工作品質。

　　此時，可以對父母點出這個練習和親職訓練目標之間的關聯，你只需要簡單地詢問父母：這兩欄特徵（或者這兩類主管），哪一個最像他們自己和反抗性孩子的互動。大多數的父母會誠實以告，自己較常像那個「最差」主管而非「最佳」主管。多花些時間討論，孩子對於為父母工作可能會有的感覺，就像父母為一個「最差」主管工作時會有的感覺。就行為的意義來看，因為家長監

督的品質不佳及家中工作環境很差,使得孩子很可能在順從上「罷工」或「怠工」。

討論本次訓練的目標

在介紹過別人與我們的互動方式或對我們的「關注」方式,如何大大影響我們為別人工作的品質和對別人的感覺之後,你現在應該和父母討論本次訓練的目標。正如前面的活動所顯示,最重要的目標是:促進父母對反抗性孩子的關注品質。就算促進關注品質並不足以完全改善孩子的問題,但卻是這個改變過程中必要的第一步。此外,如前所述,父母的關注對行為問題的孩子而言,其獎賞價值通常低於(正常)一般家庭中的父母關注。因此,如果要藉由父母的關注來增加孩子的順從行為,首先必須提升父母關注對孩子的價值。在此所介紹的方法將可以達到這個目標。

本次訓練的第二個目標是:促進親子關係,透過使用給父母的家庭作業 —— 非指導性的「關注」技巧練習時段,來達成目標。不論孩子當天表現多不好,這個練習會讓孩子覺得父母對他有興趣。這個練習的安排是為了扭轉一個常見的親子關係逐漸惡化的趨勢:父母和行為問題孩子一起從事休閒活動的時間愈來愈少。換句話說,本次訓練課程的特別時光是設計來讓父母和孩子有比以前更多的正向互動。很多父母表示根據這種原則來和孩子玩時,有一種煥然一新的愉悅感,而筆者相信孩子也會有同樣的感受,因為一旦這樣的特別時光開始執行之後,孩子常常要求再增加更多這樣的時光。雖然對父母來說,這樣的目標在目前這個訓練階段看起來似乎野心過大,實際上,父母往往發現,即使才實施「特別的」時光一週後,孩子就變得較讓人喜歡親近互動,反之亦然。

本次訓練的第三個目標是:請父母開始有區別性地關注孩子的正向行為,

並同時忽略負向行為。這通常和父母目前忽略正向行為而只關注或回應侵擾行為或負向行為的情況相反。每個目標都要清楚說明，以確保父母完全了解講義中提到的遊戲技巧的原理。

檢閱父母講義

現在應該將第二階課程的父母講義發給父母閱讀，然後，詳細地檢視重點。正如講義指出，本次訓練的設計是為了訓練父母使用新方法來注意孩子在遊戲時的行為。講義中教導父母：當孩子正在從事他喜愛而且合宜的活動時，父母可依照講義描述的方式，選擇一個時間點接近孩子，開始和孩子一起玩十五至二十分鐘。鼓勵父母把這個「特別時光」變成一個更正式的活動。告訴孩子從今天開始，父母將會每天安排一段時間和他玩。詢問孩子當天的特別時光中他想在家玩什麼，孩子可以在合理的範圍內選擇活動。讓孩子選擇活動很重要，這樣孩子才會開始相信，父母真的對他想要做的事有興趣，而不是只想掌控遊戲，然後把遊戲變成父母想做的事。

就如講義所建議，父母在這段時間要學著放鬆，而且不要去想其他掛心的事，只專心學習去注意孩子正在做的事。因此，父母不應該在即將離家辦事或購物前和孩子玩，不然父母給予的關注品質會很表面。這個特別時光的唯一目的，就在於練習對孩子正在做的行為給予正向關注。

在特別時光中，父母應該眼睛看著、心裡記著、跟隨孩子的不同活動，短暫片刻後，開始描述孩子正在做什麼。父母應該偶爾在特別時光中做這種旁白式的描述。這麼做，可以讓孩子慢慢開始覺得父母對他正在玩的活動很感興趣，不論當時他玩的是多麼微不足道或簡單的活動。此外，當父母描述孩子活動時，必然就會防止自己插入一些問題或發號施令來主導遊戲。正如講義所提醒，父母在這個時段要盡可能地避免給指令或問問題。

有一個方法可以用來教導父母採用這種旁白風格 —— 就是請他們想像自己是廣播電台的體育播報員，正在實況轉播一場比賽。播報應該是有趣、詳細且滔滔不絕、不加批評的實況報導。視父母所選擇的方式，可以在旁白中加入一點有趣和興奮的程度。這種關注孩子行為的風格，對增強孩子適當的遊戲活動很有效。筆者發現年紀小的孩子比年紀大的孩子更喜歡這種旁白，因為年紀大的孩子會覺得這樣干擾了他們的遊戲活動，並且有點被當成小小孩看待的感覺。因此，父母應該自行判斷對孩子用多少旁白最適當。此處的重點是：不論孩子年紀大小，父母要花些時間陪伴孩子，不要批評、指揮或控制孩子的行為，而只是觀看及欣賞孩子所做的。

如前所述，這段時間內請父母務必自我約束，不要提問及給指令。給指令就是打算去控制孩子的活動，而在孩子的特別時光中，這種控制是被禁止的。告訴父母：在這段期間不需要去教導孩子什麼東西，可以在其他時間再教。即使孩子的玩法未達到父母期待的標準，父母也不可以去操控遊戲及試圖教導孩子不同的玩法。

同時也要盡可能避免提問，因為這也會打擾孩子的遊戲；讓孩子為了要回應父母而不得不重新調整他們的活動。和較大的孩子玩遊戲時，可能需要多問一些問題，而他們也許不會像年幼的孩子那樣覺得受到打擾。此外，父母對年幼孩子提出問題，通常是多此一舉，因為父母早就知道答案，只是用提問來「抽考」（quiz）孩子，以了解孩子在目前的發展階段學到多少。簡而言之，父母應盡量少問，即便要問也要像在社交場合裡聊天一樣，主要是表現出對一個人和他的活動感興趣，而不是在考察或測驗孩子的知識或技能。

在整段特別時光中，父母應不時給予各種正向、真誠的回饋。所謂的回饋並不一定就是對孩子正在做的事大加讚賞，相反地，只是簡單一句話表示父母對孩子正在做的活動感興趣，或許再補上一句跟孩子在一起很開心。第二階課程的父母講義列出一些在特別時光可用來讚美孩子的正向用語，筆者把這些話語列在講義中，是為了讓父母在特別時光裡不會老是只用一、二句陳腔濫調

來稱讚孩子。教導父母不只可以用正向的口語回饋，還可以用動作、手勢表達贊同和欣賞。給予讚美時應該要十分明確，不僅可以強調孩子正在做的良好行為，還可以強調孩子沒有再做出以前那些不良行為。父母應清楚明白地指出他們欣賞的行為，不要使用含糊的讚美字眼，如「好孩子」或「乖寶寶」。筆者相信這種明確的回饋方式，可以使讚美成為增強孩子行為更有效的增強物。

此時，很多父母會問，如果孩子在特別時光內出現嚴重不良行為時該如何處理。筆者認為最好的回應方式就是父母暫時轉身不看孩子，盡量不理會問題行為。通常，這樣就會很快地減少不良行為。不過，如果不良行為愈演愈烈時，父母應該只是告訴孩子特別時光結束了，等一下如果孩子行為變好就可以再繼續。只有在非常罕見的情況下，孩子的不良行為會嚴重到應受懲罰的程度；此時，告訴父母使用他們過去處理類似行為的方式去管教孩子。在此先不要向父母介紹本方案後面課程會教的管教方法（如從增強環境隔離）。告訴父母，在我們的經驗中，特別時光內很少會有不良行為出現。可能是因為在特別時光中父母不會給任何指令；父母的指令往往會激起孩子出現不良行為或對立行為。

你應該強調：特別時光必須是與反抗性孩子單獨進行，不要有手足和配偶來干擾。必要時，可以在一天中的其他時間和家中其他孩子進行他們的特別時光，但是和行為問題孩子的特別時光絕對是一對一的。這是為了防止行為問題孩子不得不跟手足分享特別時光。因為如果手足也在特別時光中，手足的行為和特徵會比行為問題孩子更容易討父母喜歡，因而可能把父母對行為問題孩子的讚美和關注拉走。當父母都在家時，其中一位可以把手足帶到別的房間玩，由另一位先和行為問題孩子進行特別時光來練習關注技巧。進行十五至二十分鐘的特別時光後，父母可以交換角色，讓雙方都有機會練習關注技巧。如果當時配偶不方便接著進行，也可以安排另外的特別時光練習。

父母對此方法的常見反應

　　給父母足夠的時間討論他們對這個方法的擔心或反應。通常父母會表示自從有弟弟或妹妹出生後，就再也沒有時間像這樣和孩子玩了。此時，父母通常會說這個遊戲技巧很簡單，應該很容易實行，其實不然。正如父母講義中的提醒：禁止父母給指令或提問、專心地以正向的旁白描述孩子的活動、偶爾還要給予孩子正向回饋，這些都需要勤加練習才能做得好！對很多父母而言，要他們不要給指令或提問是很困難的，因為他們已經習慣每天大部分的時間都用這些方法控制孩子的行為。一旦治療師禁止父母使用這些伎倆，父母常會變得不知所措，不知道在特別時光要說些什麼。此時，治療師可以教導父母如何把問句轉換成陳述句，或以話語反映父母的覺察。

　　另一個常見的父母反應是，特別時光並沒有直接處理孩子的問題，對於他們求診的目的似乎沒有直接的幫助。希望經過本次訓練一開始進行的個人特質練習（比較「最佳主管」及「最差主管」的特質）之後，這個問題能得到處理。如果父母仍不了解，那麼你可以在此再度向父母說明，在使用父母的關注來提升孩子對命令的順從之前，必須先提升父母對孩子關注的品質及價值。讓父母清楚看到他們需要重新建立親子關係。經由觀察發現，使用特別時光是建立親子關係很好的方式，在實施過特別時光後，即使時間到了，大多數的孩子都會要求繼續特別時光，顯然孩子發現父母新學會的關注技巧是最佳的增強物。

　　有些父母會批評，如果他們在特別時光內用了很多的讚美和欣賞，孩子就會期望他做每件事都可以得到讚美。治療師可採用幾個方式來處理這種評論：第一，到目前為止，有上千個家庭曾參加過本訓練方案，但從來沒有一個家庭發生過這種事。第二，和父母一起探討他們對孩子行為所抱持的這種態度有什麼根據？這個做法對父母會很有幫助。很明顯地，就像父母領錢為雇主做事，

薪水就是工作表現的一種增強物。沒有薪水，很少父母會去工作。而且，多數父母會希望雇主、配偶及大一點的孩子能對自己每天為他們所付出的表示感激。就像孩子一樣，父母也很希望自己在職場、家庭，甚至社區活動中所做的都能被感激、讚賞。簡而言之，孩子就像父母一樣，渴望被人關注。你可以舉婚姻破裂為例，很多的婚姻破裂是因為其中一方覺得自己的付出被對方認為是「理所當然」，也就是他（她）對婚姻的付出沒有得到對方的重視與感激。

　　有些父母會說他們太忙，沒有時間練習。這種說法傳達出這類家庭裡重大問題的核心 —— 父母對於教養孩子很少付出時間或根本不重視，難怪孩子的行為問題會從這種父母態度及家庭互動模式中浮現。筆者有時候會半開玩笑地對父母建議，如果連每天抽出十五分鐘練習對孩子的特殊關注技巧都做不到，乾脆把孩子送給別人養好了。

示範及練習此方法

　　如果親職訓練是以個別家庭方式進行，而且本次訓練孩子也在場的話，你可以把孩子帶到會談室的角落並開始和孩子玩，如此父母就能觀察到這些活動。治療師示範適當的方法，並故意偶爾犯點小錯，以便等一下可以和父母討論。如果有足夠資源，治療師不妨錄下與某個孩子的一段特別時光，以便在進行到這次訓練時，可提供給其他父母參考。然後，父母應在治療師面前練習對孩子使用關注技巧，治療師再提供適當回饋。最後，父母可以和治療師檢視使用這些方法的感覺。很多父母發現實際練習關注技巧比他們原本以為的更難。

　　如果是親職訓練團體，不可能讓父母當場跟孩子練習。有些治療師會將父母兩兩配對進行角色扮演，一個父母假裝是孩子，另一個練習關注技巧。不過，這種角色扮演可能沒有什麼實際效用。依筆者經驗，在親職團體裡討論這種方法，加上本次訓練的父母講義，就足以讓家長了解他們在家要做的練習。

接下來,和父母討論之後的幾週要如何在家實施特別時光。鼓勵父母選一個最適合自己和孩子的時間,或許是當其他手足在忙的時候。可能的話,父母兩人每天都要分別和孩子練習這個關注技巧。對年紀稍長的孩子而言,每天固定時段不一定是可行的,因為這些孩子常有很多課外活動或作業。如果這樣,父母應該在一天中選擇適當時機,在孩子正在玩的時候加入孩子的遊戲,與孩子互動。我們不鼓勵把一起看電視當作特別時光,因為邊看電視邊做旁白或討論,會打擾到看電視或令人很煩。

如果孩子在特別時光選擇進行競爭性的遊戲,父母應允許孩子自己發明新規則,或甚至在遊戲中「作弊」而不去責怪他。父母要記得特別時光的目的,不是讓孩子學習如何適當地玩遊戲,而是讓父母練習自己對孩子的關注技巧。不過,在特別時光中進行合作性遊戲和活動會比競爭性遊戲更適合。

小心謹慎地解釋給父母聽,特別時光並不會奇蹟似地治癒孩子的所有行為問題。實際上,接下來的一週,父母通常會發現,不順從行為並未減少,因為不順從行為主要是對父母命令的反應,而與特別時光無關。不過,父母可以期待,孩子可能會變得比較喜歡和父母一起工作、互動。雖然有些家庭可能沒有改變,但大部分的家庭表示在進行一週後,親子關係就有些微可見的改善。告訴父母要把特別時光變成家庭日常生活的一部分,無限期地執行下去。第一週練習後,父母可以將特別時光的次數減少為一週三或四次,但在合理的情況下,應該盡可能在兒童期階段維持這樣的次數,一直實施到孩子進入青春期時,再逐漸減少次數。

家庭作業

接下來指導父母如何進行未來這一週的作業。父母要盡可能於未來一週的每一天在特別時光練習關注技巧。他們必須在筆記本上簡要記錄,在每天的特

別時光中，他們做了什麼，以及孩子如何反應。父母也可以記下練習這個方法時碰到的特殊問題，以便下次訓練時討論。指派為家庭作業，父母才更可能去練習這個技巧，因為他們要為這一週與孩子的活動負更多責任。

增加順從行為和
獨立遊戲行為

目　　標

1. 訓練父母使用有效關注技巧增加孩子對父母命令的立即順從。

2. 促進父母的命令能更有效地引發孩子的順從性。

3. 增加父母利用有效的關注技巧增強孩子的獨立、不擾人的順從行為。

4. 增加父母監督孩子在家中及鄰里的行為。

所需材料

■ 第三階課程的父母講義

　• 關注孩子的順從行為

　• 給予有效的命令

　• 關注獨立遊戲行為

課程大綱

- 檢查家庭作業
  - 父母有關特殊關注技巧的使用
  - 提醒父母持續安排與孩子的「特別時光」
- 說明如何將關注技巧從遊戲延伸到順從行為
- 回顧增加命令有效性的方法
- 討論在家進行順從訓練的時段
- 和父母討論：孩子如何干擾父母的活動
- 分發「關注獨立遊戲行為」的父母講義
- 為父母示範方法
- 檢討父母對此方法的反應
- 教導父母增加對孩子行為的監督

家庭作業

- 持續與孩子的特別時光
- 開始稱讚與關注順從行為
- 建立每日順從訓練時段
- 給予有效命令
- 練習關注獨立遊戲行為
- 增加對孩子獨立活動的監督

　　先檢視父母對特別時光的活動紀錄。如果是個別家庭訓練，而父母沒有做作業，則不給任何新的教材；需要去了解未做作業的原因，並要求父母在接下來的一週補做。如果是團體訓練，要及時記下未做作業的父母，另約團體外的時間，與該父母私下討論此事。筆者之前已討論過處理不遵從作業規定的

程序，只要沒做家庭作業，就依此程序處理（參見第三章）。此外，對已完成作業的父母，你應該指示他們持續與孩子進行特別時光，無限期地每週三至四次。這會有助於：（1）增進親子關係；（2）就算孩子當天都表現不好，他仍然有一段時間可以得到父母的正向關注；（3）建立孩子的自尊。

有些父母說孩子對於重新得到父母的關注，似乎又驚又喜。少數孩子甚至會問父母，這種非預期的正向注意是不是有什麼陰謀。驚喜過後，很多孩子會很容易將每日特別時光納入日常生活作息中，如果父母忘了，還常會提醒父母履行這個承諾。很多孩子會要求在平常的十五至二十分鐘時限後，再延長特別時光。有些父母會很驚訝地發現，在多年的對立、爭辯之後，孩子居然會覺得自己還滿喜歡父母的。但有些父母會發現孩子的行為沒有改變，此時應告訴父母不要因此而洩氣，因為有些孩子可能需要較長的時間才能獲益，尤其是如果親子關係交惡已久。有些父母會抱怨，雖然孩子似乎很喜歡這段特別時光，但他們沒有對父母付出時間陪伴他們表達感謝。此時要提醒父母，重要的是孩子得到注意，而不是表達感謝。特別時光的真正影響，在接下來的幾週裡將可評判，也就是它對父母本身的關注技巧及親子關係的效果。

將關注技巧從遊戲延伸到順從行為

此時發給父母本次訓練的第一份講義。這份講義相當簡短，且大部分的父母應該都能理解。其重點為：父母要能「掌握孩子表現良好行為的時機」，並用關注、欣賞和讚美去回應孩子的順從行為。本次訓練的目的是：教導父母利用正向後果促進孩子對命令的順從，亦即只要孩子對命令有順從表現，父母馬上給予關注。告訴父母要特別留意：當他們給孩子命令時，要留在現場看著孩子順從地執行命令，同時旁白，並稱讚孩子的順從行為。大部分情況下，父母在下命令之後就離開去做別的事，然後時而回來看看孩子做得怎麼樣。但在本

次訓練裡，教導父母要留在孩子附近，當孩子表現順從行為時，馬上給予持續的正向注意及回饋。稱讚的用語要明確地指出父母覺得孩子行為好在哪裡，例如：「我喜歡你照我說的去做」，或「媽媽真的很喜歡你把玩具收好」。父母通常很容易了解這個概念，但是知易行難，要實際增加他們對孩子順從行為的稱讚，一定要勤加練習才行。

　　教導父母：當孩子自動自發地遵守家規或把家事做完時，要給孩子特別明顯的正向關注與獎勵，尤其是當孩子以前都不遵守這些規矩或不願做這些家事時，更要去稱讚孩子。這會增加孩子內化這些規矩及日常工作，並在未來能繼續遵循。

給予有效命令

　　你現在可以發給父母本次訓練的第二份講義，上面有一些方法可以增進父母命令的效力。這些方法都十分簡單明瞭，治療師只要稍加說明就可以了。第一，父母必須說話算話，確定所下的命令就是父母希望孩子去做的，並且會一直盯著孩子，直到執行完命令為止。第二，要直接告訴孩子去做什麼，而不是用請求幫忙或詢問的方式。不需要用負面的語氣，但是要讓孩子清楚地知道父母對這件事是認真的。第三，父母應給予簡單而不複雜的命令。先讓孩子有足夠的時間做完第一個要求，再給下一個命令。第四，父母要和孩子有視線接觸。對隔壁房間裡的孩子喊出命令是沒用的。父母應該直接看著孩子，確定孩子沒有分心（尤其對有 ADHD 的孩子）。第五，在給命令前先減少附近會引起分心的事物。例如：如果孩子正在看電視、打電動或聽音樂，父母應該先叫孩子關機或自己去關機，因為父母不太可能比得過這些具有聲光影音效果的玩意兒。第六，必要時，父母應該要求孩子重複說出父母的命令，以確定孩子了解父母的要求，並增強孩子對命令的記憶。最後，父母可以設定時間限制及對

需時較長的工作製作「家事卡」（chore cards），像是整理房間或做功課。就設定時限而言，父母可以用計時器設定明確時間，讓孩子知道時間限制及其後果。就製作「家事卡」而言，對需要長時間完成的工作，父母可以在卡片上寫下工作的一系列步驟，以便孩子在做這項工作時，可以隨身攜帶此卡。利用家事卡可以確保孩子無從爭辯這項家事包含哪些內容。

建立順從訓練時段

　　教導任何新行為或增加既有的良好行為出現次數時，新行為的學習速率與良好行為頻率的增加，都跟能提供增強作用的訓練機會多寡有關。筆者發現有效的做法是，在短暫的訓練期間，讓父母實際上增加給孩子命令的比率，以便允許更多增強順從要求的機會。這類順從訓練時段應該持續約三至五分鐘，每天至少執行二或三次。在這些時段裡，父母應該對孩子做一系列簡單的要求，每個要求都只需要孩子付出一點點的力氣，例如：「把報紙拿來給我」、「來這裡，讓我把你的衣服／褲子塞好」或「把面紙盒遞給我」等。這些命令不太會引起孩子的反抗行為，因為孩子不需要花費太多力氣就可以做到。而父母可以利用這個時機明顯地關注、讚美或甚至獎勵孩子的順從行為。對小小孩可以用一些孩子喜歡的小點心或飲料做為順從命令的獎勵；對大孩子，表示讚賞即可。一天當中，父母應挑選孩子沒有正在進行一些特別的或是喜歡的活動時，進行這個訓練，這樣比較可能增加孩子順從的機率。

　　在進行本次訓練的下一個程序前，治療師應該先示範這個方法給父母看，然後討論他們對這個方法的反應。同樣地，如果是個別家庭訓練，可以由治療師先和孩子示範給父母看，接下來父母練習給治療師看。如果是團體訓練，治療師示範這個方法後，接著進行團體討論就足夠了。

父母對此方法的常見反應

1. **萬一孩子本週不順從我的命令怎麼辦？** 告訴父母就照他們平常管教孩子的方式處理孩子的不順從，而不要先教導父母本方案的懲罰方法。在其他階課程還沒學會前，不要先教懲罰的方法。

2. **萬一孩子在這個特別的順從訓練時段不順從我的命令怎麼辦？** 告訴父母暫時忽略孩子的不順從，並簡短地命令孩子為父母做別的事。

3. **讚美對我的孩子從來都不管用，憑什麼我要期待本週會有效果？** 雖然父母的這種反應不常見，但有時還是會出現，這通常顯示父母還沒有完全了解第二階課程的教導 —— 某些類型的稱讚和關注對孩子比較有價值。很可能父母之前用了無效的關注及稱讚技巧；當然，他們不可能是用本方案所教的方式來關注和稱讚孩子。你可以這樣回應父母：現在要他們嘗試的稱讚和關注方式，跟他們以前所用的不同，所以可能會更有效地激勵孩子。即使如此，想要改變孩子的行為，父母只給一週的讚美是不夠的，所以要有耐心。最後，即使這樣的稱讚和關注無法明顯或立即地改善孩子的順從行為，但會慢慢開始增進孩子的自尊。光是改善孩子自尊這一點，本身就已經是一個值得讚賞的目標了。

4. **這樣給命令會不會太嚴厲？** 有些父母覺得以命令語氣來給指令違反禮節，缺少那種客客氣氣請人幫忙、請求別人做事的禮貌，似乎有悖於一般的社交禮儀。雖然這樣的禮貌可以對正常的、行為良好的孩子使用，但父母用這種方式不太可能讓臨床轉介來的反抗性孩子順從。你要告知父母這點：當孩子變得順從之後，父母可以再回頭採用這些社交禮儀，以

教導孩子適當的禮貌。但現在,最主要的是讓孩子先學到順從父母的權威。這並不是說,父母給命令和指令時不能先說個「請」字,只是不要用請求幫忙的口氣給指令,如:「要不你現在把玩具撿起來,好嗎?」研究顯示,這種「命令幫忙」(command favor)的口氣很難引導出對立性孩子的順從行為。

討論孩子的侵擾行為

在分發本次訓練的第三份講義前,治療師應該和父母討論孩子常見的侵擾行為有哪些特定的類型,及父母認為侵擾行為持續的原因。父母常陳述:他們在講電話、和家中訪客聊天、晚上和配偶談話、看報章雜誌,或專心做事時常被孩子干擾。很多父母注意到孩子這麼做是為了吸引父母的關注,確實如此;不過,如果父母的關注可以激發孩子的侵擾行為,為何孩子不能以不去干擾父母的方式來獲得關注呢?應該對父母提出這個問題,因為答案很明顯:在這個家庭裡,當孩子自己玩或順從父母命令、沒打擾父母的活動時,幾乎得不到父母的關注。

講電話就是一個很明顯的例子,對大多數的父母(孩子有行為問題)而言,常會在講電話時,因孩子的侵擾行為而深感困擾。詢問父母是否曾經因此暫時中斷講電話,而對孩子吼叫、責罵或教訓一下,幾乎大多數父母都會回答「是」。接著詢問父母是否曾中斷講電話去讚美或關注孩子,因為孩子在一旁安靜玩耍沒有打擾父母,則很少父母會回答「是」。這種情況的含義是:如果孩子想得到父母的關注,干擾父母活動是最成功的方法,尤其當父母的活動涉及關注他人時。顯然,如果把情況翻轉,父母關注孩子不去干擾的行為,那麼孩子將會減少他們的侵擾行為,且增加獨立遊戲行為。

分發及解說關注獨立遊戲行為講義

　　此時，可以發給父母本次訓練的第三份講義「關注獨立遊戲行為」。然後，解說講義中所描述的方法主要是行為塑造（shaping）程序。這個方法包含要求父母一開始常常關注孩子不去干擾的行為，當孩子愈來愈不會在父母忙碌時去打擾父母，再慢慢減少關注的頻率。而當侵擾行為出現時，父母要盡可能地忽略這些行為。

　　你可以用父母看雜誌或煮飯為例。不管是哪種情況，父母在要去忙之前，都應該先分派給孩子一些他喜歡的活動，或至少規定孩子不能打擾父母。例如，父母可以說：「我看雜誌的時候，我要你坐在這裡，在著色書上塗顏色，不要吵我。」接著父母開始看雜誌，但大約一分鐘內，就停下來稱讚孩子很聽話、沒有吵父母。再重複告訴孩子一次命令，然後父母再繼續看雜誌，這次看久一點，再停下來稱讚孩子很聽話。然後父母再轉而繼續看雜誌，這次看更久一點，再去稱讚孩子。漸漸地，父母閱讀的時間可以愈來愈長，然後才停下來給孩子一些稱讚與關注。對小小孩，可以不時地利用他喜歡的零食，增強他的獨立遊戲行為。

　　相似的漸進做法也可用在父母要煮飯的時候。同樣地，先指示孩子離開父母到別的地方玩，並分派一個特別的遊戲活動給他（例如：看電視、著色、玩積木等）。接著，父母開始煮飯，但經常停下來去稱讚孩子。然後，慢慢拉長每次增強之間的時距，直到孩子能夠自己玩且沒有出現侵擾行為，持續五至十分鐘（視發展能力而定），父母就只在這段時距到了才給予關注。

　　父母使用這個方法需要一些耐心和組織能力，但大多數的父母都可以很容易地學會這種簡單的行為塑造程序。父母應該記住這麼做的目的，不是讓父母去看書或煮飯，而是讓父母留意觀察並增強孩子不去干擾的行為。當父母漸漸地拉長孩子能自己獨自玩的時間後，就可以做自己的事而不被孩子打擾了。

示範及練習關注獨立遊戲行為

在個別家庭訓練中，你可以帶孩子到另一間遊戲室或就在你辦公室的角落示範這個方法。讓父母觀察你：告訴孩子，在你看雜誌時，他要在旁邊玩玩具，不要打擾你。在這種情況下，比起家長來，孩子更可能會聽你的，所以孩子應該不會不順從你的要求。然後，你應該坐在孩子附近，看一下雜誌，再放下雜誌，走近孩子身邊，稱讚孩子沒有打擾你看雜誌。接著，再回去稍微看久一點，再停下來稱讚孩子能自己玩而沒有吵你，然後再繼續看雜誌。閱讀的時間可以慢慢拉長，其間偶爾給孩子一些增強。接下來，換成父母在你的督導下練習這些程序。

父母對關注獨立遊戲行為的常見反應

父母對這個方法通常有幾種反應。第一，許多父母常會採取一種「別沒事找事」（let sleeping dogs lie）的心態。意思就是當孩子乖乖的、表現良好的時候，千萬不要去關注他，唯恐一關注就會引發孩子出現不好的行為。這類父母常會說他們以前曾試過對孩子獨立遊戲行為給予獎勵，結果卻發現獎勵引起新的令人討厭或不順從的行為。對這類父母說明，當孩子的獨立遊戲行為沒得到獎勵，就不能期望其發生的機率會提高。事實上，獨立遊戲行為久而久之很可能會減少，因為這類行為出現時沒有被增強。進一步告訴父母，當父母關注孩子時，孩子可能會出現不良行為，這是因為從過去的經驗裡，孩子學到這是能讓父母在身邊待久一點的一個伎倆。如果孩子自己玩得很好，父母很可能就會再度離開房間，所以這些孩子學到，當父母來稱讚他們時，能持續被父母關注的最好方法就是開始表現出不良行為。本次訓練所教導的技巧正好相反，就

是只獎勵孩子的獨立遊戲行為，當不良行為發生時，就不理孩子或離開房間。

　　第二種常見的父母反應是，父母會抱怨，如果他們必須時常中斷正在進行的活動，去關注孩子的獨立遊戲行為，那麼他們就不能完成要做的事。雖然可能一開始確實會這樣，但是幾天之後，很可能孩子就學會自己玩久一點而不會打擾父母。最後，當父母在做自己的事時，孩子可以整段時間自己玩，不需要父母再常常去增強孩子（要視孩子注意力持續度的發展限制而定）。父母只是一開始需要投入時間常常去看一下孩子，最後就可以達到這個終極目標 —— 孩子可以自己一個人玩很長一段時間。

增加父母對孩子活動的監督

　　研究指出，父母對孩子的行為及活動監督不周，不僅是造成孩子對他人（特別是同儕和手足）有不順從和攻擊行為的一個主要因素，也是促成孩子暗中發展出反社會行為的因素（Loeber, 1990; Patterson, 1982; Patterson et al., 1992）。當父母沒有好好監督反抗性孩子在家和在外的活動時，隱蔽的反社會行為，如：偷竊、毀損財物、惡意破壞和放火，以及為了避免被發現而說謊等，似乎如雨後春筍般地紛紛出現。所謂的監督，並不是對孩子平日的一言一行都緊迫盯人，而是當孩子在父母視線之外時，經常不時地注意一下孩子的動態。

　　你要大力鼓勵父母不時地中斷自己的活動，找到孩子在哪裡，並獎勵孩子沒有父母在旁時的良好行為。這種監督頻率要相當高，而且是孩子無法預測的。如果發現孩子有不良行為，立即給予適當的懲罰。監督孩子行為最大的困難之一，是當父母專心在做其他事時會忘記執行。父母可以訓練自己利用簡單的烹飪用計時器或手錶或手機的鬧鈴，提醒自己要常常監督孩子的活動。可以在一天中設定好多個不同長度的時距，當鬧鈴響起時，可以提醒父母停下手邊的事，去看一看孩子正在做什麼。

家庭作業

　　父母要試著在孩子順從命令時稱讚孩子，練習那些可以增強命令效力的方法，並且每天執行二至三次的順從訓練時段。也要繼續執行「特別時光」，但可以不用做紀錄。

　　教導父母選擇一、兩個常受孩子干擾的時機來練習這個關注的程序。筆者發現，一開始先集中在家裡發生的情境進行練習，會比在別人家或公共場所有用。父母可能希望在看報紙或講電話的情況下練習這個程序。如果是後者，筆者鼓勵父母可以請配偶或朋友每天打電話來幫助他們練習這個行為塑造程序。如此，父母才可以常常中斷電話去關注孩子的獨立遊戲行為，而不會顯得不禮貌或打斷來電的人。漸漸地，當其他人來電時，父母也可以使用這個方法和其他人講電話，而不需要常常中斷去增強孩子。父母應該每天簡要地記下使用本方法的情形（包含成功或疑難問題）。如果父母都在家，則每人應選一種不同的活動做練習。

　　事先告知父母，僅僅增加關注孩子順從行為及獨立遊戲行為，並不會使所有的孩子就能自動增加順從行為或減少侵擾行為。對有些孩子而言，必須持續稱讚一段長時間，才會增進其順從行為。對於其他孩子而言（尤其是更為偏差的孩子），稱讚可能並不足以做為增強物。可以向父母再次保證，下次訓練會教授另外一個更有效的增強方法。至於現在，他們應該盡可能地使用稱讚和關注的技巧，來鼓勵孩子的順從行為及提升孩子的自尊。

　　如果在評估或治療時，臨床工作人員從父母的言談中發現父母對孩子的監督不足（視孩子的年齡而定），要提醒父母加強他們對孩子的活動與行為的監督。

當稱讚不夠用時：家庭籌碼和記點系統

目　標

1. 建立一個正式的系統，使孩子享有的特權依其順從行為的表現而定。執行家庭代幣系統以達成此目標。

2. 增加父母對孩子順從行為及適當社交行為的關注及增強。

3. 減少父母任意施予孩子特權。

所需材料

■ 第四階課程的父母講義

　• 家庭籌碼和記點系統

課程大綱

■ 檢查家庭作業

　• 給予有效命令

- 關注順從及獨立遊戲行為
  - 增加父母對孩子獨立活動的監督
- 介紹特別獎賞方案的必要性
- 說明家庭籌碼和記點系統的好處
- 分發父母講義
- 建立代幣系統
  - 選擇籌碼或記點
  - 建立特權清單
  - 建立孩子目標行為清單
  - 設定特權的價格及目標行為可得到的報酬
  - 啟用代幣系統時的注意事項
- 討論父母對代幣系統的反應

家庭作業

- 繼續執行前面教過的技巧
- 執行籌碼和記點系統
- 下次訓練時要帶來特權清單及工作清單

　　在檢查上週作業時，你會發現：有些父母在孩子順從指令或沒有打擾父母工作時，成功地對孩子運用了關注技巧；有些父母可能覺得有點進步，但效果不大；有些父母則是完全不成功。鼓勵父母不要因此而氣餒，因為在本次訓練，他們即將學到一套對於增加孩子順從行為非常有效的系統。事實上，在筆者的經驗裡，一半以上使用過這套系統的家庭，在實行一週後，發現孩子的問題行為幾乎都沒有了。有的家庭會觀察到很顯著的成功，但某些行為問題仍然持續。如果父母確實花時間、正確地執行這個方法，極少家庭會發現孩子的順從行為沒有任何進步。

獎賞系統

　　科學研究似乎顯示，很多臨床轉介的孩子在持續性注意力、衝動性及自我控制方面有明顯的問題，這些比較像是他們天生的行為及心智能力的特徵，而非學習來的不良行為。這些孩子似乎對社會性稱讚及關注較不敏感，所以父母只是對他們的順從行為多加關注，通常不會改善他們的行為，也因此需要更強而有力的增強方案。這點和曾在第一階課程討論過的孩子氣質特徵及發展能力有關。簡而言之，有些孩子並不會單純因為關注及社會性稱讚而表現出正常程度的順從行為；必須採用更有效力的增強系統。對於這類孩子，光稱讚是不夠的！

　　在此最好重提第一階課程的概念，說明有些孩子（如有 ADHD 的孩子）在自我控制上會有障礙，這樣的孩子需要輔助性的行為改變方法，亦即利用正式、人為或強力的獎賞系統，讓他們也可以做到其他孩子（不需靠這種獎賞系統）能做到的。在這裡說明此概念，通常可對應到父母常有的擔心：「其他孩子做我們要求的事情不會得到這些特別獎賞，為什麼這孩子就可以得到？」無疑地，答案是：有些孩子就是**需要**這樣系統性的獎賞系統，其他孩子則不需要。當然，一般發展孩子的行為在類似的籌碼或記點系統下也會有進步。

　　對於那些只有對立或不順從行為的問題，而其他方面一切正常的孩子，使用這套代幣系統，也會比只給稱讚的方法更快速改善孩子的行為問題。這套代幣系統可以把孩子的不良行為改善到正常範圍，而且當停止代幣系統後，行為的改善仍會持續。因此，筆者強烈建議將這套方法用在四歲以上、有對立或不順從行為的所有孩子身上。

　　你應該告知父母，大多數的父母本來就已經對孩子實行非正式、較無系統的獎賞方案。父母常常在對孩子的順從行為給予稱讚及關注之餘，還附帶答應一些額外的獎賞，如：特權、活動、零用錢或獎品等。你唯一要增加的程序只

是採用一套記帳方法，讓父母和孩子雙方知道是否孩子實際上賺到了答應給他的特權。此外，採用籌碼或記點系統可以使父母更快速地增強孩子的行為，因此更容易控制孩子的行為。這套系統也讓父母任何時候手邊都有獎賞系統可用來管教孩子。

　　向父母說明，家庭籌碼和記點系統或代幣系統的運作方式，就像我們社會的貨幣制度一樣，只是規模小很多，也不用紙鈔或硬幣。對較小的孩子（七歲以下），這個系統使用遊戲用的籌碼；對較大的孩子，則採用在筆記本上記點的方式。如同我們大規模的社會經濟結構，孩子能夠以「工作」或順從行為賺得籌碼或點數，並且用他們的收入來換取各種獎賞。

　　根據本方案過去的經驗，這套系統較不適用於三歲以下的孩子，可能因為他們還不能理解象徵性的增強物，如籌碼、點數、金錢。另外，他們的數目概念可能也還沒發展到可以了解這些酬勞的單位。相較於生理年齡，孩子的心理年齡是更好的指標，來判斷孩子是否適用代幣系統。無論如何，筆者不鼓勵對生理或心理年齡在三歲以下的孩子使用這套系統。可以教導父母替代的方法：在對這些小小孩執行增強方案時，父母可以在給予關注與親情之外，再加上直接具體的獎賞，例如：零食、飲料、貼紙或小玩具等。對於四到七歲的孩子，筆者建議使用籌碼系統，這樣可以讓孩子清楚地看到、摸到實體的增強物（籌碼），還可拿來換獎賞。對於八歲以上的孩子，可採用記點系統，把賺進或花掉的點數記錄在本子上，這種做法更方便好用，而且比較不會讓孩子覺得不舒服。至於父母到底要採用哪一套系統呢？還是要再加上臨床的考量。同樣地，心理年齡比起生理年齡是更好的「準備度指標」，有些八或九歲的孩子可能較適合使用籌碼系統，而不適合記點系統。通常父母可以提議自己認為對孩子更有效的獎賞系統。

籌碼和記點系統的好處

治療師接著向父母詳細說明使用代幣增強系統的各種好處。簡述如下：

1. 代幣系統讓父母在管教孩子行為時，可**利用**比單純的稱讚和關注**更有效力的獎賞**，因此，可以比社會性關注更大幅度、更快速地改善孩子的順從行為。

2. 代幣系統是個**非常便利**的獎賞系統。籌碼或點數可以攜帶到任何地方，在任何時間發給孩子，而且可用來換取差不多任何形式的特權或實物獎勵。

3. 代幣在**一整天時間和各種情境都保有其價值或效力**。相反地，孩子通常很快就會對食物、貼紙或其他實物增強物感到飽足，以至於做為行為改變的工具，這些增強物就會失去了激勵孩子改變的效力。因為代幣可以兌換幾乎無限種類的獎賞，所以以代幣做為增強物的效力，不會因為孩子對某個獎賞感到飽足的程度而波動。

4. 代幣系統**提供**了一個**更有組織、系統且公平的方法**來管教孩子的行為。這個系統清楚地列出孩子的哪些特定行為可以賺到多少籌碼或點數，每個特權或獎賞又各需多少籌碼或點數才能兌換。這也讓父母同樣地清楚知道這些規定，如此可以避免出現一般父母管教孩子時常見的任意而為的情形，像是父母可能會因為當下心情很好，就一時興起給了孩子超過他應得的獎賞或特權。同樣地，也可以避免父母只因為孩子當天出現了一次不良行為，而任意取消孩子應得的獎賞。

5. 實行代幣系統的結果是**增加父母對孩子適當行為和順從性的關注**。因為父母必須發給孩子代幣，所以他們就必須更常注意及回應孩子的行為，才不會有所遺漏；孩子也會讓父母更覺察到他們的成功或成就以賺取代幣。

6. 代幣系統教導孩子有關人類社會的一個基本概念：特權和獎賞，以及我們在生活中所渴望的大部分東西，必須靠自己的行為賺取。這當然是父母希

望能灌輸給下一代的工作倫理：愈努力工作，愈能承擔責任，會得到愈多獎賞。

✿ 建立家庭籌碼系統

此處要討論的是建立籌碼系統的原則，記點系統的原則會在下一節說明。現在發給父母本次訓練的講義，並詳細討論每一步驟。下面是建立籌碼系統的幾個步驟：

1. 決定要用什麼類型的籌碼。筆者鼓勵父母採用玩撲克牌用的標準塑膠籌碼，其他選項包括賓果籌碼、棋子、釦子或任何其他耐用、小巧、方便的代幣。筆者還發現一個有用的方法：用不同顏色的代幣代表不同價值（譬如：設定白色、藍色和紅色代幣分別代表一、五和十個籌碼），並且把每種顏色的代幣貼在一塊小紙板上展示出來。為加強這種價值系統的設定，父母可以用麥克筆在展示的每個代幣上寫出它的價值（例如：1、5、10），並且把紙板放在方便、看得見的地方（譬如：冰箱門上），讓孩子容易參考。對於四、五歲大的孩子不需要使用這種價值系統，亦即，不用分顏色，每個代幣都只代表一個籌碼。

2. 父母應花點時間向孩子說明要執行的籌碼系統。可以對孩子說：父母想對孩子在家所做的事情給予更大的獎勵。用這樣的方式告訴孩子，往往可以使得執行這個籌碼系統有個正向的開始。而不要像這樣說：「因為你的不良行為，所以現在你的特權都要被取消了，你必須設法再賺回來。」

3. 然後父母和孩子可以一起製作一個容器，做為儲存所賺籌碼的撲滿。父母可以使這件事成為一個有趣的活動，例如：讓孩子自己設計裝飾鞋盒或大塑膠罐。

4. 父母應花點時間坐下來和孩子一起列出孩子所喜歡的特權清單。通常孩子會列出他們平常不常得到的特權（例如：外出吃飯或看電影、買玩具

等），這些都可以列入；父母還應把每天有的特權列入（例如：看電視、打電動、騎腳踏車）。這張清單應該包含至少十個特權，若有十五個更好。最好清單上大約有三分之一的特權是孩子每天可以有的近期酬賞，只要用一點點籌碼就可換得，例如：看電視、打電動、使用自己的手機、騎腳踏車、溜直排輪、玩家裡的特殊玩具、晚餐後吃特別甜點等。另外三分之一應該是中期特權，需要賺個幾天才能換得，例如：晚點上床睡覺、看特別的電影或電視節目、到朋友家玩，或當父母的小幫手一起從事好玩的活動或嗜好。最後的三分之一應該是孩子非常想要的遠期特權，例如：外出購物、看電影或外出用餐、租影片或電玩遊戲、特別的旅行、邀朋友來家裡聚會。這些都是較貴的特權，孩子要存好多天甚至好幾個禮拜的籌碼才能夠兌換。

警告：父母不能將生活必需品（如：食、衣、住等）當作增強物，要求孩子「付費」才給予。

5. 父母和孩子應該協力列出一張清單，包括父母要孩子完成的工作（如：整理床鋪、倒垃圾、洗碗）、責任（如：作業）以及父母希望孩子改進的其他目標行為（如：和手足分享、晚餐時輪流說話）或壞習慣（如：穿好上學的衣服、準備好上床睡覺、洗澡）。也可以包括社交行為，例如：不說髒話、不打人、不說謊或不偷竊。為了增強孩子不做某些事，父母必須設定時段，時限一到，孩子沒做這些不好的行為，就給予獎勵。例如：孩子很常和父母爭辯，父母可設定只要早餐到午餐之間都沒有跟父母爭辯，孩子就可得到三個籌碼；如果從午餐到晚餐之間也沒有爭辯，可再得三個籌碼；晚餐到上床睡覺之間也沒有爭辯，還可再得三個籌碼。

6. 父母應該告知孩子：若孩子以正向態度來做清單上的工作和行為，還可獲得「特賞籌碼」（bonus chips）。這些特賞籌碼並不是在孩子每次做完工作就給，而是父母在看到孩子愉快又迅速地完成工作時，自行決定是否給孩子特賞籌碼。

7. 從這張工作、責任和行為的清單，父母要決定每個項目各值多少籌碼。對於四、五歲大的孩子，籌碼範圍可以設定為一至五個籌碼；對於較大的孩子，範圍可以大一點（例如：五至三十個籌碼或每五分鐘的工作值一個籌碼）。一般而言，愈難的和愈費力的工作給愈多的籌碼，或是孩子以前愈有困難完成的工作給愈多的籌碼。

8. 現在，父母需要決定清單上的每個獎賞（特權）所值的籌碼數。最好的做法是，父母先花一點時間加加看孩子平日完成清單上的例行工作大概可以得到多少籌碼，把這個數目記在心裡，然後就可以開始決定每個特權值幾個籌碼，原則是讓孩子可以把一天所賺籌碼（孩子的收入）的三分之二，用來換自己每天都會想要的獎賞（如看電視、騎腳踏車等）。這樣可以留下大約三分之一的籌碼讓孩子每天存起來，以換取清單裡中期及遠期的特權。這些只是供父母參考的大概原則。一旦開始施行這個系統後，可以適度地調整以讓這個系統更公平。愈特別、愈昂貴的特權，孩子就要用愈多的籌碼來換取。有些父母可能會想把金錢也列為酬賞之一，讓孩子可以用籌碼換現金。如果這樣做，必須限定孩子一週內只能用多少籌碼換錢，以免孩子把籌碼只用來換錢；這就像零用錢一樣要有固定的額度。

9. 在列好上述清單後的一週，就可以開始執行籌碼系統了。筆者發現，對於年紀小、還看不懂字的孩子，有一個方法很好用 —— 就是父母可以分別在獎賞清單及工作清單上的每個項目旁邊畫圖或剪貼圖片，以代表每個項目的內容。

✿ 建立家庭記點系統

對於八歲以上的孩子，使用點數取代籌碼做為增強物。父母用筆記本記錄孩子賺到的點數，在筆記本內有條理地畫出類似銀行存摺的格式，每頁分為五欄，分別標明日期、項目、存入、支出及結存。每當孩子因順從行為而該被

獎勵時，父母就登記「日期」，在「項目」欄簡要描述孩子被獎勵的行為，在「存入」欄登記所賺的點數，並將新存入的點數加入「結存」。當孩子要用點數購買獎賞或活動時，父母就在「項目」欄登記孩子所換的獎賞類別，在「支出」欄登記所花的點數，然後在「結存」欄登記扣除支出後的點數。絕對不允許孩子在筆記本上記錄 —— 只有父母才可以。

　　建立特權清單的方式和前述之籌碼系統的做法一樣，只是換成適合年紀較大孩子的特權。極有可能地，工作清單也多少會擴充增加，因為大孩子的能力較小孩子好，可協助更多的家事。

　　分配給清單上各個特權和工作的點數就採用跟籌碼系統一樣的原則，愈難的工作要付給愈多的點數；愈有價值的獎賞也要收取愈高的點數。籌碼系統和記點系統的唯一差別，只在於記點系統可以用更大數目的點數。筆者一般採用二十至兩百點的範圍做為各項工作的酬賞。例如：每十五分鐘的工作就給十五點，以此類推，來決定那些長時間的工作要付多少點數（如作業、除草）。同樣地，相較於籌碼系統，對記點系統裡的獎賞和特權清單也要分配較大範圍的點數。

　　除此之外，記點系統和籌碼系統的運作一樣。父母雙方都應該使用這套系統，而且在孩子的順從行為出現後，應該儘快給予點數獎勵。每隔一段時間就應該檢查特權及工作清單，並即時更新，把孩子當時想要的特權及父母希望的工作加入清單裡。

啟用代幣系統時的注意事項

　　雖然代幣系統很容易建立及實施，仍有幾點是父母在開始實行的頭幾週要特別注意的，在本次訓練結束前治療師應該將這些告知父母。第一週父母必須遵守的主要原則是：籌碼系統**只能用來獎勵孩子的好行為**。除非事先告知過父

母，否則父母經常傾向於利用這套系統來懲罰孩子的不良行為 —— 亦即收回孩子賺到的籌碼。當父母在第一週就用這套系統懲罰孩子，往往孩子還沒對參與這套系統產生強烈的動機，就已經對它倒胃口了。在接下來的幾週，你將會解釋如何使用這套系統做為懲罰的方法，但絕對不要在剛開始實行籌碼系統的第一週就這麼做。所以，**本週不用籌碼系統懲罰孩子**。

另外要慎重告知父母的是：如果他們特地在本週給予較平常多的籌碼，孩子會比較容易喜歡參與這個籌碼系統。可以對孩子一些很簡單的好行為給予獎賞，讓孩子知道在這套系統中要賺到籌碼是多麼容易的事，因而提高他們參與的意願。若本週父母太小氣，給的籌碼太少，反而會無法引發孩子合作的動機。

也要告訴父母**只有在**孩子的行為或工作完成**之後**才給籌碼，永遠不要在還沒做事之前就給。有些孩子會在還沒賺到足夠換取某項活動的點數前，就要求父母交換該項活動，或吵著要父母先借給他籌碼，尤其是當他現在很想要參加某個活動，但還沒有足夠數量的籌碼時。提醒父母必須遵守的規則是：如果孩子沒有籌碼，就不能得到酬賞。

給孩子籌碼時，父母應該用愉悅的聲調，特別明確地告訴孩子，他的什麼行為被獎賞，並在給籌碼的同時稱讚孩子。當孩子要拿籌碼來換獎賞時，要孩子自己從他的撲滿拿籌碼出來付給父母。筆者不鼓勵父母自行提取籌碼。筆者相信孩子把籌碼存入及提出撲滿的實際行動，更能提升本方案對孩子的療效。

對於可能會偷竊的孩子，父母一定要把自己存放籌碼的容器放在孩子拿不到的地方，以避免孩子竊取。告訴孩子只能碰他自己「撲滿」裡的籌碼。

應該大力鼓勵父母兩人都使用籌碼做為獎賞。通常家庭裡傾向由母親主導這個籌碼系統。雖然這可能有時是因為父母中有一位花較多時間在行為問題孩子身上，但是仍要鼓勵另外一位父母和孩子在一起時，也應該以籌碼做為獎賞。這樣可以提高父母在管教孩子方法上的一致性。

籌碼實際上可以用來獎勵孩子任何的適當行為，即使該行為不在清單上也

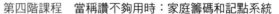

可使用。要提醒父母這一點，以免有些父母太過僵化地遵從規定，而錯失可以增強順從性的機會。父母也可以開始利用籌碼去獎勵孩子在父母忙碌的時候能自己玩。第三階課程討論過的行為塑造程序，除了利用關注技巧，還可以加上籌碼系統去強化。籌碼要在孩子表現出順從行為後立即給予。愈慢給籌碼，本系統對孩子順從性的影響力就愈差。

　　每隔幾週，父母應該和孩子一起檢討獎賞清單，看看是否該加上新的獎賞，或刪掉孩子從未要求兌換的獎賞。此外，只要父母和孩子都認為適合，也可以把新的工作和責任加進工作清單。

　　筆者發現，如果父母在一天裡，每隔一段時間（例如：每隔二十至三十分鐘）就停下手邊的事，看看孩子的活動，判斷是否這是給予孩子獎賞的適當時機，將會很有幫助。有些父母會利用計時器或手機設定鬧鈴來提醒自己；父母也可以把貼紙（如「笑臉」）貼在自己在家常會看的地方（例如：時鐘、鏡子、電話、電視遙控器、電腦螢幕），當父母看到這些貼紙，就提醒自己去看看孩子，並即時增強孩子的行為。

　　實行這套系統時，父母必須要有耐心。雖然很多孩子在實行這套系統的第一天，就在順從行為上有所改善；但對其他孩子，這套系統需要幾天到一週才足以產生激勵作用。少數對立性孩子甚至可能拒絕參與這套系統，認為只要他們拖延且不參與，父母就會放棄使用這個系統。對於這類個案，告訴父母不管孩子一開始的反應如何，還是繼續執行這套系統。孩子沒賺到籌碼，就不能得到清單上的獎賞。有些孩子也許會挺過幾天沒有任何特權或獎賞的日子，直到他們充分地認清這個原則，才開始心不甘情不願地合作。不過，這種反應很罕見，大部分的孩子都對這個系統有相當正向的反應。

父母對籌碼和記點系統的常見反應

　　許多父母詢問：是否手足、保母或親戚也可以對孩子使用籌碼或記點系統。通常，筆者只允許年紀已達青少年後期的手足，在父母可信任他會依照前述之原則公平地使用這套系統的前提下，可以對孩子給予或收回籌碼。保母也一樣，如果是固定的保母，而且已經是青少年後期或成年人的話，就可以對孩子實行這套代幣系統，同樣地，父母必須小心判斷以確保這套系統被公平地實施。筆者通常不鼓勵親戚使用代幣系統，除非他們經常接觸孩子，並且負有主要照顧孩子的責任（如：在父母工作時擔任孩子的保母）。

　　很多父母認為代幣系統形同賄賂，這反映了對賄賂概念的誤解。賄賂是給予誘因讓人做不正當、不道德或不法的行為；顯然這套代幣系統並非如此。這套系統非常類似工作契約，如同父母在外工作賺錢，孩子只是在家工作賺取報酬。通常，父母會抱怨這像賄賂，是因為擔心別的孩子做了相同的事卻沒有得到獎勵。正如前述，你可能必須再次向父母解釋這個概念：ADHD 孩子有自我調節或動機不足的問題，代幣系統提供孩子一個輔助性的社會環境，幫助孩子克服障礙。沒有這套方法，孩子仍然在動機上有障礙存在；有這套系統，孩子就可以執行活動，如同沒有用輔助系統的一般發展孩子一樣。不管有沒有對父母解釋這些概念，你都應該告訴父母，一般發展孩子表現好也會被獎勵，只是沒有這麼有系統地獎勵。一般發展孩子常會得到一些特權、零食或其他獎賞，但是父母沒有很清楚明確地告訴他們是因為他們的好行為才得到這些獎賞，或甚至父母也沒有在好行為一出現之後就馬上予以獎勵。不過，假設一般發展孩子逐漸出現不順從或反抗行為，通常他們的特權就會很快被取消（雖然只是暫時取消），直到再度出現好行為。

　　有些父母認為實行代幣系統太花時間。此時你可能必須釐清父母有多大的動機去幫助孩子改善行為。再次向父母保證，雖然剛開始實行這套系統的頭幾

週要多花一點時間，但是如果能堅持一下，父母習慣之後，就不會覺得不方便了。

　　父母常想知道是否手足也應該使用這套系統，這要依每個家庭情況而定。父母可以和手足討論，聽聽他們的意見，或乾脆決定讓家中全部孩子都實行籌碼或記點系統。當然，愈多孩子實行，父母的負擔就愈重。往往手足要求參加類似的系統，是因為他們發現參與這套系統讓他們很清楚地知道要怎麼做才能賺到想要的特權。一般基本原則是：如果孩子年齡相差四歲以上，那麼沒有行為問題的孩子不需要參與這套系統。不過，父母通常能判斷，如果不讓手足參加，他們是否會有嫉妒反應；若果真如此，就讓那個孩子也加入同樣的籌碼和記點系統。

　　少數父母會問，何時可以中止及如何結束使用這套系統。居然有父母會在還沒開始執行時，就想討論如何停止，真是有趣。通常筆者會規定，最起碼必須執行這套系統兩個月（直到一個月後的補強訓練為止）。必要時，你可以在那個時候與父母另外約談，討論如何逐漸減少使用這套系統。不過，很多家庭會發現，無需任何刻意的努力，這套系統自然就會壽終正寢，逐步停止。通常執行這套系統幾個月之後，父母就傾向於不會那麼一致地執行，特別當孩子的行為變得相當好時。如果父母希望正式取消使用這套系統，筆者建議父母告訴孩子：將停用代幣系統一、二天，看看孩子表現得好不好。同時父母仍依據孩子的工作表現或孩子是否順從大部分的要求，來給予孩子獎賞及特權。如果孩子在這段試驗期間能夠維持順從行為，那麼父母可以無限期地延續試驗期。如果行為問題又出現，可以很快再對孩子使用這套系統。

家庭作業

　　父母應該繼續執行第三階課程的作業：與孩子在一起的特別時光，以及獎勵孩子的順從行為和獨立遊戲行為（亦即在父母忙碌時不去打擾父母）。本次訓練的主要作業是實施代幣系統。如果在當次訓練中沒有完成工作清單及特權清單，父母要在這次訓練結束後一天左右建立好這些清單，並馬上實施這套系統。下次訓練時，父母要把這些清單帶來給治療師檢查。如果對孩子是使用記點系統，下次訓練時也要把他的「銀行存摺」帶來。

第五階課程

隔離法和其他管教方法

目　標

1. 介紹在家庭代幣系統中使用罰金，懲罰不順從行為及不當的社會行為。

2. 訓練父母使用有效的隔離（time out；隔絕）方法，懲罰孩子特定的不良行為。

所需材料

■ HSQ

■ 第五階課程的父母講義

　• 隔離！

課程大綱

■ 檢查家庭作業

　• 調整家庭代幣系統

■ 使用 HSQ 量表再次評估孩子的侵擾行為

■ 討論在代幣系統中使用罰金（反應代價程序）

- 讓父母對本次訓練的重要性有所準備
  - 這是本方案中最難執行的一週
  - 執行時必須貫徹到底
- 分發父母講義
- 詳細說明程序中的各個步驟
  - 如何對不順從行為實施隔離法
  - 隔離椅的放置地點
  - 孩子要在隔離椅上待多久
  - 孩子未經許可離開隔離椅時的處置
  - 孩子可能用來逃避隔離的伎倆
  - 如何處理孩子的肢體抗拒
- 討論父母對隔離法的反應
- 說明本週實施隔離法的限制
- 示範隔離法程序

家庭作業

- 實施行為罰金
- 只對一、兩個不順從行為實施隔離法
- 記錄所有實施隔離法的情形
- 繼續實施先前教過的方法

本次訓練一開始先檢查上週實施代幣系統的各種清單。討論父母在使用時遇到的問題，調整清單上各項目的獎勵或兌換點數，處理父母和孩子繼續實施這個系統時會遇到的問題，並鼓勵父母繼續實行代幣系統。很多父母表示，因為使用代幣系統，孩子的行為有了很大的改變。就算父母覺得孩子沒有更多行為問題了，還是要教父母使用罰金及隔離的程序。在筆者的經驗裡，一開始使

用代幣系統時，會有一個蜜月期（通常三至四週），但是，即使孩子現在已經表現正常了，父母還是必須對孩子偶爾會再出現的不順從行為做好準備。

再次評估孩子的侵擾行為

前面曾提過，進行整個方案期間，臨床工作人員必須重複評估孩子的侵擾行為。此時正是適當時機。和第一階課程的做法相同，治療師應該在本階課程一開始時，就請家長再次填寫 HSQ（參見本手冊第三部分），並且跟第一階課程的結果做比較。因為還沒教導家長主要的行為改變技巧，不要期待在前面四次訓練後，評量結果會顯示出很大的改善。

實施反應代價程序

代幣系統既可以有效地獎勵順從行為，也可以用來有效地懲罰不良或不順從行為。父母只要以扣籌碼或點數做為孩子不做家事或不遵從命令的罰金。一般而言，扣的點數和做家事得到的酬賞點數一樣多。例如，當孩子應父母要求去整理床鋪時，可以得到五個籌碼，那麼當他沒有整理床鋪時，就得付給父母五個籌碼。此時，孩子不只失去籌碼，也失去賺得五個籌碼的機會。

現在父母可能想要列出一張孩子不良社會行為的簡短清單，包含那些經常發生的不良行為（例如攻擊、說謊、偷竊、爭辯、咒罵，及其他不守家規的行為）。當這些行為出現時，父母可以透過扣代幣來懲罰，不良行為愈嚴重，罰金扣得愈多。

警告父母，在反應代價或罰金程序中使用代幣，通常會產生一個問題，筆者稱這個問題為「懲罰螺旋」（punishment spiral）。問題發生的情況通常

是：當父母因為孩子的不良行為處以罰金，孩子就發脾氣、咒罵或破壞物品；這些也是不被允許的行為，所以又被罰；而這又更挑起孩子的負向反應，更大聲地咒罵父母或破壞更多東西。依照反應代價程序，父母再處以罰金，如此不斷加劇地升高衝突。最壞的結果是：父母的不斷懲罰與孩子不斷升高的負向反應糾纏不清。當被罰的點數多過於他未來能賺到的點數時，孩子就完全失去對這套系統的動機。父母可依據以下原則處理這種兩難情況：用記點系統扣點數的方式來懲罰孩子一次之後，如果孩子緊接著出現負向反應，那就要對孩子實施隔離法，如下所述。

為父母實施隔離法預做準備

本次訓練的主要目的，是幫助家庭發展出一個更有效的管教方式，來處理孩子的不順從及其他不當行為。對家長強調在面對這次的家庭作業時，他們必須對幾件事先有心理準備。第一，父母要有心理準備這會是整個方案中最難執行的一週。很多家庭在實施隔離程序時，孩子發了一個小時以上的脾氣，這會使父母感到很受不了或相當苦惱。在孩子發脾氣的時候，父母可能會覺得他們好像應該讓步以終止孩子的發脾氣行為，以及懲罰對孩子造成的傷害。雖然父母這麼做可以有效地平息孩子的哭泣或減少吵鬧行為，但這也會增強孩子未來繼續出現這種行為。因此只要一實施隔離程序，父母就要堅持到底，絕不能默許孩子發脾氣。警告父母在剛開始實施隔離法時，可預期孩子有很高的機率會出現負向反應，這一點其實正反映此方法很可能最終會對孩子有效。

父母也要有心理準備，自己要能夠前後一致地使用管教方法來處理孩子的不順從行為，即使這麼做會讓父母不方便也要堅持下去。到目前為止，父母本身很可能對管教孩子不良行為的方式早就相當反覆無常；而且也常發現父母**之間**的管教方式相互矛盾，往往一個扮黑臉，另一個扮白臉，也就是當父母一方

用較嚴厲的方式管教時，另一方就會用較不嚴厲的方式做為補償。父母的不一致會嚴重降低此方法的效力，使得日後實施時也不易成功。

第三，父母在接下來的一週要盡量減少特殊的家庭活動，以便投入更多時間在家正確地實施隔離法。如果有些特殊活動不能改期（例如：婚禮、外地親友來訪等），你就等到這些活動結束後再教父母這個程序。

教導父母使用隔離程序

這是本方案中最有效的方法，你必須非常用心教導，仔細地對父母解說，讓他們能徹底按照指示實施。發下父母講義，並讓他們有足夠時間仔細閱讀。

教導父母，從今以後，當他們要給孩子命令時，應該心裡預先想好孩子不順從時要給予什麼樣的後果，如果他們不願意未雨綢繆，就不該下命令。後果應該立即執行，而且不再對孩子重複命令。

當給予命令時，父母可以將執行隔離程序的順序看成是三階段的進展，最好用紅綠燈來比喻。第一個階段 —— 綠燈 —— 父母下命令，通行無阻，父母和孩子之間還沒出現不愉快或不順從的行為。父母用中性且認真的語氣，以堅定的方式給命令，不要用提問或請孩子幫忙的口氣，可採用第三階課程所教的有效命令技巧。一旦給完命令，大聲地從五倒數到一，給孩子大約五秒鐘的時間，以此動作向孩子清楚表示在非常短的時間內，他就要開始順從。幾週後，筆者鼓勵父母停止這樣大聲倒數，以免教會孩子只在有倒數時才服從命令；此時父母只要在內心默數五秒鐘。

如果孩子在倒數五秒後還沒有開始服從命令，父母就要發布警告 —— 黃燈。就像交通號誌，父母的警告應該和第一次命令有所區別。教導父母，要直視孩子的眼睛，大聲地說（不是吼叫），擺出堅定的姿勢和態度，用手指著孩子，警告：「如果你不做我叫你做的事，你就要去坐那張椅子」，並且馬上指

向隔離椅的附近。父母的整體表現方式，就是要對孩子清清楚楚地傳達，父母說話算話，不是唬人，該罰的時候一定會叫他去坐隔離椅。

警告之後，父母再次從五倒數到一，再給孩子五秒鐘。如果孩子在這五秒內仍不服從，父母對孩子宣告：「你沒有做到我說的，現在你要去椅子那裡！」然後，父母很快地陪同孩子到隔離椅，握住孩子的手臂或手腕，把孩子穩固地安置在隔離椅上，然後堅定地大聲說：「你要坐在這裡，直到我叫你起來為止！」此階段顯然可類比為紅燈。

到此刻，距離第一次下命令才過了大約十五秒。所以，父母發現自己沒有如往常那樣情緒失控，因為以前他們重複命令或警告孩子很多次，孩子也不聽。因此父母這時候最能夠以一種有系統、講求實效的態度來執行懲罰。治療師要依孩子行為障礙的嚴重程度，來決定父母要用多大聲、多堅定、多誇張的方式顯示警告。輕度行為障礙孩子的不順從行為，不需要也不應該受到像對嚴重行為障礙孩子那麼大聲的警告或誇張的威脅。

最後一次的五秒倒數，馬上將孩子帶到隔離椅去坐。有些孩子一看到父母要帶他們去坐隔離椅時，會答應要順從命令；有些孩子會用抱怨、威脅或發脾氣等方法試圖抗拒隔離，但服從命令的機會已過，不能免於懲罰。不論孩子的反應為何，父母都要執行隔離法。總之，一旦超過五秒的順從時段，無論孩子做什麼事，都不能免於懲罰。

❀ 椅子應該放在哪裡？

就如父母講義所建議，隔離椅應該放在父母四處走動做事時，能方便監督孩子的地點。不要把椅子放在衣櫥、浴室或孩子的房間。玄關角落、飯廳、廚房或走廊中央等都是常用的地方。椅子應該用有直背的小餐椅，要離牆壁遠一點，以免孩子坐在椅子上可以踢到牆壁；椅子附近應該沒有孩子容易拿來玩的東西；椅子應該一直放在孩子可以看到的地方，至少放二個星期，以提醒孩子

出現不順從行為的後果。

孩子應該隔離多久？

隔離法的執行方式有好幾種，每一種都有其建議的時間長度。其中很多種是不論孩子年紀多大，都用同一個標準時間長度。不過，這樣做並沒有考量到孩子在不同發展階段有不同的時間概念。年紀小的孩子經歷短時間的隔離就會覺得不開心，較大的孩子要隔離較長的時間才會覺得不開心。現在介紹的方法則是依孩子的年齡決定隔離時間的長短。孩子必須**依序**符合下列三個基本條件，才能結束隔離。

1. 孩子一定要服滿「最短刑期」以懲罰他違規：每一歲罰一分鐘。例如：四歲的孩子至少要隔離四分鐘。
2. 一旦最短刑期過了，孩子一定要安靜一陣子。在最短刑期當中孩子不需要安靜，不過一旦過了最短刑期，孩子一定要先安靜下來父母才會走近椅子。父母第一次實施隔離法時，可以告訴孩子：「等你安靜了，我才會回到椅子這邊。」只說一次，不再重複。孩子一定要安靜大約三十秒，才算符合第二個條件。第一次實施隔離法時，很多孩子在服完最短刑期後仍繼續吵鬧，可能持續好幾分鐘甚至好幾個小時（少數案例）。如果是這種情形，孩子要繼續留在隔離椅上，直到他安靜為止，即使起初會使隔離時間拉長到一至兩個小時。經驗顯示，在第一次隔離的初始對抗之後，孩子學到快點安靜可以縮短隔離的時間，因此孩子需要隔離的時間長度也大幅縮短。
3. 最後，孩子必須答應去做原本交代他做的事。例如，孩子因未收拾玩具而被隔離，那麼孩子要同意把玩具收好。如果隔離的原因是行為本身（如：打人、罵人），孩子必須道歉，並且答應不會再出現這樣的行為。未來，萬一孩子再犯，又出現這種行為，就馬上帶去坐隔離椅，不再給他命令或

警告。如果孩子不肯做之前要求他做的事，或不願答應不再重複不良行為，就告訴孩子：「好吧，你就待在那裡直到我說你可以起來為止！」此時再度依序完成這三個條件：（1）孩子再服一次最短刑期；（2）孩子必須安靜一陣子；以及（3）孩子必須答應做先前要他做的事。如此依序重複，直到孩子同意去做要求他做的事，或承諾不再出現不良行為為止。

當孩子坐在隔離椅上時，任何人（父母或手足）都不可讓他參與討論或活動。執行隔離法的父母可回頭處理日常事務，同時隨時注意孩子坐在隔離椅上的行為。

一旦孩子做了之前要他做的事，父母就用中性語氣告訴孩子：「我喜歡你照我的話做。」這時候不要因為孩子順從了而給予代幣，也不用因為懲罰孩子而道歉（有些父母傾向這麼做）。父母要注意觀察孩子接下來出現的好行為，並給予增強。這樣才能適當地平衡本方案中的正增強及懲罰，同時讓孩子知道，父母只是不喜歡他的不良行為而非不喜歡他本人。

在某些情況下，父母不需要依照這一系列的步驟（即：命令、警告、隔離）來執行隔離法。這些情況是：違反早就訂定好的家規或父母指派的家事需要長一點的時間完成。第一種情況，孩子可能是破壞了一個明顯的家規，例如：不能打人、不能偷東西、未經允許不能到廚房拿食物、不能拿爸爸的電動工具來玩等等。在這種情況下，立刻對孩子實施隔離法，不用重複告訴他規定或警告。筆者通常指導父母在開始實行隔離法前，將常被違反的家規列成一張表，貼在家裡容易看見的地方（如：冰箱門上），並告訴孩子，若違反這些規定，不會先給警告，馬上就帶去坐隔離椅。第二種情況，當孩子被指派去做的家事需要較長的時間（如：整理房間或做作業等），家長必須在給予命令的同時也給予警告。例如：叫孩子去整理自己的房間，給他十五分鐘去做，並告訴孩子若在十五分鐘內沒整理好房間，就要去坐隔離椅。家長可以在一開始要求時就說明這些。告訴家長一定要用計時器設定給孩子完成命令的時間，讓家長

和孩子都知道什麼時候時間到了，以免會因為時間是不是真的到了而爭執。

❀ 如果孩子未經許可離開隔離椅怎麼辦？

　　跟父母討論有哪些可採用的方法，來確保孩子在隔離椅上待到父母宣告隔離結束。筆者最常用的一種有效方法就是隔絕法（isolation），如下段所述。接著也討論其他方法，不過比較沒那麼有效。

　　當孩子第一次未經允許離開隔離椅時，父母就馬上警告。只在第一次離開椅子時警告一次，之後的隔離期間就不再重複。父母把孩子帶回隔離椅後，以堅定的姿態，用手指著孩子大聲告訴他：「如果你再離開椅子，我就罰你坐在床上。」之後，萬一孩子未經允許再次離開椅子，父母就把孩子帶到臥室，並讓他坐在床上，然後告訴孩子要一直坐在床上，直到父母說可以離開房間時才能離開。房門可以開著，但如果孩子企圖離開房間，就把門關上並上鎖，直到前述三個可以終止隔離的條件都達成，才能離開。這麼做之前，要先把臥室裡可玩的東西都先清光（如：手機、電視、電動、電腦、音響等），當孩子的行為進步到一定程度，不再需要經常執行隔離法時，就可以把這些東西再搬回來。

　　有些父母不想使用隔絕法把孩子單獨留在房間裡，有幾個替代方法。父母可以在孩子每次違反隔離時，就扣孩子一些代幣，但是這個方法有其限制：孩子可能很快就被罰光所有的代幣。第二個選擇是：威脅孩子要剝奪他當天的一個特權（如：玩電動、看喜歡的電視節目、使用手機等），把對孩子特別重要的特權取消，這對大孩子很有效。另外的替代方法是，每次孩子離開隔離椅，就延長隔離時間五分鐘。筆者並不喜歡這個方法，一來因為這樣就沒有時間限制，隔離的時間可能因為孩子一直離開座位就無止境地延長下去；二來這種方法有可能會變成「貓捉老鼠」的遊戲，孩子可能覺得好玩 —— 他既不會被家人隔絕，又得到父母的注意。

❋ 孩子用來避免或逃離隔離的伎倆

孩子會用幾種常見的伎倆來逃離或避免隔離程序。之前提過兩個伎倆（一個是一旦父母要執行隔離法，孩子就答應去做事；另一個是孩子拒絕去坐隔離椅）。一旦坐上椅子（或在房間裡），孩子常會嘗試更多的方法想在隔離時間結束之前逃開。

1. **要求上廁所**。在筆者治療的經驗中，幾乎所有的孩子在隔離的短時間內都可以控制自己的大小便。所以，告訴父母不要允許孩子在隔離期間去上廁所，只有在符合終止隔離的三個條件後，孩子才可以去上廁所。很多孩子會威脅如果不允許他上廁所，他會尿在褲子上。但是在筆者或所督導的學生使用這套方案的三十年當中，只碰到兩個孩子真的這麼做，而且很明顯的這兩個孩子是故意要跟父母作對才這麼做。在這兩個個案裡，同樣地，還是讓孩子繼續隔離，直到三個條件都符合為止。然後他們除了要先把原先命令的事做完之外，還必須要自己清理乾淨弄髒的地方、自己換衣服。如果孩子被允許在隔離時間內提前離開隔離椅去上廁所，可想而知以後他們就會常用這招來逃避隔離，而且可能在廁所裡玩起來。毋庸置疑地，一旦孩子被釋放後，也會很難再帶他回去隔離椅。

2. **孩子聲稱他不再愛父母了**。多數父母聽到這句話時，會一眼識破，把它當作孩子一時情緒化、操弄人的氣話，但是少數的父母卻為此煩惱。顯然這類父母對自己和孩子的關係有強烈的不安全感，以至於聽到這句話後，就馬上投降讓孩子離開隔離椅。其他父母雖然不會有這種極端的安撫反應，卻對孩子在隔離期間說出這種仇恨的話感到很大的罪惡感及焦慮。你必須讓父母先有心理準備，幫忙他們了解孩子不是真心如此，預先討論當他們聽到這種話時可能會有的感覺，然後指導他們在孩子隔離期間不要

表現出任何反應。對孩子執行隔離法時，若父母對孩子保證自己是愛他的，只會讓孩子在隔離時得到關注，因而助長孩子未來在隔離時，會對父母有更多的爭辯與激烈的言語。

3. 孩子企圖移動椅子或把它翻倒。 孩子企圖移動或翻倒椅子的行為可以視同孩子擅自離開隔離椅，因此可以採取前面提到的方法來處理。先警告或威脅孩子：如果再這樣就要把他帶到臥室。如果父母不打算用臥室隔絕法，可以選擇其他替代方法來處理孩子搖晃、移動或翻倒椅子等行為。父母也可以考慮乾脆移開椅子，讓孩子直接坐在同一個角落的地板上。

4. 孩子威脅自己會生病，而且可能嘔吐。 常見孩子以生病這一招來逃避隔離，例如：喉嚨痛（因為發脾氣所致）、頭痛或胃痛。教導父母，孩子只是在嘗試各種過去成功過的操弄伎倆，看看這次是否管用。父母可以忽略這些話，除非孩子在還沒隔離前就客觀存在生病的跡象（如：感冒或流感）。一旦孩子發現裝病不再能引起父母的同情及關注，以後隔離時就不會再用這些伎倆。不過，如果父母因罪惡感而去關注孩子，毫無疑問地孩子以後一定會再用這招。筆者曾見過一個孩子，他真的威脅父母，如果不免除隔離，他就要吐了；這個輕度發展遲緩且有行為規範問題的孩子，在學校就用這種策略成功地獲得老師的關注，且逃避了懲罰。筆者指示父母不要理會他的威脅，結果這個孩子真的履行威脅，把手指伸進喉嚨而嘔吐。筆者告訴父母要求孩子一定要做到那三個順從的條件才可以離開隔離椅，同時孩子不只要去做先前交代他做的事，還要清理被他弄髒的隔離區。孩子對隔離的這種反應非常罕見，不過為了以防萬一，還是要教導所有父母處理孩子出現這種情況的方法。

5. **孩子抱怨累了或餓了。**通常是在睡覺時間（常是因為不按照要求去準備睡覺）或在用餐時間執行隔離法才會有這種抱怨。指示父母：即使孩子因此必須延後睡覺時間，仍要把孩子帶去隔離。少數父母可能會疑惑，延後睡覺時間會不會實際上對孩子的行為有增強作用，因為他就是想晚點睡。筆者過去的經驗是，很少有孩子會喜歡過了上床時間，自己一個人待在房子裡一個無聊的角落坐在隔離椅上，而家人卻在客廳看電視。通常，孩子想要晚點睡是想和家人在一起、玩、看電視、打電動或上網。因此，孩子不會喜歡隔離，也不可能在上床前表現不好而再被隔離。不過，治療師要注意，隔離會有效的主要原因是，孩子隔離時他錯過了什麼。因為孩子可能睡前隔離所錯過的幾乎就只是睡眠而已，所以睡前隔離的「最短刑期」可能要稍微長一點（每一歲罰兩分鐘），才能達到懲罰效果。

對於抱怨肚子餓或因隔離而錯過用餐的孩子，告訴父母就單純讓孩子錯過這一餐，但是到了下一餐的時間，就可以讓孩子吃了。父母不需要特地為孩子留飯菜，或一旦隔離結束後，額外為孩子準備一餐。如果這麼做，用餐時間的隔離很可能會變成無效的懲罰方式，因為孩子在隔離時幾乎沒有錯過什麼。如果孩子結束隔離時，家人仍在用餐，可以允許孩子回到餐桌用餐，不過當家人都吃完了，就不再多給孩子時間吃。此時，就算孩子沒吃完，也要把他的碗收走。總之，當孩子隔離時，他就會錯過當時家人正在進行的所有活動，而且父母也不會在日後彌補。

6. **孩子拒絕離開隔離椅。**偶爾，孩子會在父母允許他離開隔離椅時，拒絕離開。這種情況顯然是這個孩子企圖繼續掌控親子互動。這時候，父母就要告訴孩子，因為孩子沒有照父母的話做（離開隔離椅），所以孩子必須再坐在那裡，直到父母告訴他可以離開為止。在這種情況下，父母就再罰一次「最短刑期」，等孩子安靜下來，然後接近孩子，看他是否同意去做之前要求他做的事。

❀ 對有肢體攻擊傾向的孩子實施隔離法

　　少數孩子，雖然年紀輕、個子小，但是父母要實施隔離法時，卻會用暴力威脅父母。這時候需要小心謹慎的臨床判斷。有暴力傷人紀錄的孩子可能是很危險的（即使對父母來說），可能一開始需要先住院治療，以便控制這樣的行為模式。有的孩子雖然不是那麼危險，但要開始執行隔離法時，孩子威脅暴力相向或實際上已擺出威脅的姿勢，仍會讓人害怕，尤其是對母親而言。在筆者的經驗裡，孩子總是只威脅母親，而不會威脅父親。如果孩子的這種反應足以讓母親害怕，筆者建議母親就只針對父親在家時孩子出現的行為問題實施隔離法，其他時刻就不要使用。這樣孩子通常會配合隔離，因為害怕父親必要時會和母親聯手來執行隔離法。當孩子配合母親實施的隔離後，告訴母親要跟孩子說：因為他配合，所以會縮短隔離的時間。當母親於父親在家時實施隔離法幾週後，指導母親於父親不在家時也嘗試執行此法。孩子大概會將前幾週配合隔離法的行為類化到父親不在家的情況。如果這樣仍失敗，就要考慮讓這個罕見的、具攻擊性的孩子住院治療。

父母對隔離程序的常見反應

　　大多數父母會很願意在接下來的幾週實施此程序。不過，有些父母對此程序會有顧慮或對採用此方法有所保留，最常見的反應是，父母之前試過隔離法但沒有成功。治療師可以向父母解釋，很可能早期使用的隔離程序有幾個缺點。第一，父母可能已經很生氣或挫折，因為不斷重複命令也沒辦法讓孩子順從時，才實施這個方法。這樣很難有效，因為實施隔離法的次數太少、也沒有在不順從時立即執行，而且父母很可能會因為生氣而過度拉長隔離時段。

　　第二，大多數父母實施隔離法的方式是，讓孩子自行控制隔離時間的長

度。也就是說,他們叫孩子回房間去待在那裡,直到孩子準備要好好表現時再出來。這種做法顯然就是讓孩子自己決定何時結束隔離。

第三個錯誤是父母常會對孩子每個不良行為事件,一律採用標準的隔離時距,例如:五分鐘,無論違規的嚴重度或孩子的年齡。問題就在於,對大孩子而言,這個隔離時距太短了,不會產生嫌惡感,所以無效。而且,隔離程序應該依違規行為的嚴重度加以調整,這就是為何本方案建議孩子每多一歲就多罰一至兩分鐘的原因。輕微的違規行為處以較短的隔離時間,而嚴重的違規行為則處以較長的隔離時間。

最後,可能大多數父母沒有一致地使用隔離法來懲罰孩子之前的不良行為,因此降低其成效。父母常常只在自己情緒不好時才使用隔離法,其他心情好的時候,即使孩子有同樣違規行為也不會執行隔離法。同樣地,父母可能在將要把孩子帶到隔離地點實施隔離時,容許孩子討價還價,以孩子同意聽從命令來交換不用隔離。本方案要求父母,一旦父母開始執行隔離法,就要貫徹到底,不管孩子當時答應要為父母做什麼。

很多父母會問:當家有訪客時,怎麼辦?他們的擔心似乎是害怕孩子或自己會尷尬。告訴父母,不管有沒有客人都照樣執行隔離程序,雖然可能需要為此向客人道歉,但不該因此阻斷執行。如果在此情況下沒有執行隔離法,會讓孩子學到有客人在時,他們就可以為所欲為且不會被懲罰。如果來訪者是孩子的鄰居朋友,一旦要執行隔離法時,就先請他們離開。

使用隔離法的第一週之限制

如果父母想在一開始就對所有的不順從行為一律使用隔離程序,許多有行為問題的孩子將會幾乎一整天都待在角落的隔離椅上。為了避免這樣的過度管教,應告訴父母在接下來的一週內,只針對一、兩個不順從行為使用隔離法,

並且只在家裡使用，不在公共場所使用。筆者也建議父母等一週後再處理睡覺時間的問題，這樣可以讓孩子變得習慣隔離程序，它的功效就可能會類化到睡覺時間的命令，這樣父母其實就不需要在睡覺時間使用隔離程序了。有些父母會想選擇對孩子特別困難的命令，如：收拾玩具、穿好上學的衣服或做功課。其他父母會想選擇一些孩子常違反的家規，如：打人、罵髒話或說謊。不管是哪一種，只能選擇一、兩項命令或規定來實施隔離法。

目前限制父母不要在公共場所使用隔離法，是基於若要有效地在公共場所使用隔離法，必須在程序上做些調整。父母也必須對在場目擊者可能會有的反應做好準備。此外，在家執行隔離程序幾週後，在家裡的進步有可能會類化到父母在公共場所下的命令。換句話說，一旦孩子意識到父母是「玩真的」，當父母威脅要使用隔離法就真的會用，他們可能就會學到，當父母在公共場所威脅要使用隔離法時，不要違抗父母的命令或警告。

也要告知父母，如果他們在使用隔離程序時遇到問題，應該立刻跟你聯絡。使用本方案的臨床工作人員應該例行地提供手機及辦公室電話號碼，讓父母在本週遇到問題時可以聯絡。極少有父母會打來，但是讓父母知道可以很容易聯絡到治療師而產生安全感，以及藉由此傳達給父母這個程序很重要的感覺，都是相當有療效的。父母常會問他們這一週該如何處理不是隔離法所針對的其他不良行為。可以提醒他們使用反應代價程序（對不良行為扣代幣）處理任何的行為問題。在某些情況下，父母可能會選擇同時採用兩種懲罰方法來處理特別嚴重的違規問題。在這種情況下，不但要從孩子的「銀行帳戶」扣掉代幣，還要把孩子到隔離椅處以更長刑期（長於慣常的最短刑期）。

示範隔離程序

在討論隔離程序的過程中，你可以用角色扮演來示範隔離法。在團體訓

練中找一位家長扮演孩子，由你示範整個程序。在個別家庭訓練中，你可以和在場的孩子角色扮演一起示範，但一定要對孩子說明現在只是假裝，不是真的要求他被隔離。然後請父母角色扮演，由你假扮孩子。McMahon 與 Forehand（2005）建議，父母絕對不要在孩子面前扮演孩子，以免誤導孩子認為可以懲罰父母或把父母隔離。

然後，把父母及孩子一起帶到遊戲室，要求父母對孩子給予各種命令直到有一個不順從行為出現為止。這時候父母執行隔離法，這樣你就可以評估父母執行得如何。大孩子旁聽你對父母說明執行隔離的方法後，他們通常就不會在遊戲室裡違反父母的命令，因為他們知道會有什麼後果。這種情況下，角色扮演練習這個程序就得做足。在親職訓練團體中教導隔離程序時，也是以角色扮演做為父母練習的方式。一開始，你要選擇一位家長假扮孩子，跟你一起角色扮演來示範。然後，家長兩兩配對互相練習，在你的督導下，輪流練習隔離程序中的父母角色。

家庭作業

父母當然要繼續使用之前教過的技巧。筆者常發現，到了本階課程父母就開始不再繼續執行特別時光了。要鼓勵他們在合適的情況下盡可能常常持續這些活動，尤其在這一週的訓練裡，保持特別時光可以抵銷懲罰方案對親子關係的不利影響。

除了執行隔離程序，父母要在記事本中記錄每次執行隔離法時：何時執行、孩子做了什麼而被隔離，及父母覺得隔離程序執行得怎麼樣，還要記錄每次隔離的時間長度。結束本次訓練前，父母要跟治療師約定好本週要使用隔離法處理的兩個不順從行為，以及隔離椅要放置在家裡哪個地方。

將隔離法延伸到其他不良行為

目　　標

1.排除並解決父母在對孩子使用隔離法時遇到的問題。

2.視情況將隔離法延伸使用於其他因命令或規則而引發的不順從行為。

所需材料

■ 無

課程大綱

■ 檢查家庭作業

　• 實施隔離法的紀錄

■ 另選兩個以上不順從行為來實施隔離法

家庭作業

■ 繼續使用隔離法並記錄

　　本次訓練一開始先例行檢查家庭作業紀錄，並討論父母執行隔離法時可能遇到的問題。本次訓練的大部分時間都會用來檢視使用隔離法的情況、父母執行此法的感受、實施隔離法時遇到的問題，以及父母使用此程序可能需要微調的任何部分。本次訓練不教導任何新的教材。對某些家庭而言，本次訓練會很簡短，因為從上次訓練後他們已成功地執行隔離法。對其他人而言，本次訓練可能要花很多時間討論對孩子執行隔離法時，父母所碰到的問題及他們可以如何解決這些問題。

家庭作業

　　對大多數父母而言，在討論好下週要針對哪兩個新的不順從行為執行隔離法之後，本次訓練就可以結束了。這些父母只要像前一週一樣，持續執行隔離法並繼續記錄。對少數家庭而言，孩子沒有其他明顯的不順從行為需要處理，告訴父母只要在適當時機使用隔離程序處理不當行為即可，父母也不需要再做記錄。不過仍有少數家庭在家中執行隔離法時遇到很大的問題，你可以要父母和孩子在診所裡再次練習給你看，然後才允許他們在家使用隔離程序。這個做法往往可揭露出父母執行隔離法的所有缺失。無論如何，你都要先確定父母充分掌握成功使用隔離程序的重點後，才讓他們將這個方法延伸使用到孩子的其他行為問題上。

預想問題：
在公共場所管教孩子

目　標

1. 訓練父母調整之前教過的孩子管教方法，以適用於公共場所。
2. 教導父母四步驟的「事前諸葛」（大聲想－事先想）程序，用來預想並減少孩子在公共場所的不良行為。
3. 訓練父母在轉換主要活動前先使用四步驟，以預防孩子出現不良行為。

所需材料

■ HSQ
■ 第七階課程的父母講義
　　• 預想問題：在公共場所管教孩子

課程大綱

■ 檢查家庭作業

- 使用 HSQ 量表再次評估孩子的侵擾行為
- 討論預想的問題行為 —— 成功的關鍵
- 分發父母講義
- 討論講義中的重要細節
  - 進入公共場所前先訂立規矩
  - 對順從行為設立獎賞方式
  - 對不順從行為設立懲罰方式
  - 安排一項活動給孩子做
  - 監督、注意和獎勵孩子在公共場所的順從行為
- 討論可以使用此方法的公共場所
  - 商店
  - 餐廳
  - 長途搭車旅程
  - 拜訪親友
  - 教堂
- 討論如何在轉換主要活動時使用此方法
- 檢視並討論父母對此方法的反應

家庭作業

- 進行二次模擬逛街購物活動的練習
- 記錄這二次練習活動的資料
- 聯絡孩子的老師,以了解孩子在校行為的近況

再次評估孩子的侵擾行為

在檢查完家庭作業並解決父母使用隔離程序可能還會遇到的任何小問題後，請父母再填寫一次 HSQ，以評估本訓練方案執行迄今，孩子侵擾行為進步的情形。一般而言，家庭代幣系統和隔離法是本方案中最有效的兩個方法，經過這兩階課程的訓練後，孩子的順從性及侵擾行為會明顯改善。

預想在公共場所的問題

在介紹本次訓練所要教導的新教材時，可以先和父母討論他們在公共場所管教孩子時會面臨什麼樣的困擾。在詳細檢視這些困擾後，向父母提出一個概念：大多數父母不會預先思考在公共場所裡可能會面對孩子什麼樣的問題。反而是，他們在進入公共場所（例如：商店）時，根本沒想過如果孩子出現行為問題，他們要如何因應。只有當不順從行為或問題行為出現時，父母才開始想辦法解決。此時開始規劃處理問題的策略可能是最糟的時機，因為孩子一定正在發飆，眾目睽睽之下，父母可能又氣又急。這些因素都會使得父母很難想出一個合理有效的處理問題的方法。

因此，事先預想行為問題是學習有效管教孩子的重要概念，不論是在公共場所或在轉換每日主要活動時。筆者先說明公共場所的部分，然後再討論轉換活動的做法。很多父母都有足夠的經驗，知道哪種公共場所容易引發孩子的不順從行為，以及可能出現什麼樣的行為問題。因此，如果父母在進入公共場所前，先花一點時間計劃好，萬一孩子出現不順從行為時有什麼對策，並且先跟孩子說清楚，就可以避免在公共場所裡孩子很多的不良行為。至於無法避免的行為問題，父母至少已建立了迅速有效的應變能力，可以早在現場其他人注意

到之前就處理了孩子的不良行為。

要強調兩個概念：（1）預先想好或計劃好在公共場所因應孩子不良行為的方法；及（2）事先規劃好一些活動，讓孩子在公共場所做，提供機會讓他們忙著從事利社會行為。

分發與討論父母講義

本次訓練的父母講義簡短、清晰、易執行。你應該和父母一步步循序漸進地檢視，盡量詳細並且視需要舉例說明。基本上，這個方法和前面教過的一樣，不過略加微調，因為公共場所沒有隔離椅可用。父母講義的關鍵特徵就是本次訓練一開始就強調的兩個概念：（1）事先想好管教孩子的對策及（2）外出時安排好一些活動給孩子做。

「事前諸葛」（大聲想－事先想）這個方法包含有四個基本要素，如下所述：

1. **進入公共場所前，先停下來訂好孩子要遵守的規矩。** 首先，在進入公共場所前，父母先在入口處停下來，訂好三至四個要孩子在公共場所遵守的規矩（就是孩子過去常違反的規矩）。要求孩子一字不漏複誦一遍規矩，再進行下一步。例如：在進入商店前，父母告訴年幼的孩子要遵守的規矩是：「跟緊我，不能摸，不能要東西！」然後，孩子要複誦一遍規矩給父母聽。接下來在進入其他商店時，父母只需要提示孩子複誦一遍規矩，問孩子：「說好的規矩是什麼？」如果孩子記不得，父母就再說一次，也叫孩子再複誦一遍。對於大孩子，訂的規矩可能是：「跟在我身邊，不要摸任何東西，照我的話做！」對不同場合（如：餐廳、教堂及別人家等），另外訂定適合的規矩。

2. **對順從行為先訂好獎賞方式**。對於已使用籌碼或記點系統的孩子，可以立即用這些代幣來增強孩子遵從上面第一項裡所訂的規矩。父母只要告訴孩子，他在公共場所遵守規矩就會賺到一些籌碼或點數。對於還未使用代幣系統的小小孩，父母可以隨身帶點小零嘴做為獎勵品，進入商店前，要清楚地告訴孩子，遵守規矩就可以得到這些小零嘴。少數父母會想要答應孩子在外出行程結束時買個獎品給他。如果要這麼做，只能偶一為之，才不會讓孩子有錯誤的期待，認為每次出門都會買東西給他。不管使用哪種獎賞方法，都要在進入公共場所前，先跟孩子說清楚。

3. **對不順從行為先訂好懲罰方式**。同樣地，在進入公共場所前就告訴孩子，如果違反第一項的任何規矩或以前專為這個場所訂定的規矩，他會得到什麼懲罰。無論如何，盡可能採用隔離法或扣代幣的方法，至於採用哪種方法則取決於孩子違反規矩的嚴重程度以及孩子是否在家有使用代幣系統。因為公共場所沒有立即可用的隔離椅，父母要先找出萬一不良行為發生時適合執行隔離期的地方，像是公共場所中一處無聊的角落。這應該不難，因為大多數父母對於常去的商店、餐廳、教堂或其他公共場所的布置都很熟悉。再次說明，不管是採用哪種方法，都要在進入公共場所前，先跟孩子說清楚。

4. **安排一個活動或一件事給孩子做**。外出前先規劃好一個活動，在外出時指派孩子去做，可以有效地減少孩子不良行為的發生。筆者稱之為「有備無患」（setting the stage），因為預先規劃一個活動指派孩子做，可以防止問題行為的出現。在商店裡，可以叫孩子幫父母找某些物品，或找陳列該物品的走道，或者購物行程中幫父母拿著物品。還可以請孩子在購物清單上把找到的物品項目打勾，或幫忙推購物手推車。不管是做什麼，父母都可以在出門的路上或進入商店前想出一些可指派的活動。父母甚至可

以問一問孩子，他能幫父母什麼忙。無論如何，預先規劃一個活動給孩子做，可以大幅減少侵擾行為，因為當孩子在鬆散的情境裡無所事事時，最容易出現侵擾行為。

一進入公共場所，父母首先要快速地掃描這個區域，找好可能實施隔離法的角落，然後每隔一段時間，就要關注且獎勵孩子遵守規矩及配合去做規劃好的活動（如前述）。對於使用代幣系統的孩子，父母可以在逗留於公共場所的期間裡，每隔一段時間就給孩子籌碼或點數。重要的是，父母不要等到外出行程要結束了，才給予獎勵，而是在整個行程中注意孩子的順從行為，並不時地提供回饋。

如果父母必須執行隔離法，就立刻把孩子帶到一個安靜人少的角落，讓孩子站在角落面對牆壁，直到父母說可以離開為止。此時，所有程序都和在家執行時一樣，除了「最短刑期」需要改成每一歲只罰三十秒。筆者發現在公共場所較短時間的隔離，就可以達到在家較長時間隔離的效果。這也許是因為孩子在公共場所被隔離就會錯過很多有趣的事物，而且大多數孩子會覺得在公共場所被隔離很丟臉，因此隔離這件事變得更討厭，進而提高其有效性。

實施隔離法的時候，父母必須待在孩子附近，但應該繼續做自己的事，不要去關注孩子。就像在家一樣，要結束隔離期間，孩子必須做到三點：（1）服完「最短刑期」；（2）安靜一陣子；（3）答應遵守他剛剛違反的規矩。如果孩子提早離開隔離地點，就把他帶回到角落，並警告他：如果再離開，就要在代幣系統中扣他的籌碼或點數。很少孩子會在這種情況下繼續試探父母，不過萬一孩子再度擅自離開隔離區，父母要立即處以罰金並把他再帶回隔離角落。如果還是沒用，父母應該儘可能結束行程，帶孩子回到車上，在父母監督下於車內執行隔離刑期。

因為前幾週在家執行隔離法頗具成效，當父母威脅孩子要在公共場所實施隔離法時，孩子自然預料父母真的會這麼做，因此很少會在公共場所挑戰父母

的權威。當孩子違反第一項所訂的規矩時，父母應馬上扣籌碼或點數。如果行不通，父母應該無預警地非常快速實施隔離法，因為在進入公共場所前就已經警告過孩子。筆者發現當孩子學到父母會快狠準地執行隔離法時，他就很少會在公共場所違反規矩了。對於不想對孩子實施隔離法的父母，可以討論替代方法。像是使用代幣系統扣罰金的方式、把孩子帶離商店，或威脅將取消孩子當天的一項特權。

　　有些場所可能無法執行隔離法，例如：超市裡很難找到無聊的角落。這時候父母有幾個替代方法可以選擇。首先，判斷是否能很快地把孩子帶到外面，讓他面對建築物的牆壁執行隔離。如果不行，第二個選擇是把孩子帶到車上，讓他坐在後座的踏墊上或後座上，父母就坐在前座或站在車外。第三個替代方法是，父母直接帶個筆記本專門用來記錄孩子的不良行為（通常小的口袋型記事本最好用）。如果要用這個方法，父母必須在進入公共場所前就先和孩子說清楚。基本上這個方法是讓父母把發生的事件記在筆記本上，回到家立刻依照筆記本所記錄孩子的每次犯規行為一一執行最短刑期。筆者發現，孩子在家坐在隔離椅上的照片有助於喚起孩子對在家執行隔離法的記憶。進入公共場所**之前**，當父母對孩子說明這個方法時，可以讓孩子看一看照片。第四個選擇就是帶枝筆，每次孩子在店裡違規時，就在孩子手背上輕輕畫個記號。就像用筆記本一樣，一回到家立刻依照紀錄，對每一次的違規執行一個最短刑期的隔離。

討論在各種公共場所實施隔離程序

　　你現在可以和父母一起選幾個孩子常發生不良行為的公共場所，並討論在進入這些場所前，如何使用前述「事前諸葛」四步驟。父母應該討論在孩子常出現不良行為的那些場所裡，他們會訂定哪些規矩。此外，可以討論他們想要用什麼方式獎賞及懲罰。你可以用不同的情境（如：商店、餐廳、教堂或別人

家）為例示範。這個方法也可用在長途乘車旅遊出發前。除了採用上述步驟之外，在長途車程中，父母應該要帶著各種好玩的東西，讓孩子有事可做，避免因無聊而出現不良行為。萬一孩子出現不良行為，旅途中可以扣孩子的籌碼或點數。如果父母想要執行隔離法，可以把車子停在遠離任何主要車道的安全地方，讓孩子坐在後座的踏墊上或後座上執行隔離期，有些父母甚至會把一個踏墊放在車子旁邊的地上，讓孩子坐在上面執行隔離期。切記，父母絕對不可以一面開車一面實施隔離法！

處理父母的困窘反應

　　和前面幾次訓練一樣，你應該和父母討論他們對使用這個方法的反應。其中一個相當影響父母在公共場所有效使用此方法的反應是，父母相信如果在眾目睽睽之下實施隔離法，會很丟臉。對於大多數父母，只要稍微解釋一下就足以安撫他們的疑慮。告訴父母，在進入公共場所前，若先執行「事前諸葛」四步驟，很少會有問題行為產生。如果在公共場所裡父母又能持續關注、稱讚、獎勵孩子的順從行為，那麼發生問題行為的可能性就更小了。就算出現了不良行為，因為父母能在情況失控前迅速且果斷地處理，其干擾程度也大大降低。這些都可能減低父母會因為使用此方法而經歷丟臉的機會。

　　總會有少數父母因為受不了可能會丟臉，而無法有效地執行這些方法。對於這類父母，此時你可能要另外約談幾次，利用認知行為治療取向教導父母因應這種感覺（例如：理情行為治療的一些方法）。筆者發現有兩本書對這類父母很有用：*Your Erroneous Zones*（Dyer, 1991）及 *A Guide to Rational Living*（Ellis & Harper, 1975）。另外，*The Practice of Rational Emotive Behavior Therapy*（Ellis & Dryden, 2007）一書簡要介紹理情行為治療的方法，也值得參考，尤其是關於親子互動的章節。

　　實質上，認知行為治療取向所強調的是，當父母與孩子互動時，父母對自己產生很多負向且往往過度批判的自我陳述與自我評價，導致在這種情況下，父母感受到適應不良或不愉快的情緒。教導父母辨識出這些負向、適應不良的陳述，並用正向因應的自我陳述去取代。有時候，如果父母因為必須處理孩子的行為而心情很糟，告訴父母把自己在這個公共場所裡出現的想法記錄下來。然後，可以在治療時花些時間討論這些紀錄，而治療師可以對此設計出正向因應的陳述，讓父母用來面對以後孩子在公共場所的不良行為。

預想轉換主要活動時的不良行為

　　在任何情境中，若父母預想孩子可能會出現問題，都可以使用「事前諸葛」四步驟，效果會一樣好。治療師應該告訴父母，此四步驟可以類化使用在轉換活動的時候。例如：客人要來家裡吃晚餐，在即將到訪之前，就是對孩子執行此四步驟的最佳時機。以下列出其他活動轉換情境，父母可以考慮使用此四步驟：

- 從遊戲時間或看電視轉換到做功課時
- 孩子的朋友來家裡玩之前
- 孩子在家裡的聚會開始之前
- 從遊戲時間或看電視轉換到睡覺時間或洗澡時
- 孩子要出去玩之前
- 孩子要出門搭校車之前或要坐上校車之前

　　討論的重點在於讓父母動腦想想，想出很多時機或地點，預先規劃並跟孩子分享計畫，可以減少或甚至預防孩子的不良行為。

家庭作業

　　父母要持續執行本方案之前教過的所有方法。接下來的一週，父母要進行二次模擬外出（到商店或其他公共場所），唯一的目的是方便練習「事前諸葛」四步驟。父母可以記錄這二次外出練習的狀況，並於下次訓練時帶來和治療師討論。

　　因為本方案的下一階課程將聚焦在父母如何協助改善孩子的在校行為，所以必須先確定孩子在校行為有無問題。簡短地詢問父母有關孩子的在校行為，以決定是否需要進行第八階課程。如果在校行為沒有問題，那麼治療師可以直接跳到第九階課程。不過，筆者發現第八階課程可以提供父母一些有用的訊息，即使孩子目前在校沒有出現行為問題，這些孩子未來在學校會產生某些行為問題的可能性仍然很大，所以父母可以先了解這些程序，有助於預備萬一日後真的遇到問題時可以派得上用場。如果的確有在校行為問題，此時你就要視情況決定，是否需要直接電話聯絡老師可以討論這些問題，或是請家長轉交老師整套行為評量表即可。筆者建議使用學校情境問卷（SSQ）及BASC-2（參見第二章的使用說明及第三部分的表五），讓父母把這些表單帶回去請老師填寫，並於下次訓練帶來。

從家中改善學校行為：
每日在校行為報告單

目　標

1. 與父母一起討論孩子在學校可能出現的任何行為問題的性質。
2. 教導父母實施孩子每日在校行為報告單的程序。

所需材料

■ 第八階課程的父母講義

　• 使用每日在校行為報告單

課程大綱

■ 檢查家庭作業

■ 與父母討論孩子任何在校行為問題

■ 教導父母建立每日在校行為報告單的程序

家庭作業

■ 實施每日在校行為報告單
■ 繼續執行之前教的方法

　　依慣例，本次訓練一開始先檢查前次訓練的家庭作業。此時，你可以詢問父母：當他們外出購物或去其他公共場所有機會使用了「事前諸葛」四步驟來減少行為問題發生的可能性，執行情形如何？並視需要調整這些步驟。也詢問父母在家裡轉換主要活動時是否有機會嘗試運用此四步驟。再次協助父母排解在家執行此四步驟時的疑難雜症，並視需要調整這些步驟。

討論孩子的在校行為

　　很多反抗性兒童（尤其有 ODD 及共病 ADHD 者）都可能在學校會有行為問題 —— 不是在上課時，就是在空閒時間（如：下課時、午休時，或上課時的自由活動時間）。花些時間和父母詳細討論孩子可能在學校裡正在發生的任何行為問題。你在對孩子的初次衡鑑時，從父母晤談及老師的評量，就已經得知孩子的一些問題（參見第二章及第三部分）。上一階課程中曾討論過，你可以指派為家庭作業要家長請老師再次填寫一整套的行為評量表。現在你就可以檢視老師第二次的評量結果。如果你需要了解更多孩子在校行為的細節，也可以直接打電話給老師。這些資訊可以幫助你決定是否需要教導本方案的第八階課程。不過，就算孩子目前在校行為良好，筆者仍然強烈建議進行第八階訓練課程，以便未來萬一孩子在學校出現行為問題時，父母已有所準備。

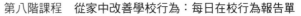

實行每日在校行為報告單

　　雖然處理孩子在校行為問題的主要責任落在老師及其他學校人員身上，父母仍可助一臂之力。除了建立班級中的行為改變方案外，最有效的方法，就是實施家庭獎賞系統，利用每日在校行為報告單，監控孩子在學校一整天的行為。這樣的報告單既方便又合乎經濟效益，可以有效協助老師管理孩子的在校行為問題。此報告單提供孩子每天在校行為及家庭作業的詳細資料，本階課程的父母講義提供制定報告單的詳細說明。

　　正如講義所述，這個程序包含針對特定孩子目前在學校的行為問題，設計一個適用的每日在校行為報告單。你可以使用講義中為此目的設計的兩種表單的任一種。筆者在過去二十年的臨床工作中經常使用第一種報告單，主要是針對反抗性孩子最常會出現的行為問題而設計。第二種報告單是用來處理攻擊性或反抗性孩子在學校的下課及自由活動時間；講義還提供一份空白的報告單，可讓父母針對孩子的特殊行為問題量身打造專屬的每日在校行為報告單。不論你選用哪一種報告單，在本次訓練結束時，你要影印足夠的報告單給父母使用。

　　在決定要用哪種報告單或設計孩子專用的報告單之後，和父母一起討論報告單的使用方式。確定父母了解：需要老師每日填寫一張新的報告單。父母可以讓孩子每天帶新的報告單去學校，或給老師很多張空白的報告單。不管採用何種方式，使用報告單的目的是：希望老師能在每個科目或每節課下課後就評量孩子的行為。評分可從 1（非常好）到 5（非常差）不等，請老師在每節課或每個科目的欄位裡記錄每項行為的評分。老師若有額外的評語，可以寫在報告單下方，以便讓父母更了解孩子在學校一天的詳細狀況。老師一旦在其欄位評分後，就要在該欄下方簽名，以防孩子偽造評分。就算這樣，還是曾抓到過一些孩子偽造老師的簽名及塗改評分。請父母警告孩子：父母會不時和老師聯

絡討論這些評分，所以若有偽造，最後一定會被抓到，而且會嚴厲懲罰。

除了請每位老師每節課都評分一次外，老師還可以在評分前要求孩子把當天規定的家庭作業項目寫在聯絡簿上，老師檢查正確無誤後，再評量孩子的行為並於報告單上簽名，然後將報告單附在聯絡簿中帶回給家長。

就如父母講義所指出，家長每天在孩子一回到家後就應該盡快檢查報告單。父母要先對好的評分（1、2）給予稱讚，並根據報告單上孩子在學校表現良好的具體行為來鼓勵他。然後才和孩子討論差的評分（4、5）。可以請孩子說說看，為何會得到不好的分數。更重要的是，問孩子明天打算怎麼做，才能改進他的行為並提高分數。隔天早上，孩子帶著一張新報告單準備上學前，父母一定要再次提醒孩子需要改進的地方。

接下來，根據父母講義所指明的，對報告單上每個評分分配點數：1分＝＋25點（或＋5個籌碼）、2分＝＋15點（或＋3個籌碼）、3分＝＋5點（或＋1個籌碼）、4分＝－15點（或－3個籌碼）、5分＝－25點（或－5個籌碼）。注意：差的評分要處以罰金（扣點數或籌碼）。父母把好的評分點數加總後再扣去差的評分總點數，結餘的點數就可以併入第四階課程的家庭代幣系統一起使用。如果孩子忘了帶報告單回家，那天孩子就要被禁足而且取消所有的主要特權，包括看電視、打電動、到外面玩或使用手機。

持續每天使用報告單直到第十階課程（一個月後的補強訓練和追蹤會談）為止，到時將教導父母如何逐漸停止使用。鼓勵父母每隔幾週就帶著報告單與老師見面討論，並檢查是否可能有偽造的情況。

此時可能需要再次檢視第四階課程代幣系統的特權清單上每項獎賞的價格。每日在校行為報告單可能帶給孩子大量的收入（點數），因此孩子可能光從每日在校行為報告單就可以賺到大部分或所有的特權，不需要在家做家事或表現好行為。為了修正這種可能性，可考慮在獎賞清單上增加新的項目（如：給零用錢或增加零用錢的額度），或調高某些特權／獎賞的價格以吸收掉一些新收入。對大部分孩子而言，前一種調整方式似乎比較公平，不過，可能還是

必須也採取後一種做法以便將新的收入來源納入家庭代幣系統。

依慣例，在介紹完這些程序後，要和父母討論本週計劃如何執行此程序。也討論父母預見使用這樣的每日報告單可能會遇到哪些問題，不只是孩子願不願意配合執行，還有學校老師的配合度。有時候，可能需要治療師先和老師們聯絡，說明使用這個報告單系統的理由和程序，然後父母在下一週才開始執行。依筆者經驗，大部分的老師及學校都非常願意配合這種方便又合乎經濟效益的行為管理方案。他們通常也很高興父母關心孩子的學校適應情形，且願意在家建立行為後果以鼓勵孩子在校表現更好的行為。

家庭作業

父母要持續使用之前各階課程教過的所有技巧。此外，他們現在也要開始執行本階課程設計的每日在校行為報告單系統。要求父母在下次訓練時將所有的報告單都帶來給你檢查。雖然可以在下週接續進行下次訓練，不過，有時候更適當的做法是：至少延後二週再進行本方案的第九階課程，以便有足夠時間評估在校報告單系統的成效，以及使用時可能碰到的任何問題。

 第九階課程

處理未來行為問題

目　標

1. 鼓勵父母思考未來可能會碰到的行為問題,以及如何使用先前教過的方法處理。

2. 如果這個家庭不需要再進行其他類型的治療,就讓父母準備結束治療。

所需材料

- HSQ
- 第九階課程的父母講義
  - 處理未來行為問題

課程大綱

- 檢查家庭作業
- 使用 HSQ 量表再次評估孩子的侵擾行為
- 檢視在家使用「事前諸葛」方法處理不良行為的情況
- 分發父母講義

■ 討論父母講義中的步驟

　● 持續記錄問題行為（檢查紀錄找出父母的錯誤）

　● 必要時修正管教方法的失誤

　● 建立獎賞系統

　● 設計懲罰方法

　● 實施新方案

　● 評估方案成效

■ 以假想的行為問題來挑戰父母

　　先討論過去幾週父母試圖在公共場所持續因應孩子不良行為的情形，並弄清楚他們是否有將「事前諸葛」的策略用在家中轉換主要活動時。假設父母都執行得很好，鼓勵父母繼續在家使用此四步驟，而不是只用在公共場所。只需深思片刻，就會發覺反抗性孩子的不順從問題很多時候是可預測的，如：當家裡有客人、孩子的某些朋友來玩、家裡的聚會即將開始等等。在這些活動即將開始前，父母可以非常容易地跟孩子複習「事前諸葛」四步驟。這麼做下來，父母可發現對不良行為未雨綢繆，會使不良行為出現的機率大幅減少。必要時，你可以和父母一起複習，並舉例說明如何在家使用「事前諸葛」的四步驟。最後，與父母一同檢視他們嘗試使用每日在校行為報告單的情形（如果有教父母第八階課程）。檢查過去一、兩週孩子從學校帶回家的報告單，討論這個方法執行的情形，並視需要修正執行程序的任何問題。

　　雖然本次訓練（進行複習）及一個月後的補強訓練通常是本方案最後的兩次訓練，但是，有些治療師可能會想再多增加幾次訓練，以查看在校行為報告單及其他管教方法執行的情形。除此之外，也可以在第九階課程結束後一個月的補強訓練時檢查這些方法的執行情形。也就是說，本次訓練並不一定就是本親職訓練方案的最後一次訓練，如果治療師覺得某個家庭有需要，可以增加訓練次數，讓父母能更多加練習及執行方案所教的方法。

再次評估孩子的侵擾行為

在檢查完家庭作業，解決了在公共場所管教孩子及使用每日在校行為報告單時碰到的任何小問題之後，請父母再次填寫 HSQ，以評估本訓練方案執行迄今，孩子侵擾行為的進步情形。

分發及討論父母講義

本次訓練的父母講義可以自行閱讀，所以此處不再多做說明。基本上，這份講義複習整個訓練過程中父母曾學過的程序，並討論萬一孩子出現新的不良行為時，如何使用這些程序來處理。講義說明：父母將如何開始記錄新的不良行為，持續記錄七至十天後檢視這些紀錄，查看是否在完成親職訓練的此刻，父母又故態復萌，犯了以前常犯的錯誤。接著，請父母修正所發現的任何錯誤，如果還是無法改善行為，就針對這個特殊的行為問題同時建立一個獎賞系統及懲罰系統。通常，可用特權或代幣系統做為獎勵，而用反應代價或隔離做為懲罰。對父母強調：給予立即且一致的後果，是成功控制任何新的不良行為的關鍵。在這段期間，父母應持續記錄問題行為。如果問題行為仍然沒有減少，父母就應該和你再次約談，並且一定要把紀錄帶來和你討論。

以假想的行為問題挑戰父母

本次訓練的主要目標之一就是戒掉父母對你的依賴，而能自行解決孩子的行為問題。父母現在已經有足夠的技巧因應大多數孩子會出現的各種行為問

題。他們目前的任務就是要開始思考可以如何運用這些技巧來處理孩子未來可能會出現的不良行為。你可以提出假想的行為問題，請父母思考：如何應用從本方案習得的技巧及方法來處理這些問題。必要時，你可以幫忙，但不要幫得太多。反而，採用蘇格拉底式的提問法可以有助於引導父母發現運用程序的正確做法，同時促進他們的獨立。注意觀察並糾正父母：千萬不要又自然而然地傾向以懲罰做為第一且唯一的殺手鐧來對付你提出的假想問題行為。要對父母持續強調：當設計用於管教孩子的行為改變策略時，要遵守「先賞後罰」（獎賞先於懲罰）的原則。

家庭作業

通常本次訓練不給家庭作業，不過，你可以指定父母針對孩子在家的某個行為問題，使用「事前諸葛」的步驟。然後在下次訓練時和父母討論，或許就是第十階課程補強訓練的時候。如果正在對孩子執行每日在校行為報告單系統，就持續執行到一個月後的補強訓練，屆時，你將檢查其成效。

補強訓練和追蹤會談

目　標

1. 檢視父母執行本方案所有程序的情形，並視需要修正。

2. 考慮是否繼續使用家庭代幣系統。

3. 檢視每日在校行為報告單的使用情形，並視適當時機規劃停止使用。

4. 討論孩子是否可能需要附加藥物治療，並安排適當轉介。

5. 再次評估孩子侵擾行為障礙症的性質與程度。

所需材料

■ HSQ

課程大綱

■ 檢視父母持續使用行為管教方法的情形

■ 視需要修正管教方法

■ 使用 HSQ 量表再次評估孩子的侵擾行為

■ 考慮停用代幣系統

■ 討論何時以及如何逐步停用每日在校行為報告單
■ 考慮孩子是否需要附加藥物治療，必要時安排適當轉介

　　第九階課程結束後，如果不需要再持續進行每週一次的訓練，你可以計劃一個月後的補強訓練。這個補強訓練將用來複習本方案教過的一些基本原則、解答父母對任何方法的疑問，並檢視父母持續執行本方案程序的情形。此時，請父母再次填寫 HSQ 量表，完成本方案的成效評量。

　　然後，可能需要特別花些時間討論如何停止使用代幣系統。如果父母仍在執行每日在校行為報告單，並與家裡的特權連結，就不能完全停止代幣系統；如果父母沒有使用報告單，就可以視需要停止使用代幣系統。就如在第四階課程進行代幣系統時所述，父母可以告訴孩子，會暫時停止實施代幣系統幾天，不過孩子還是可以依行為表現而得到特權，只是停止記錄。如果孩子持續表現良好，父母就持續給孩子每天的特權；否則，就視孩子行為問題的性質來扣除當天的某些特權。父母應對孩子強調他們的行為與特權間的關係，如果孩子在家表現適當行為、做家事或作業，可以繼續得到特權。萬一不良行為又再發生，就再開始執行代幣系統。

　　對於仍在使用每日在校行為報告單的孩子，告訴父母：如果孩子連續兩週都沒有任何四或五分的評分，就可以減少使用報告單的次數；改為只在每週三、五各交一次，週三報告單總結評量孩子週一至週三的行為表現，週五報告單則包含孩子週四及週五的行為表現。如果孩子再連續兩週都沒有四或五分的評分，就再減少使用報告單，變成只有每週五評量週一至週五的情形。同樣地，如果孩子再連續兩週都沒有四或五分的評分，就可以停止使用報告單。不過，要告訴孩子，如果老師通知父母孩子的行為問題再度出現，就要重新使用行為報告單。

　　最後要討論的一點是，有些家庭的孩子可能需要同時使用藥物輔助治療。尤其是有 ADHD 的孩子，在父母接受親職訓練後，還是會繼續呈現 ADHD

的症狀。如果這樣的孩子尚未用藥，而其症狀持續造成家庭、學校或人際等功能的損害時，就需要轉介醫生評估，考量是否需要藥物治療。最常用來治療 ADHD 孩子的藥物是興奮劑；不過，某些抗憂鬱劑及抗高血壓藥物也可以幫助某些類型的 ADHD 孩子。有明顯情緒障礙症或焦慮症的反抗性孩子可能也需要輔助的藥物治療。如果先前未向父母提及藥物治療，但孩子的確有此需要的話，現在正是與父母討論是否需要用藥的最佳時機。想要更了解 ADHD 用藥的治療師，可以參考筆者關於藥物的教科書（Barkley, 2006），以及 Martin、Scahill、Charney 與 Leckman 的著作（2002）。父母如果想要對 ADHD 用藥的相關資訊有更多的了解，可參考 Timothy Wilens 醫師為父母所寫的書（2008）。

在這個最後一次訓練結束時，有些治療師會預約三至六個月後的第二次補強訓練，以便進一步監督家庭採用本方案程序的進步情形。鼓勵父母在這段追蹤期間，若需要協助，可以打電話給你。

恭喜！你終於帶領你的第一個家庭或家庭團體完成這個有效的孩子行為管教訓練方案。大多數家庭將會有明顯的進步，這會在兩方面顯現：父母給你的口頭評論，以及訓練過程中多次施測的 HSQ 量表分數持續下降。如果在使用過本方案後，你有任何可增進本方案成效的建議，筆者歡迎你經由出版社轉達：The Guilford Press（網址：www.guilford.com）（中譯本讀者可聯絡心理出版社）。

第三部分

衡鑑工具

以下的工具是用來評估因反抗、對立或侵擾行為等主訴，而轉介給心理衛生專業人員的孩子。「問卷總指導語」（表一）可以與「家庭情境問卷」（表四）及其他想請父母填寫的量表一起寄給父母。這些量表包括：「阿肯巴克實證衡鑑系統 —— 兒童行為檢核表」（CBCL）或「兒童行為評估系統 —— 第二版」（BASC-2）（第二章討論過）。與這批量表同時寄出的還應該包括「孩子與家庭資料表」（表二）及「發展史與醫療史」（表三）。

另外應該各別寄給老師不同的一袋評量表，包括「學校情境問卷」（表五），及其他想請老師填寫的量表，例如：「阿肯巴克實證衡鑑系統 —— 兒童行為檢核表 —— 教師報告表」（CBCL-TRF）或「兒童行為評估系統 —— 第二版（教師版）」（BASC-2, Teacher Form）（前面也討論過）。

通常，一旦這些量表寄回來後，就可與家長及孩子約定正式的晤談時間，此時要將「如何為孩子的評估做好準備」（表六）寄給家長。

當家長與孩子依約前來，臨床工作人員應該在與父母晤談時使用「臨床晤談 —— 家長報告表格*」（Clinical Interview-Parent Report Form, Barkley &

---

*「臨床晤談 —— 家長報告表格」可參見黃惠玲、趙家琛譯，《注意力缺陷過動症：臨床工作手冊》，心理出版社出版，2001 年版。

Murphy, 2006），詢問家長有關孩子的資訊，並記錄在表格上。與家長談完後，評估人員就與孩子晤談，同時請家長在另一個房間填寫有關他們自己狀況的量表，這些量表可包括「巴克萊成人 ADHD 量表－ IV」（Barkley, 2011）以及任何你想要使用的其他量表，如：「症狀檢核表 90 —— 修訂版」、「洛克－華萊士婚姻適應量表」、「親職壓力量表」，或其他先前提到過的量表。

關於使用以上種種量表的細節，已在本訓練手冊第一部分詳述。

筆者及出版社允許購買本訓練手冊者複印本訓練手冊中的衡鑑工具，但只限於購買者執行其專業實務時使用，且僅在購書者提供兒童個案專業照護進行評估時使用（詳見目次頁最後授權複印限制的說明）。

第三部分內容：

表一　問卷總指導語

　　在安排您孩子的臨床評估前，需要您填寫一些有關您孩子與家庭的資料。非常感謝您願意填寫這些表單，您的答案將協助我們更了解您的孩子在家的行為及您的家庭狀況。請盡可能遵照下列說明來填寫這些表單：

1. 此資料袋中**所有**的表單，應由主要照顧孩子的家長填寫，如果父母雙方都和孩子一起住，則由與孩子相處時間較多的家長來填答。

2. 如果另一位家長希望也能獨立填寫這些資料，可以向我們索取另一份資料袋，請與_____助理（電話_____）聯絡，我們會立即寄上一份資料袋。

3. 如果您的孩子已經在服用藥物協助處理他的行為問題〔如：專思達（Concerta）〕或情緒問題（如：抗憂鬱劑），我們需要您**依據他未服藥時所表現的行為**來填答問卷。很可能您偶爾觀察到孩子未服藥期間的行為，希望您能以那段期間的觀察為基礎，回答這些關於行為的項目。如此，我們方能更清楚地了解在沒有任何藥物介入下，您孩子問題的真實面貌。當然，有些孩子長期服用藥物，父母可能無法提供我們未服藥的行為觀察。在這種情況下，就請依據孩子的行為填答問卷，但要在下頁第三個勾選處打勾，以便讓我們知道，您是依據孩子服藥時的行為來做判斷。請在下頁勾選處打勾，讓我們確知您在回答我們的行為問卷時，是根據什麼情況判斷您孩子的行為：

_____ 我的孩子目前並未因行為問題而服用任何藥物，我是根據他**未服藥**時的行為來作答。

_____ 我的孩子**目前**因行為問題而**正在服用藥物**，但我是根據他**未服藥**時的行為來作答。

_____ 我的孩子**目前**因行為問題而**正在服用藥物**，因此我是根據他**服藥時**的行為來作答。

如果您的孩子目前因行為或情緒問題正在服用藥物，請在下方列出藥物名稱：

_____

謝謝您填寫這些表單，請於填完後利用所附信封立即寄回。

請將此表單和完成的問卷一起寄回！

表二　孩子與家庭資料表

孩子姓名：_____　出生日期：_____　年齡：_____

住址：_____

電話（家）：_____　（手機）爸爸：_____　媽媽：_____

孩子就讀學校：_____　班級：____年____班　老師姓名：_____

學校地址：_____　學校電話：_____

孩子有接受特殊教育嗎？□有　□無　如果有，是何種類型：_____

父親姓名：_____　年齡：_____　教育程度：_____

職業：_____　工作單位：_____　年薪：_____

母親姓名：_____　年齡：_____　教育程度：_____

職業：_____　工作單位：_____　年薪：_____

孩子是領養的嗎？□是　□否　如果是，幾歲領養的？_____

父母婚姻狀況：□已婚同住　□已婚不同住　□分居　□離婚　□未婚同居

轉介來源：醫師姓名：_____　機構名稱：_____

電話：_____　地址：_____

請列出家中其他小孩及大人：

姓名	年齡	年級／教育程度
_____	_____	_____
_____	_____	_____
_____	_____	_____
_____	_____	_____

表三　發展史與醫療史

❋ 懷孕及生產

一、懷孕的時間多久（如：足月、四十週、三十二週等）　＿＿＿＿＿＿

二、分娩的時間多久（從開始陣痛到生產的時數）　＿＿＿＿＿＿

三、孩子出生時媽媽的年齡　＿＿＿＿＿＿

四、孩子的出生體重　＿＿＿＿＿＿

五、在懷孕或分娩期間是否有下列狀況？（請圈選）

1.出血	無	有
2.體重增加過多（超過十四公斤）	無	有
3.妊娠毒血症／子癇前症	無	有
4.Rh 血型不相容	無	有
5.時常噁心或嘔吐	無	有
6.嚴重的疾病或受傷	無	有
7.服用處方藥 　a.如果有，藥名為何？＿＿＿＿＿＿＿＿＿＿	無	有
8.使用非法藥物 　a.如果有，是何種藥物？＿＿＿＿＿＿＿＿	無	有
9.使用含酒精飲料 　a.如果有，每週飲用的量約為＿＿＿＿＿＿＿	無	有
10.抽菸 　a.如果有，每天抽菸的量約為（如：半包）＿＿＿＿	無	有

（續）

11. 是否使用藥物來減輕分娩疼痛？ 　　a. 如果有，藥名為何？_____	無	有
12. 經過引產而分娩	無	有
13. 分娩時使用鉗子	無	有
14. 臀位分娩	無	有
15. 剖腹產	無	有
16. 其他問題 —— 如果有，請描述：	無	有

六、在分娩時或出生後幾天內，是否有下列情況發生，影響到您的孩子？

1. 分娩時受傷	無	有
2. 分娩時出現心肺不適	無	有
3. 分娩時臍帶纏繞頸部	無	有
4. 分娩後呼吸困難	無	有
5. 缺氧	無	有
6. 發紺，變青紫	無	有
7. 黃疸，變黃	無	有
8. 感染	無	有
9. 痙攣	無	有
10. 有用藥	無	有
11. 出生時有先天缺陷	無	有
12. 住院超過七天	無	有

表三　發展史與醫療史（4 之 2 頁）

❋ 嬰兒健康與氣質

一、在出生後十二個月裡，您的孩子是否有：

1. 餵食困難	無	有
2. 難以入睡	無	有
3. 腹絞痛	無	有
4. 難以建立規律生活	無	有
5. 機靈的	無	有
6. 興高采烈、令人愉快的	無	有
7. 充滿感情、溫柔親切的	無	有
8. 喜歡與人互動的	無	有
9. 易安撫	無	有
10. 活動難以持續	無	有
11. 過動，不停地動	無	有
12. 非常倔強，難管教	無	有

❋ 早期發展里程碑

一、您的孩子在什麼年齡第一次能夠做到下列各項？

　1. 不用幫忙可以自己坐 　　　　　　　　　＿＿＿＿＿＿

　2. 爬 　　　　　　　　　　　　　　　　　＿＿＿＿＿＿

　3. 不用幫忙可以自己走 　　　　　　　　　＿＿＿＿＿＿

　4. 會說單字（詞）（如：「媽媽」、「爸爸」、「球」等等） ＿＿＿＿＿＿

　5. 會將兩個以上的字（詞）連起來說（如：「媽媽來」） ＿＿＿＿＿＿

　6. 白天與晚上都可以控制大便 　　　　　　＿＿＿＿＿＿

　7. 白天與晚上都可以控制小便 　　　　　　＿＿＿＿＿＿

✳ 健康史

一、孩子上一次健康檢查的日期：_____

二、您的孩子是否有下列狀況：

1. 氣喘	從未有	過去有	現在有
2. 過敏	從未有	過去有	現在有
3. 糖尿病、關節炎，或其他慢性疾病	從未有	過去有	現在有
4. 癲癇或痙攣性疾患	從未有	過去有	現在有
5. 熱痙攣	從未有	過去有	現在有
6. 水痘或其他常見的兒童期疾病	從未有	過去有	現在有
7. 心臟或血壓問題	從未有	過去有	現在有
8. 發高燒（超過三十九度）	從未有	過去有	現在有
9. 骨折	從未有	過去有	現在有
10. 嚴重到需要縫合的傷口	從未有	過去有	現在有
11. 頭部受傷失去意識	從未有	過去有	現在有
12. 鉛中毒	從未有	過去有	現在有
13. 開刀	從未有	過去有	現在有
14. 長期住院	從未有	過去有	現在有
15. 說話或語言問題	從未有	過去有	現在有
16. 慢性中耳炎	從未有	過去有	現在有
17. 聽力困難	從未有	過去有	現在有
18. 眼睛或視力問題	從未有	過去有	現在有
19. 精細動作／手寫問題	從未有	過去有	現在有
20. 粗大動作困難，笨拙	從未有	過去有	現在有
21. 食慾問題（吃得過多或太少）	從未有	過去有	現在有
22. 睡眠問題（很難入睡、半夜醒來）	從未有	過去有	現在有
23. 遺屎問題（大便在床上或在褲子裡）	從未有	過去有	現在有
24. 遺尿問題（尿床或尿濕褲子）	從未有	過去有	現在有
25. 其他健康問題。請說明：			

表三　發展史與醫療史（4之4頁）

表四 家庭情境問卷（HSQ）

孩子姓名：＿＿＿＿＿＿＿＿＿＿＿＿　　填表日期：＿＿＿年＿＿＿月＿＿＿日

填表人姓名：＿＿＿＿＿＿＿＿＿＿　　與孩子的關係：＿＿＿＿＿＿＿＿＿＿

指導語：您的孩子在下列情境中會不服從指示、命令或規矩而帶給您困擾嗎？
如果會，請圈「會」，並圈選右邊 1~9 量尺（從輕度到重度）的一個數字，
代表您的困擾程度；如果不會帶給您困擾，請圈「不會」，並且繼續下一題。

情境	會／不會	如果會，請圈出困擾程度								
		輕微								嚴重
獨自玩時	會　不會	1	2	3	4	5	6	7	8	9
跟其他孩子一起玩時	會　不會	1	2	3	4	5	6	7	8	9
用餐時	會　不會	1	2	3	4	5	6	7	8	9
穿衣服時	會　不會	1	2	3	4	5	6	7	8	9
盥洗和洗澡時	會　不會	1	2	3	4	5	6	7	8	9
您在講電話時	會　不會	1	2	3	4	5	6	7	8	9
看電視時	會　不會	1	2	3	4	5	6	7	8	9
家有訪客時	會　不會	1	2	3	4	5	6	7	8	9
到別人家拜訪時	會　不會	1	2	3	4	5	6	7	8	9
在公共場所時（如：餐廳、商店、教堂）	會　不會	1	2	3	4	5	6	7	8	9
爸爸在家時	會　不會	1	2	3	4	5	6	7	8	9
要求他做家事時	會　不會	1	2	3	4	5	6	7	8	9
要求他做功課時	會　不會	1	2	3	4	5	6	7	8	9
上床睡覺時	會　不會	1	2	3	4	5	6	7	8	9
乘車時	會　不會	1	2	3	4	5	6	7	8	9
跟臨時保母在一起時	會　不會	1	2	3	4	5	6	7	8	9

------------------------------ 以下請勿填寫 ------------------------------

問題情境總數＿＿＿＿＿＿　　　　　　　　平均嚴重度＿＿＿＿＿＿

孩子姓名：＿＿＿＿＿＿＿＿＿＿　　填表日期：＿＿＿年＿＿＿月＿＿＿日

填表人姓名：＿＿＿＿＿＿＿＿＿　　與孩子的關係：＿＿＿＿＿＿＿＿＿＿

指導語：這個孩子在下列情境中會不服從指示、命令或規矩而帶給您困擾嗎？
如果會，請圈「會」，並圈選右邊 1-9 量尺（從輕度到重度）的一個數字，
代表您的困擾程度；如果不會帶給您困擾，請圈「不會」，並且繼續下一題。

情境	會／不會	如果會，請圈出困擾程度								
		輕微								嚴重
剛到學校時	會　不會	1	2	3	4	5	6	7	8	9
在座位上寫個人作業時	會　不會	1	2	3	4	5	6	7	8	9
小團體活動時間	會　不會	1	2	3	4	5	6	7	8	9
教室內自由遊戲時間	會　不會	1	2	3	4	5	6	7	8	9
上課時	會　不會	1	2	3	4	5	6	7	8	9
下課時	會　不會	1	2	3	4	5	6	7	8	9
午餐時間	會　不會	1	2	3	4	5	6	7	8	9
在走廊上	會　不會	1	2	3	4	5	6	7	8	9
在洗手間	會　不會	1	2	3	4	5	6	7	8	9
戶外教學	會　不會	1	2	3	4	5	6	7	8	9
特別集會時	會　不會	1	2	3	4	5	6	7	8	9
乘車時	會　不會	1	2	3	4	5	6	7	8	9

-------------------------------- 以下請勿填寫 --------------------------------

問題情境總數＿＿＿＿＿＿　　　　　　　平均嚴重度＿＿＿＿＿＿

表六　如何為孩子的評估做好準備

對任何一位父母來說，帶孩子來接受心理衛生專業人員的評估是很重大的決定。很多父母不清楚對此評估該抱持何種期待及該做什麼準備，這就是我們寄這份資料給您的原因。這份資料會提供您一些意見，幫助您為孩子的評估做好準備，屆時，您便能充分利用時間，從專業人員那裡得到最大的助益。

❀ 預做準備

在決定尋求專業協助時，先考量此時您擔心的是什麼。通常，這些擔心反映出您的孩子在行為、情緒、家庭、學校或社會適應方面的問題。在等待預約的日子到來之前，花一些時間坐下來好好想一想下列問題，並在白紙上將您的答案列成清單。這可以幫助您釐清您對孩子問題的想法，也可以使評估進行得更順利、快速，甚至可以節省評估過程的時間（及金錢）（專業人員通常按時計費）。請考量下列各點：

1. 您目前最擔心孩子哪些方面？不用寫得太詳細，只要簡明扼要列出主要問題領域即可。這樣做，首先可幫助您辨識出孩子的主要問題是發生在家裡、學校、鄰里、社區，或跟其他小朋友相處時，或以上皆是。請把這些做為您清單上的標題（如：家庭問題、學校問題等）。為了要能協助專業人員來幫助您，最重要的是您要把問題說清楚：在這些領域裡，您到底擔

心的是什麼？在「家庭問題」標題下，寫下您認為和您孩子的年齡不相稱的問題行為。也就是，這些問題出現的次數太頻繁或程度太強烈，超出您認為這個年齡的一般孩子該有的情形。即使您不認為就孩子的年齡而言，他的行為是偏差的，但是如果您還是擔心，就寫下來，但在旁邊註明這點。對「學校問題」及其他問題標題（「社區」、「同儕」及其他問題領域）也是相同的做法。請保存您的清單，並在評估時帶來。

2. 翻到那張清單的背面（若已寫滿就另拿一張白紙），寫下以下主要標題，並列出任何您想到孩子在各標題下可能有的問題：「健康」（慢性或復發的醫療問題）、「智能或心智發展」、「動作發展與協調」、「感官問題」（如：視力、聽力）、「學科學習能力」（如：閱讀、數學）、「焦慮或害怕」、「憂鬱」、「攻擊他人」、「過動」、「注意力不足」及「反社會行為」（如：說謊、偷竊、縱火、蹺家）。您可能在上述第一點的清單上已經列出一些這類問題了，但是在這裡重新分類整理，會有助於對您孩子的專業評估。

3. 面對專業人員時，有些父母可能會覺得某些問題很難啟齒。這些問題常常涉及家庭因素，父母相信這些問題可能造成孩子的行為或情緒問題，但卻不願意讓他人知道。例如：父或母酗酒或濫用藥物；婚姻問題造成父母間常有衝突，而可能衍生成對孩子照顧不當；過度管教或體罰而可能變成對孩子虐待；以及疑似對孩子性虐待等問題。這些例子或許只是父母覺得對素昧平生的專業人員難以啟齒的眾多問題之一端。然而父母必須了解，對心理專業人員而言，這些資料極為重要。他需要了解這些情況，以便在做診斷及治療孩子時，能把這些因素考慮進去。若是秘而不宣，刻意對專業人員隱瞞實情，使其對個案無法有全盤的了解，反而會增加診療錯誤的可能性，包括診斷、對主要問題的系統性闡述，以及治療計畫的擬定等。

表六　如何為孩子的評估做好準備（12之2頁）

4. 如果可能，請和孩子的老師進行討論，並寫下他們對您孩子的學校適應最擔心什麼。並在評估時將這份清單帶來。

5. 現在，再拿一張白紙，寫下除了孩子的問題之外，目前發生在您家中的任何其他問題。如有需要，可用下列標題列出：「個人」（對自己的擔心、煩惱）、「婚姻」、「財務」、「親戚」、「您或配偶的工作」、「手足」及「健康」。請在評估時將所列的清單帶來。

這些清單會和專業人員與您晤談時所問的問題有很多相似之處。您可將清單隨身帶著，在晤談前隨時把想到的加上去。這些清單可以使評估很快地聚焦在您對孩子及家庭最擔心的主要問題上，而使評估進行得快速而順利。列出問題清單也可幫助您釐清對自己現況及孩子問題的想法。最後，這些清單能幫助您及孩子充分利用這次評估。做為一位有備而來的消費者，您將會得到專業人員對您更高的敬意及感謝。

❋ 評估

對您孩子的完整專業評估中，最重要的部分就是與您（家長）的臨床晤談，其次是與您孩子的臨床晤談。其他重要部分是：您所填寫有關孩子的行為問卷、與老師的晤談、老師所填寫關於您孩子的行為問卷。

◈ 評估時您需要提供哪些資料？

多多益善！在專業人員可以鑑定或診斷一個孩子有行為、情緒或學習問題之前，他們必須蒐集並過濾很多有關孩子及其家庭的資料，仔細檢視是否孩子有任何心理障礙症、決定問題可能有多嚴重、排除或納入考慮是否孩子可能還

表六　如何為孩子的評估做好準備（12 之 3 頁）

有其他心理障礙症或問題，並且考量當地有什麼資源可以處理這些問題。如果您的孩子除了行為問題之外，可能有任何學習或發展問題而需要接受教育或心理測驗，在評估當天會與您討論這個問題，並安排轉介至其他心理師或特教單位接受鑑定。我們的評估預計平均需要兩個半到四小時。

◇ 完成評估還需要什麼？

很多時候專業人員除了您所提供的資料外，還須從熟悉您孩子的其他人那裡蒐集資料，您可能會被要求（1）授權專業人員取得您孩子以前的評估報告；（2）允許專業人員和您孩子的主治醫師聯絡，以進一步了解其健康狀況與藥物治療的情形（若有服藥的話）；（3）提供孩子在學校的最近學習評量結果（例如：成績單）；（4）如果學校目前沒有這些資料而您擔心孩子的學校適應時，您可以主動要求學校進行評量；（5）完成早先寄給您有關孩子的行為問卷；（6）在評估日之前將這些表單寄回；（7）授權我們寄給老師類似的行為問卷，請老師填寫；以及（8）授權專業人員從已提供您孩子服務的社會福利單位取得相關資料。

雖然您不太可能會拒絕授權專業人員從他人取得上述資料，或拒絕專業人員開始進行上述程序。不過，偶爾會出現的情況是，您可能希望對孩子的問題得到公正的第二意見。這可能發生在學校或其他的專業人員已做了評估，而您非常不同意他們的評估結果。那麼您可能希望我們不要取得其他專業人員或任何學校評量的紀錄。如果您要如此做，請解釋為何您不願授權我們取得這些特定來源的資料，以便我們更能掌握您要求安排這次新的評估所涉及的議題是什麼。不過，在大部分情況下，即使您不同意老師的看法，您也不應該拒絕專業人員由老師那裡取得資料。阻止專業人員和老師溝通，會大大降低專業人員了解您孩子的能力，因為這等於阻止專業人員從您孩子目前生活中第二重要照顧者那裡獲取資料。如果您對老師可能會說的話有不同意之處，請在專業人員和

表六　如何為孩子的評估做好準備（12 之 4 頁）

學校聯絡前，先對專業人員說明此點，這樣當專業人員和老師談話時，也可以牢記您們有不同的觀點。

◈ **評估當天會做些什麼事？**

評估當天會做的幾件事，將在本節分段說明。您會花大約一至二小時的時間進行晤談，討論您孩子的問題；您的孩子也很有可能接受晤談。不過，與您的晤談最為重要。如果在評估前，我們沒有寄給您任何問卷讓您填寫，我們會在評估日當天請您填寫一些行為問卷。假如您的孩子有智能、語言、學業技能或其他心智能力（如：記憶、動作技能等）的問題需要鑑定，則會安排做測驗。

❏ **父母晤談**

與您（父母）晤談是在孩子的評估過程中不可或缺的一部分，因為沒有任何人比您對您的孩子有更豐富的了解、更長久的互動關係，更別提更多的相處時間了。如果可能，最好父母雙方都能參加晤談，因為任何一方對孩子的問題都有其獨特的觀點。若因為工作或其他原因使得其中一位無法前來，則另一位應該在評估前一天與他／她討論，並寫下他／她對孩子的擔心及看法，然後隔天帶來。通常不需帶手足來參加第一次的評估。在某些情況下，如果專業人員覺得針對特定的家庭衝突或手足和這個孩子間的問題，有必要了解手足的看法時，則專業人員可以要求這些手足來參加第二次的會談。

與您的晤談有幾個目的。第一，專業人員可以與您（甚至您孩子）建立關係，這會有助於接下來的評估過程，且讓您在評估的過程中覺得自在。第二，晤談是提供有關您的孩子及家庭寶貴資料的重要來源。特別是，您可提供專業人員對您孩子明顯問題的觀點，有助於後續評估階段更能聚焦。這也提供機會讓您把對孩子的擔心公開告訴一位學養豐富的專業人員。不要畏縮、害羞、遲

表六　如何為孩子的評估做好準備（12 之 5 頁）

疑、含糊其詞或有所保留，您能提供專業人員愈多資料，他對您孩子的問題就有愈多的認識，也就愈能下精確的診斷。把您在等待評估日之前所列的問題清單帶來，這樣就不會忘記您想要討論的事了。第三，晤談往往會透露孩子的問題對您及家人造成多大的苦惱，也讓專業人員了解身為父母的您目前的身心狀況。第四，晤談或許會開始透露出關於親子關係的重要資訊，這對於準確找出孩子問題的某些潛在促成因子相當重要。但是，評估最重要的兩個目的，還是確定孩子問題的診斷，以及提供您合理的治療建議。

專業人員可能在與您晤談的過程中會做筆記，他也會記下對您及孩子的行為觀察。雖然這些觀察筆記可能有助於激發出某些對孩子問題的想法，後續可以和您討論，不過專業人員不會太強調這些。您的孩子在診療室的行為，往往無益於我們了解孩子在家中或學校的行為會是怎樣。一般來說，研究顯示許多有行為問題的孩子在評估過程中表現得很正常，我們不會把這些正常行為解釋為您的孩子沒有問題。反之，假如您的孩子在評估過程中表現出許多注意力不足、過動或反抗行為，則可能非常有意義，因為這些行為是一般孩子很少出現的，可能顯示孩子在學校也會有類似的問題。

有些專業人員希望在與您晤談時，您的孩子也在場。就某種程度而言，這可以讓他們多少了解一下親子相處的情形。只要您的孩子不會因為聽到關於他（孩子）的詢問及您的答覆而感到不舒服，這樣的安排就還好。但有些父母對這樣的情境會覺得不舒服，因為他們不想在孩子面前談論孩子的問題（至少目前還不想要這麼做）。如果您覺得在晤談過程中，孩子在場會使您有所顧忌，而比較不能暢所欲言地說出您的想法和擔心，那麼只要在評估當天跟專業人員剛見面時，告知您對於此事的感覺就可以了，專業人員一定會依照您的意思處理。

表六　如何為孩子的評估做好準備（12之6頁）

有關您孩子的資料

　　晤談一開始，可能會先說明評估進行的程序與預計耗時多久。如果還沒有討論過評估的費用及付費方式，將會與您討論（如：健保給付、自費等）。此時，專業人員也會告訴您，雖然大部分您所說的話都會被保密（亦即沒有您的允許，他們不能告訴任何人您所說的話），但法律可能會限制這項權利。這些限制是有關兒童疏忽或虐待的通報義務，亦即，如果您向專業人員提及這種情況時，法律規定他必須向政府的社會服務單位通報。臨床工作人員會在評估當天告訴您這些限制。

　　接著，晤談可能將開始討論您對孩子的擔心，您可以查看晤談前做的筆記。可能會請您針對孩子的行為提供一些實例，來說明為何您會擔心，例如：您說您擔心孩子太過衝動時，會請您舉例說明孩子的衝動行為。這麼做不是要挑戰您的看法，而是要幫助晤談者了解您如何形成此看法。當詢問時，請盡可能提供豐富的資料。您可能也會被問到目前您如何試著處理孩子的行為問題，以及您的配偶是否使用不同的方式來處理。通常有行為問題的孩子和父親在一起時，會比跟母親在一起時表現得乖一點。放心地描述這些差異，因為這不代表您或配偶做錯了什麼事，或您們造成了孩子的問題。

　　接下來，您將被問到：您什麼時候第一次注意到孩子的問題，以及每一個主要問題已經出現多久了。就您所能記得的盡量說清楚。再次提醒您，在晤談前做筆記，可以幫助您在被問到這些問題時回憶得更好。而接下來很自然會問到以前您是否曾尋求過什麼樣的專業協助，以及是否允許晤談者與這些專業人員聯絡，以取得更多有關您的孩子及家庭的資料。晤談者會問父母：對於造成孩子發展出這些問題的原因有何看法。如果您對造成您孩子問題的原因有一些看法，儘管說出來，但也不要害怕說您不知道。專業人員只是想看看您是否對於孩子問題的原因可以提供任何額外洞見。切記，身為專業人員，雖然我們有

　　　　　　　　　　　　　表六　如何為孩子的評估做好準備（12之7頁）

很多資訊可以幫助我們歸納出兒童行為問題的可能原因，但是，我們也不見得對所有孩子行為問題的確切成因都有答案。有時候真的不可能明確地解釋為什麼某些孩子會有那樣的行為表現。因此，不要覺得好像您非得對您孩子的行為想出更好的解釋不可。

若您在評估前已填好行為量表並寄回，此時專業人員可能希望和您一起檢視某些答案，尤其是不清楚之處。如果專業人員並未和您一起檢視您的答案，**您**可以詢問**專業人員**對您在這些表單上的答案有沒有任何疑問。您可能也會被問及老師填寫的表單上的某些答案。如果您好奇，可以要求去看老師在表單上的答案；您有權利知道老師的看法。若您對表單本身或表單上的答案有任何疑惑，都可以要求專業人員為您解釋清楚。

專業人員也會與您討論您孩子在不同發展領域裡的任何問題，通常會詢問父母到目前為止孩子在以下幾個領域的發展：身體健康、感覺和動作能力、語言、思考、智能、學業成就、自我照顧技能（如：穿衣、洗澡）、社交行為、情緒問題及家庭關係等，我們也會請教您類似的問題。專業人員也會與您一起檢視各種行為問題或其他精神疾病的症狀，以判斷您的孩子是否也可能有這些問題。您只要如實指出是否有出現這些症狀以及其嚴重程度。

因為專業人員試圖評估您孩子的問題，因此可能會把與您討論的大部分或所有時間花在找出您是擔心孩子哪些方面。這樣做固然很好，但是專業人員也想問您，孩子在上述各發展領域，或者在特別嗜好、運動或學科上的任何優勢。如果專業人員沒有詢問您，請您主動提供專業人員這些資料，以便專業人員能掌握您孩子完整且均衡的樣貌。另外，我們也會利用此一機會詢問您關於孩子喜愛的特殊興趣、特權和獎勵品等。日後對父母提供行為管教訓練時，如果必須針對您孩子建立獎賞系統，我們通常會用到這些資料。

在晤談過程的某個時刻，專業人員可能會和您一起回顧孩子的發展史與醫療史，您在來評估前應已填寫過相關表單，但我們會想在晤談過程中和您一起

表六　如何為孩子的評估做好準備（12 之 8 頁）

討論您的答案。

　　專業人員也必須與您討論孩子的就學史。很多轉介來的孩子在學校適應上有困難。我們會問您：您的孩子幾歲時開始上幼兒園、讀什麼學校，以及從早期到後續的年級和學校，他的進展怎麼樣。我們還會問到您孩子是否曾接受過任何特殊教育鑑定與安置。如果有，是什麼類型的鑑定與安置，以及是否在學校有接受過專業團隊評估。假如都沒有做，而您的孩子又有學校適應問題，您可以主動申請鑑定，以便幫助您的孩子取得資格接受正式的特殊教育服務。您也將被問到：過去及現在的老師對您孩子的學校表現，有什麼特別擔心之處。假如您的孩子曾經留級或已休學或退學，請務必告訴專業人員。另外，我們也會詢問您和處理您孩子問題的校方人員之間的關係目前如何？是友善和支持，還是充滿衝突？您們之間的溝通是開放且相當清晰？還是有所侷限又充滿敵意？未來若有需要與校方人員聯絡，您的答案將有助於我們做好準備。假如專業人員忘記詢問這些議題，您可以自己主動提起這個話題，讓專業人員清楚了解您和校方人員以前的關係。

　　如果先前尚未徵求您的同意，此時專業人員會請您簽署同意書，允許專業人員與孩子的學校聯絡。在大多數情況下您應該會同意，因為專業人員若沒有獲得學校方面的資料，將很難去完整評估您孩子的問題。假如您不願意授權同意，請務必向專業人員清楚解釋您的理由，這樣專業人員才不至於誤會您對他們或學校有不合理的敵意。

有關您和家庭的資料

　　專業人員知道，孩子有行為問題的家庭往往比其他家庭承受更多的壓力，而且父母（比起那些孩子沒有行為問題的父母）也可能有更多的私人問題。因此，如果詢問您私人問題時請不要動怒，因為有關您及家庭的資料，會相當有助於專業人員更了解您孩子的問題，並對您提供更有用的治療建議。也可能讓

表六　如何為孩子的評估做好準備（12 之 9 頁）

晤談者察覺到，您自己或家庭的其他問題可能需要一些額外的幫助。專業人員可能會詢問您及配偶的背景、教育程度、職業，以及您或配偶是否曾有過任何精神、學習、發展或慢性醫療問題。評估過程中通常也會詢問父母是否有婚姻問題；如果有，是什麼樣的問題。所有的私人問題都是例行詢問的重要問題，因此請盡可能據實回答。我們也會問您目前家中還有哪些孩子，以及他們是否有任何心理、教育、發展或其他問題等。

在晤談結束之前，請花一點時間檢視您帶來的筆記，看看是否所有您擔心的問題都和專業人員討論了。請和專業人員分享筆記上任何額外的資料，或任何您覺得可幫助我們更進一步了解您孩子及家庭的資料。您的開誠布公將得到我們專業人員的尊敬及感謝。

❏ 孩子晤談

依您孩子的年齡及智能而定，在評估過程中專業人員會花一些時間與您的孩子晤談，並對他的外表、行為及發展技能做非正式的觀察。此晤談的目的跟與您晤談的目的相同。不過，您無須太看重我們在此晤談中所得到的資料。前面提過，在晤談過程中非正式觀察所看到的行為，可能和孩子在家中或學校的平日行為不太一樣。專業人員不會誤把診療室中觀察到的孩子行為看得那麼重要。當您發現孩子在評估過程中行為表現良好時不要太訝異，也不用太擔心。

您的孩子可能會被問到許多一般性的問題，涉及下列各項：

1. 孩子認為他今天為什麼要來見晤談者？父母告訴他來的理由是什麼？
2. 孩子最喜歡的嗜好、電視節目、運動或寵物是什麼？
3. 孩子在哪裡上學？他的老師是誰？他在學校上些什麼科目？他最喜歡哪個科目？假如孩子某一科表現不佳，他覺得表現不佳的原因為何？
4. 孩子是否認為自己在教室中有任何行為問題？當他有任何不當行為時，老

表六　如何為孩子的評估做好準備（12 之 10 頁）

師用什麼方式管教他？

5. 孩子認為學校中其他孩子如何看待他？

6. 孩子對於您告訴專業人員的任何問題，他的看法為何？

7. 孩子希望看到家庭或學校有何改變或改善？

8. 孩子是否認為自己有任何行為問題？假如孩子認為有，他認為是什麼造成這種行為模式，以及為什麼？

專業人員深知兒童常會低估自己的問題，因此在晤談進行到這個部分時，您的孩子可能也會這麼做。所以專業人員不會用您孩子的回答來判定他是否真的有行為、學習或情緒障礙。

有些專業人員發現，尤其是對較年幼的孩子，在晤談過程中讓他們遊戲、畫圖或只是在診療室裡隨意走動可有助於評估，其他專業人員可能會問孩子一系列未完成句子，讓孩子在空格裡填上自己的答案，這樣可以用較不直接的方式去發現兒童對自己及生活其他特點的感受。

◇ **老師晤談**

雖然不需要在同一天進行，但與老師晤談是您孩子的評估過程中很重要的一部分。除了父母以外，很少有人會比老師花更多的時間和您的孩子在一起，尤其是如果孩子還在上小學。老師對孩子的看法是評估任何兒童的過程中很關鍵的部分，在大多數情況下，專業人員都會蒐集到這方面的資料。除非碰到最不尋常的狀況，否則，您應該同意讓我們與老師交流，因為這對您孩子的評估最有利。老師晤談可能將以電話方式進行。

老師最可能被問到的是您的孩子目前的學業問題與行為問題。也可能會討論到您孩子和同學的關係，以及他在各種學校情境裡的行為表現，尤其是他必須完成功課時。我們也會問老師在無人監督或監督不足的情境中（例如：

表六　如何為孩子的評估做好準備（12 之 11 頁）

下課、午餐或特別集會時，在走廊或廁所，或在校車上），孩子的行為表現如何。專業人員也會弄清楚老師目前針對孩子問題的處理方式是什麼，簡短討論您孩子在每一學科的表現。專業人員可能會詢問，您的孩子是否曾接受過跨專業團隊的評估（此為法律賦予兒童的權利）。如果沒有，專業人員可以詢問老師是否應該啟動此機制，以防萬一您的孩子需要特殊教育資源的協助。

❀ 摘要

在評估您孩子的過程中，與您晤談、與孩子晤談，以及與老師聯絡都是不可或缺的部分。這些晤談可提供其他方法無法得到的豐富資料，有助於我們對您的孩子做診斷與規劃治療計畫。為徹底了解您孩子的全貌，在整個晤談過程中，專業人員需要有充足的時間與每一個人探討必要的議題。初次晤談二十分鐘是不夠的！光是晤談本身，通常平均需要一至二小時，這還不包括對孩子進行任何心理測驗。另外，對專業人員而言，取得父母與老師針對孩子行為填寫的行為量表結果是很重要的。有些孩子會需要接受學業成就或心理測驗，以排除其他發展或學習障礙，但這不會安排在您的評估日當天進行。若有需要，專業人員會向您說明為什麼需要測驗，以及可以去哪裡接受測驗。

我們希望這份資料能有助於您為孩子即將面臨的專業評估做好準備。

表六 如何為孩子的評估做好準備（12 之 12 頁）

父母講義

本部分提供的講義須配合本訓練手冊及第二部分提供的相關說明一起使用。筆者及出版社允許購買本訓練手冊者，必要時可複印這些講義，但僅限於購書者本身在專業工作上使用，且僅能由購書者在執行本訓練方案時提供給參與本方案之父母（詳見目次頁最後授權複印限制的說明）。

第四部分內容：

第一階課程　父母講義

孩子和父母特徵的簡述

孩子姓名：＿＿＿＿＿＿＿＿＿＿＿　年齡：＿＿＿＿＿＿＿＿＿＿＿

填表父母姓名：＿＿＿＿＿＿＿＿＿　填表人與孩子關係：＿＿＿＿＿＿

填表日期：＿＿＿＿年＿＿＿月＿＿＿日

❀ 孩子特徵

請在下面列出您認為可能造成您孩子行為問題的任何特徵：

健康問題：＿＿＿＿＿＿＿＿＿＿＿＿＿＿＿＿＿＿＿＿＿＿＿＿＿＿＿

身體問題：＿＿＿＿＿＿＿＿＿＿＿＿＿＿＿＿＿＿＿＿＿＿＿＿＿＿＿

發展遲緩：＿＿＿＿＿＿＿＿＿＿＿＿＿＿＿＿＿＿＿＿＿＿＿＿＿＿＿

衝動控制問題：＿＿＿＿＿＿＿＿＿＿＿＿＿＿＿＿＿＿＿＿＿＿＿＿＿

注意力持續度問題：＿＿＿＿＿＿＿＿＿＿＿＿＿＿＿＿＿＿＿＿＿＿＿

活動量問題：＿＿＿＿＿＿＿＿＿＿＿＿＿＿＿＿＿＿＿＿＿＿＿＿＿＿

社交行為問題：＿＿＿＿＿＿＿＿＿＿＿＿＿＿＿＿＿＿＿＿＿＿＿＿＿

睡眠或飲食問題：＿＿＿＿＿＿＿＿＿＿＿＿＿＿＿＿＿＿＿＿＿＿

大小便訓練問題：＿＿＿＿＿＿＿＿＿＿＿＿＿＿＿＿＿＿＿＿＿＿

情緒問題、過敏性：＿＿＿＿＿＿＿＿＿＿＿＿＿＿＿＿＿＿＿＿＿

其他問題：＿＿＿＿＿＿＿＿＿＿＿＿＿＿＿＿＿＿＿＿＿＿＿＿＿

❀ 父母特徵

請在下面列出您認為可能造成您在管教孩子上有困擾的任何個人問題：

健康問題：＿＿＿＿＿＿＿＿＿＿＿＿＿＿＿＿＿＿＿＿＿＿＿＿＿

身體問題：＿＿＿＿＿＿＿＿＿＿＿＿＿＿＿＿＿＿＿＿＿＿＿＿＿

情緒問題：＿＿＿＿＿＿＿＿＿＿＿＿＿＿＿＿＿＿＿＿＿＿＿＿＿

思考問題：＿＿＿＿＿＿＿＿＿＿＿＿＿＿＿＿＿＿＿＿＿＿＿＿＿

相關問題：

　　注意力持續度？＿＿＿＿＿＿＿＿　　活動量？＿＿＿＿＿＿＿＿＿＿＿

　　衝動控制？＿＿＿＿＿＿＿＿＿＿　　情緒化？＿＿＿＿＿＿＿＿＿＿＿

　　飲食？＿＿＿＿＿＿＿＿＿＿＿＿　　睡眠？＿＿＿＿＿＿＿＿＿＿＿

　其他問題：＿＿＿＿＿＿＿＿＿＿＿＿＿＿＿＿＿＿＿＿＿＿＿＿＿

第一階課程　父母講義：孩子和父母特徵的簡述（2之2頁）

第一階課程　父母講義

家庭問題調查表

孩子姓名：＿＿＿＿＿＿＿＿＿＿＿＿　　年齡：＿＿＿＿＿＿＿＿＿＿＿＿＿

填表父母姓名：＿＿＿＿＿＿＿＿＿＿＿

指導語：在未來一週，請您花一點時間填寫這份調查表。您已經看到家庭裡的壓力會是造成孩子行為問題的惡因之一。這份調查表就是設計來幫助您清點目前家裡可能正發生的壓力事件。我們認為很重要的是，您要「盤點」這些壓力源，並且如果可能的話，開始想想您可以如何著手解決它們。

下頁列出的是家庭裡常見的壓力源。在以下每項的空白處，請寫下您覺得您或家人在這些方面正出現的任何問題。如果可能的話，在每項旁邊的「計劃解決方法」一欄，列出您認為您可以開始做什麼以助於處理這些問題。請您盡量誠實填寫 —— 您的回答將會被保密。

<table>
<tr><td>

問題範圍

</td><td>

計劃解決方法

</td></tr>
</table>

問題範圍　　　　　　　　　計劃解決方法

1. 家人健康問題：

2. 婚姻問題：

3. 財務問題：

4. 家裡其他孩子的行為問題：

5. 職業／就業問題：

6. 親戚問題：

7. 朋友問題：

8. 其他壓力源（例如：宗教、關於家庭休
   閒活動的爭執、藥物或酒精濫用等）：

謝謝您花時間填寫這份調查表。您的治療師會檢閱此表，並可能決定私下與您談談某些壓力源。如果您想要治療師協助您解決任一問題，或轉介其他專業人員幫助您，請在下面勾選**是**或**否**，並寫下問題範圍的號碼（參見上方問題編號）。

_____ 是，我想要接受協助的問題範圍是（列出號碼）：_____

_____ 否，我不需要協助解決問題。

第一階課程　父母講義：家庭問題調查表（2之2頁）

第一階課程　父母講義

對立反抗互動圖

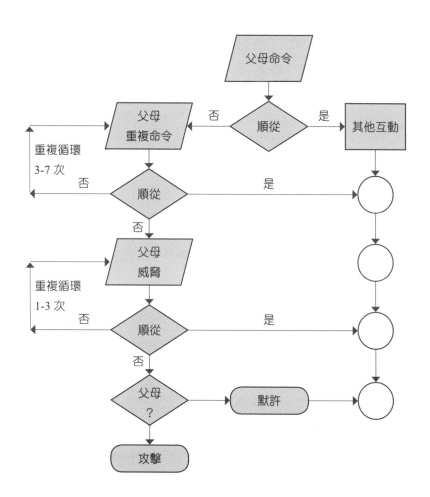

 第二階課程　父母講義

關注孩子良好的遊戲行為

　　本階課程主要在學習如何關注孩子在特別時光中表現的良好行為。要能學會此方法，首先需要練習「關注」的技巧。之後，我們會讓您了解如何運用這種新的「關注」技巧來增加孩子順從命令和要求，以及其他的正向行為。關注孩子的遊戲行為，涉及下列要點：

1. 如果您的孩子在九歲以下，每天選出一段時間，讓這段時間成為您和孩子在一起的「特別時光」。如果是學齡前的孩子，可以選在其他孩子早上上學之後實行。如果孩子已達學齡，可以選在放學後或晚餐後實行。現在，每天撥出二十分鐘來練習和孩子共度這個特別時光。如果孩子已經九歲或更大，就不需要每次依規定時間進行特別時光，而是每天找一個孩子自己玩得很高興的時候，您停下手邊的事情，加入孩子的遊戲，並遵照下面的指示來做。

2. 在這個特別時光裡，其他孩子不能加入！如果家中有其他孩子，當您和行為問題孩子玩的時候，請您的配偶去照顧其他孩子，或者選一個其他孩子不會來打擾的時間進行特別時光。

出自於《不聽話的孩子：臨床衡鑑與親職訓練手冊（第三版）》。英文版於 2013 年由 The Guilford Press 出版；中文版於 2019 年由心理出版社出版。僅允許購買本訓練手冊者本人使用（參照目次頁最後授權複印限制的詳細說明）。

3. 假如您已設定好每天固定的特別時光，那麼每當那個時間快到的時候，只要對孩子說：「我們一起玩的特別時光到了。你想玩什麼？」在合理範圍內，讓孩子去選想玩的活動。不管玩哪一種活動都可以，但這個時間不能用來看電視。如果您沒有設定固定的特別時光，那麼只要挑孩子一個人玩的時候，靠近孩子，並問他是否可以和他一起玩。無論是上述哪種情況，您都不要去掌控或指揮要玩的活動 —— 由孩子選想玩的活動。

4. **放輕鬆！！！**先隨意觀察您的孩子幾分鐘，看他在做什麼，然後在適當的時候加入他的活動。在您覺得不舒服、很忙，或打算馬上出門辦事或旅行的時候，不要嘗試進行特別時光，因為您將會因這些事分心，使得您對孩子的關注品質會變得相當差。

5. 在注意觀看孩子的遊戲之後，開始大聲描述孩子正在做什麼。這樣做是對孩子表示您覺得他玩的活動很有趣。就像電台體育播報員在實況轉播籃球或足球賽一樣，必須帶點興奮的樣子和動作，不要用單調乏味的語調。換句話說，就是實況轉播孩子的遊戲。年紀小的孩子很喜歡這樣，對大一點的孩子，您還是要描述他們的遊戲，但要做得比較少。

6. **不要問問題也不要給指令！！！**此點至關重要。您要盡可能在孩子玩的時候避免問任何問題，因為這通常不必要，而且一定會干擾孩子的遊戲。假如您不確定孩子正在做什麼，這時可以問他，搞清楚他是怎麼玩的。除此之外，避免問任何問題。還有，在這段遊戲的時光當中，不要給孩子任何命令或指示，也不要嘗試教導孩子任何事，因為這是一段屬於孩子的特別時光，讓孩子放鬆並享受您的陪伴，而不是教孩子怎麼玩或接管了他的遊戲。

7. 有時候告訴孩子您喜歡他遊戲的哪個部分，並給予讚美、贊同或正向的回饋。回饋必須精確且誠實，不要過分誇讚。例如：「我喜歡我們這樣一起安靜的玩」、「我很享受我們在一起的特別時光」，或「你看！你做的這個……多棒啊」，這些都是正向、適當的句子。假如您需要幫忙想出這樣的句子，可以參考本講義第4頁所列出的口語讚許孩子的方式。

8. 如果您的孩子開始出現不良行為，您只要轉身看著別處一會兒。若不良行為一直持續下去，那麼就告訴孩子特別時光結束了，並且離開房間。告訴孩子，當他的行為表現好時，您會再跟他一起玩。如果孩子在遊戲時變得非常調皮搗蛋、破壞東西或粗魯咒罵，就以您平日的方式去管教孩子，您的治療師會在日後的訓練課程中教您有效的管教方式。

9. 執行特別時光時，每位父母都要各花二十分鐘的時間和孩子在一起。剛開始的第一週，試著每天做，或一週至少五次。第一週過後，盡量維持每週至少三到四次的特別時光。您應該持續這種特別時光 —— 無限期地執行下去。

這個方案知易行難！！！讀來容易，做來不易。在剛開始的幾次特別時光，許多父母會犯下錯誤，通常是給予太多指令、問太多問題或沒有給孩子足夠的正向回饋。不要擔心犯錯，只要下次更加努力，改善您對孩子的「關注」技巧。一旦您對行為問題孩子的關注技巧進步了，您也可以對家中其他孩子執行這種特別時光。

❀ 給孩子正向回饋與讚許的建議方式

◇ 非口語的讚許方式

擁抱

拍拍孩子的頭或肩膀

溫柔親切地揉揉孩子的頭／撥弄他的頭髮

手臂環抱孩子

微笑

輕輕地親一下

「豎起大拇指」比讚

眨眨眼

◇ 口語的讚許方式

「當你……時，我很喜歡！」

「當你……時，真好！」

「你真是個大孩子了，因為你……」

「你用……方法，真是太棒了！」

「做得好！」

「真不錯！」

「好棒！」

「太厲害了！」

「真是太棒了！」

「哇！當你……表示你真的長大了！」

「你知道嗎？半年前你都還不會做到這樣，現在會了，表示你好快就長大
　了！」

「帥！！」

「哇！！！」

「我一定要告訴媽媽／爸爸，你……這麼棒！」

「……這樣做真好！」

「你靠自己完成了……做得好！」

「就因為你表現得這麼好，你和我要……」

「當你……我真是以你為榮！」

「我一直都好喜歡我們兩個……像這樣……」

◇ **注意**

1. 盡可能立即給予讚許，不要拖延！
2. 要把您喜歡什麼行為具體明確地說出來。
3. 不要話中帶刺地讚美孩子，例如：「你總算把房間清理好了，為什麼你之前
　都不做？！」

第三階課程　父母講義

關注孩子的順從行為

　　雖然您一開始學的是如何在特別時光裡注意孩子的遊戲行為，但是現在當孩子遵從您的命令或要求時，您也可以使用這些關注技巧來讚許您的孩子。當您給孩子命令之後，要立即對孩子的良好表現給予回饋。不要就這樣走開，請留在那裡注意孩子的反應，並給予正向的回饋。

1. 一旦您給予命令或要求且孩子開始遵從時，要立即讚美孩子的順從行為，
   可以利用下列的句子：

   「我喜歡你去做我要你做的事。」

   「你照我說的去做了，真好！」

   「謝謝你做了媽媽／爸爸要你做的事情。」

   「你看你做得多好（快、棒、整齊……等）！」

   「你做了……，你真是個好孩子！」

   　　您可以用其他句子，但是一定要確切地說出您喜歡、感謝孩子照著您說的去做了。您也可以利用第二階課程父母講義裡所列出的一些讚許方式。

2. 一旦您開始關注孩子的順從行為，如果您一定得離開，可以離開一下子，
   但是一定要常常再回到孩子身邊讚美他的順從行為。

3. 如果您發現孩子自動自發地把工作或家事做完，這個時候要給孩子特別正向的讚美。您甚至可以給他一點小小的特權，這樣可以讓他記得而且自動遵守家裡的規定，您就不需要總是告訴他要做什麼。

4. 您應該開始在每次給孩子命令時，都給予孩子正向關注。另外，本週您應該選擇二、三個孩子不一定會遵從的命令，然後只要孩子開始遵從這些命令，您就要加倍地去讚美及關注您的孩子。

❀ 建立順從訓練時段

　　同樣地，很重要的是在接下來的一、兩週，您要花一點時間特別訓練您孩子的順從行為。這可以很容易做到。選一個孩子不太忙的時間，要求他幫您一個小忙，例如：「拿面紙（湯匙、毛巾、雜誌……等）過來給我」或「你去把……拿給我」我們將這類命令稱為「拿」的命令，這些都只要您的孩子付出一點點的力氣。在幾分鐘內，連續給他五、六個這類命令。每次當孩子做到時，記得給孩子具體的讚美，例如：「我喜歡你聽我的話」或「你做到我叫你做的事，真是太好了」或「謝謝你做到我要求的事」。

　　每天試著執行幾個順從訓練時段。因為這些要求非常簡單，大多數孩子（甚至有行為問題的孩子）都會去做。這提供了絕佳機會讓您能捕捉到孩子「表現好」的時刻，因而有機會稱讚他的順從行為。

第三階課程　父母講義

給予有效的命令

　　從我們與許多行為問題孩子工作的經驗中，我們注意到當父母只不過改變了對孩子的命令方式，往往孩子的順從行為就會有顯著的改善。當您準備給孩子命令或指示時，您一定要做到下列各項：

1. 說話算話！這就是說，絕對不要給了孩子一個命令，您卻不在乎他有沒有做到。當您要求孩子做什麼時，一定要計劃好適當的後果作為後援，包括正向或負向的，表示您說的是認真的。

2. 不要用提問或請求幫忙的方式說出命令。以簡單、直接、認真的語氣說出命令。

3. 不要一次給太多命令。大多數的孩子一次只能遵從一、兩個指示。現在試著一次只給一個特定的指示。如果您要求孩子去做的事情很複雜，就把它分解成幾個小步驟，一次只給一個步驟。

4. 確定孩子有注意聽。確定您和孩子有視線接觸。必要時，輕輕地把孩子的臉轉向您，以確定當您給孩子命令時，他正在聆聽、注視您。

出自於《不聽話的孩子：臨床衡鑑與親職訓練手冊（第三版）》。英文版於 2013 年由 The Guilford Press 出版；中文版於 2019 年由心理出版社出版。僅允許購買本訓練手冊者本人使用（參照目次頁最後授權複印限制的詳細說明）。

5. 下命令前先減少所有會造成分心的事物。這是父母常犯的錯誤。父母常常在電視、音響或電動玩具開著的時候給予孩子指令。當房間裡正有更好玩的事時，父母不能期望孩子會去注意他們。您可以在給命令之前，自己動手或叫孩子去把這些令人分心的娛樂設備關掉。

6. 要求孩子複誦命令。不需要每個命令都這麼做，但當您不確定孩子是否聽到或了解您的命令時，可以要求孩子複誦。而且，對注意力短暫的孩子，讓他們複誦命令，顯然可以增加他們執行命令的可能性。

7. 製作家事卡。如果您的孩子已經大到可以做家事，您會發現為每項家事製作一張家事卡很有用。只要使用 3 × 5 吋（7.62 × 12.7 公分）大小的資料卡，把執行某項家事的正確步驟條列下來。然後，當您想要孩子去做這項家事時，只要交給孩子這張卡片，告訴他這是您要他去完成的事。當然，這些家事卡只適合能夠讀得懂的大孩子使用。這些卡片可以大幅減少孩子跟您爭論有沒有把工作或家務好好做完。您也可以在卡片上註明完成這項工作需要花多少時間，然後設定好計時器，這樣孩子就確切知道什麼時候要完成。

　　如果您照著以上七個步驟做，您會發現孩子在遵從您的要求方面有所進步。然後再加上治療師接下來教您的其他方法，您會發現孩子進步神速，變得更聽話、更守規矩。

第三階課程　父母講義

關注獨立遊戲行為

　　有行為問題孩子的父母常常抱怨他們根本沒辦法做事，例如：講電話、煮晚餐、拜訪鄰居等等，因為孩子會打擾他們正在做的事。下列步驟就是設計來幫助您教導孩子，當您在忙其他事的時候，孩子要自己玩。這是非常簡單的步驟，只需要您去關注及稱讚孩子沒有黏著您、沒有打擾您的表現。許多父母在孩子打擾他們的時候，給予太多關注，反而在孩子保持距離、自己玩、沒有打擾他們的時候，父母卻沒有關注孩子。難怪孩子會一直打擾父母！如何教孩子在您忙碌時不要打擾您，請依照下列步驟進行：

1. 當您即將要忙一些事情時，例如：打電話、看書報、煮晚餐等等，直接給孩子命令，其中包含兩個指示：第一，告訴孩子當您在忙的時候，他要做些什麼；第二，特別告訴他不要打擾您。例如：您可以說：「媽媽現在必須打電話，所以我要你待在這個房間裡看電視，不要打擾我。」記得，讓孩子去做他喜歡的事，並告訴他當您忙的時候不想被打擾。

2. 接著，當您開始做您的事情時，做一下子就停下來，走到孩子身邊，讚美他保持距離，沒有來打擾您。提醒孩子繼續做他在做的事，不要打擾您，您再回頭去做之前在做的事。

3. 然後，等久一點之後，再回到孩子身邊，並且再次稱讚他沒有打擾您，接著再回去做您的事；再等久一點，再去讚美孩子。

4. 久而久之，您要做的就是漸漸減少去稱讚孩子不打擾您的頻率，同時增加您做自己事情的時間。一開始，您必須常常打斷您正在做的事去讚美孩子，大約每三十秒至兩分鐘一次。這樣做了幾次之後，變成每三分鐘再去稱讚孩子一次，之後變成每五分鐘稱讚孩子一次。每次您拉長一點自己做事的時間，再去讚美孩子。

5. 如果您聽到孩子好像即將離開他正在做的事情要來打擾您時，馬上停下您正在做的事，走到孩子旁邊，讚美他沒有打擾您，再叫他繼續做您叫他做的事。您叫孩子做的事**不應該**是家事，而是有趣的活動，例如：著色、玩玩具、看電視、剪圖片等等。

6. 當您漸漸減少稱讚孩子的頻率，您能夠不受孩子打擾，可以做自己事情的時間就會愈來愈長。當您一完成您的事情，就立刻去稱讚孩子讓您完成您要做的事。因為孩子在您做事的時候沒有打擾您，您甚至可以偶爾給他一點小小的特權或獎勵。

　　以下是一般父母經常做的一些事情，請您試著用上述方法，讓孩子在您做這些事情時不去打擾您：

煮飯	講電話
和一位大人說話	閱讀書報或看電視
寫信	到別人家拜訪
處理文件	清掃房子
晚餐時跟家人聊天	有特別的事要做

　　您要在本週選擇上述一、兩樣事情來練習這個方法。如果您選擇講電話，可以請配偶或朋友一天打一、兩次電話來，好讓您練習這個方法。如此，當有重要電話打來時，您已經訓練孩子不會黏著您，那麼您就可以在比較不被打擾的情況下接聽電話。

第三階課程　父母講義：關注獨立遊戲行為（2 之 2 頁）

第四階課程　父母講義

家庭籌碼和記點系統

當管教有行為問題的孩子時，常常會發現稱讚並不足以促使孩子做家事、守規矩或遵從命令。因此，需要建立一個更有效的系統來激勵孩子聽話。其中一種非常成功的系統就是「家庭籌碼系統」（適合四至七歲的孩子）或「家庭記點系統」（適合八歲以上孩子）。您的治療師將會詳細解釋如何建立這樣的系統，以下為實施步驟：

❋ 家庭籌碼系統

1. 找到或買一套塑膠籌碼。如果孩子是四、五歲，不論什麼顏色，每個籌碼都代表 1 籌碼。對六至八歲大的孩子，用不同顏色代表不同的數量：白色 ＝ 1 籌碼、藍色 ＝ 5 籌碼、紅色 ＝ 10 籌碼。當您決定好顏色的價值後，將每種顏色各一個的籌碼貼在一塊小硬紙板上，並在每種顏色的籌碼上註明值多少籌碼。將紙板貼在孩子容易看到的地方。

2. 坐下來，向您的孩子說明：您認為他在家裡有些時候表現很好，卻沒有得到足夠的獎勵，所以您想要完全改變這種情況。您想要建立一個新的獎勵系統，當他表現良好時可以得到特權和獎賞。這樣說可以讓孩子對這套系統有很正向的感覺。

3. 您和孩子應該一起動手做一個可以讓他存放籌碼的撲滿，可以用鞋盒、咖啡罐（邊緣不會刮手的）、塑膠罐，或另外的耐用容器來當撲滿。您可以和孩子一起裝飾這個撲滿，把它變成一個有趣的活動。

4. 現在，您和孩子必須一起製作一張清單，上面列出您想要孩子用籌碼來賺到的獎賞／特權。這些不是只包括偶爾有的特權（例如：看電影、溜直排輪、買玩具），還包括孩子認為理所當然每天都有的特權（如：看電視、打電動、家裡的特殊玩具、騎腳踏車）。治療師將會向您說明哪些種類的特權可以放入清單。這張清單至少一定要有十項獎賞／特權，有十五項更好。

5. 現在，您還要製作第二張清單，上面列出您常常要求孩子去做的工作或家事，可以是日常的家事，如：擺好碗筷、收拾餐桌、清理房間、整理床鋪、倒垃圾等。也可以把孩子自己該做卻不做、常常令您心煩的事情放入清單中，如：自己穿好上學的衣服、準備上床睡覺、洗臉及洗澡、刷牙等。治療師可以根據您孩子的年齡層及特殊問題，幫助您決定哪些種類的工作適合放入這張清單。

6. 接下來，您要決定清單上的每一個工作或家事值多少籌碼。對四、五歲的孩子，大部分的工作給一至三個籌碼，很難的工作或許可以給五個籌碼。對六至八歲的孩子，可以用一至十個籌碼的範圍，對於很難的工作也許給更多的籌碼。記住，愈難的工作給愈多的籌碼。

7. 花一點時間加加看，您認為孩子一天當中如果完成大部分的工作，大約可以賺到多少個籌碼。記住這個數字，然後決定第一張清單上的獎賞可以各值多少個籌碼。我們通常建議孩子每天賺到的籌碼中有三分之二可換到他每天例行性的特權。這樣可以讓孩子每天存下三分之一的籌碼，用來換取清單上的其他特殊獎賞。不用把數量算得很精確，只要依您自己的判斷來決定每一個獎賞應該值多少，要公平，特殊獎賞值多一點籌碼，而每天例

第四階課程　父母講義：家庭籌碼和記點系統（4之2頁）

行性的獎賞值少一點的籌碼。

8. 一定要告訴孩子，當他好好地、高高興興地、快速地做完家事，他就有機會賺到額外的「特賞籌碼」。不要每次都給孩子這些特賞籌碼，只有在孩子以特別愉快又迅速的態度完成工作時才給他。

9. 一定要告訴孩子，只有在您第一次提出要求他就完成工作時，才給他籌碼。如果您必須重複命令，孩子才去做，他就不能得到任何籌碼。

10. 最後一點，在這一週裡，您一定要盡可能對孩子任何適當的行為（即使微不足道）都給予籌碼。記住，您也可以對沒有列在工作清單上的良好行為給孩子籌碼獎賞他。抓住每一個可以給予孩子獎賞的機會。

備註：這一週不要因為孩子的不良行為而拿走他的籌碼！只有當治療師告訴您這麼做時您才可以做；除此之外，在這一週，籌碼**只能**用來獎勵，不可以用拿走籌碼做為懲罰。

❊ 家庭記點系統

1. 準備一本筆記本，設計成像銀行存摺一樣，每一頁分成五欄，分別標明日期、項目、存入、支出、結存。當您的孩子得到獎勵的點數時，在「項目」欄記下他被獎勵的工作，在「存入」欄填入他賺得的點數，並算出孩子的「結存」。當孩子用他的點數購買一項特權時，在「項目」欄寫下他買的特權，在「支出」欄寫下所用的點數，再從「結存」欄扣掉這些點數。這個系統的運作方式就和籌碼系統一樣，只是用本子記點來代替使用籌碼。

2. 製作獎賞／特權清單和工作清單（如前述籌碼系統）。您一定要同樣地對孩子說明為何要設立記點系統。再次地，治療師可協助您製作這些清單。

3. 在您準備要決定每個工作應該付多少點數時，請採用比籌碼系統更大的數目。我們通常給大部分的日常工作五到二十五點的範圍，對很難的工作可以給到兩百點。一般而言，您可以考慮孩子每多做十五分鐘的工作就多給十五點。

4. 然後算算看，您認為孩子平均每天做完例行工作後，可賺到多少點數，用這個數目來決定每個特權值多少點數。一定要讓孩子每天大約有三分之一的點數可以存下來，用來換取特殊特權。治療師可以協助您決定每個獎賞值多少點數。

5. 本週執行記點系統時，要依照與籌碼系統相同的原則去做。不要因為孩子的不良行為而扣點數。只有在給第一次命令或要求孩子就聽話去做時，才給孩子點數。只有父母才能在記點本子上做記錄。

❀ 最後提醒

大約每個月檢查一次獎賞（特權）清單及工作清單，加入您覺得需要增加的新項目。和孩子一起討論，把孩子想要增加的獎賞加入清單中。

您可以用籌碼或點數來獎勵孩子的任何良好行為，這套系統甚至可以跟第三階課程結合使用，當孩子沒有打擾或打斷您的工作時，就給他籌碼或點數做為獎勵。

不要在孩子還沒做完被要求的事之前，就給他籌碼或點數，只在他完成工作後才給。不過，對孩子的順從行為，要盡快獎勵，不要拖延！

父母雙方都應該實施籌碼或記點系統使其發揮最大效用。

當您因孩子的良好行為而給予籌碼或點數時，要微笑著告訴孩子，您喜歡他做的什麼事。

第五階課程　父母講義

隔離！

　　這是本方案中最關鍵的部分！用隔離法處理孩子不順從命令或不良行為時，需要很好的技巧及小心謹慎。如果您沒有打算要盯著孩子完成您所要求的事，而且安排好要給孩子的行為後果，那您就不要下命令。如果孩子在您第一次下命令後就去做時，記得一定要稱讚他。給孩子第一次命令之後，盡可能不要再重複命令。對孩子執行隔離法的步驟如下：

1. 給孩子第一次命令時，要用堅定而愉快的聲音。不要對著孩子吼，也不要像是求他幫忙的樣子。利用第三階課程所教的有效命令技巧，以簡單直接的句子、認真的語氣告訴孩子。

2. 在您給完命令後，大聲的從五倒數到一。幾週之後，我們會要您停止這樣大聲倒數，只在您自己心裡默數。這樣孩子才不會學到只在倒數時間到時才服從命令。但是現在先大聲倒數沒有關係。

3. 如果孩子在這五秒內沒有做出服從的動作，您就直視他的眼睛，擺出堅定的姿勢或表情，提高音調更大聲地說：「如果你（不做我叫你做的事），你就要去坐那張椅子」（指一指放在角落的椅子）。

4. 一旦您發出警告之後，再次大聲地從五倒數到一。

5. 如果孩子在這五秒內仍不開始服從，牢牢握住孩子的手腕或手臂說：「你沒有做到我說的，所以現在你要去椅子那裡。」要很大聲、很堅定地對孩

出自於《不聽話的孩子：臨床衡鑑與親職訓練手冊（第三版）》。英文版於 2013 年由 The Guilford Press 出版；中文版於 2019 年由心理出版社出版。僅允許購買本訓練手冊者本人使用（參照目次頁最後授權複印限制的詳細說明）。

子說，然後把孩子帶到隔離椅。不管孩子那時做了任何承諾，他都要馬上去坐那張椅子。如果孩子反抗，必要時可以稍用點力。孩子不可以去上廁所、喝水，或站在那裡跟父母爭辯。應該馬上帶孩子到隔離椅那裡。

6. 讓孩子坐上隔離椅，而且嚴厲地說：「你要坐在這裡，直到我叫你起來為止！」您可以告訴孩子，如果他不安靜下來，您就不會回到椅子這邊來，但是不要說太多次，說一、兩次就夠了。

7. 對孩子執行隔離期間，不要跟他爭辯。在這段時間，任何人都不應該跟他說話。反而，您要回去做您原來正在做的事，不過一定要隨時注意坐在隔離椅的孩子在做什麼。當孩子已經隔離了一段適當時間後（參見下一小節），就走回孩子旁邊並告訴他：「你準備好要做我要求你做的事了嗎？」如果孩子犯的是無法修正的事，如：罵髒話或打人，那他就要保證以後不會再犯。

8. 此時，孩子應該立刻去做隔離前他被要求去做的事。然後父母應該用中性的語氣說：「我喜歡你照我的話做。」

9. 留意孩子接下來表現的適當行為，然後稱讚他的適當行為。這是確保孩子在本方案中得到的稱讚和懲罰一樣多，也讓孩子明白您並不是對他生氣，而是不喜歡他所做的事。

❋ 孩子應該隔離多久？

◇ 孩子要持續隔離直到他做到以下三點：

1. 當孩子被隔離時，他永遠必須服滿「最短刑期」。刑期長短視孩子的年齡而定，每一歲為一至兩分鐘。如果不良行為的程度是輕微至中度，採用一分鐘規則；如果是嚴重的不良行為，就採用兩分鐘規則。

2. 一旦服滿最短刑期，仍要等到孩子安靜下來。孩子第一次被隔離時，大概要花上好幾分鐘甚至一個小時左右才會安靜。您要等到孩子安靜一陣子（約三十秒左右），才可以走到他身邊。也就是說，如果孩子一直爭辯、發脾氣、尖叫、大哭，他要持續隔離達一、兩個小時。

3. 一旦孩子安靜下來一陣子，他必須答應去做他被要求去做的事。如果是家事，孩子必須答應去做；如果是無法修正的事，如：罵髒話、說謊等，他就要答應不會再犯。如果孩子不答應去做之前要求他做的事（說：「不要！」），那麼告訴孩子他要繼續坐在隔離椅上，直到您說他可以離開為止。此時，孩子要被再罰一次最短刑期，接著安靜下來，然後答應去做他被要求去做的事。一定要等到孩子答應服從原來的命令時，他才可以離開隔離椅。

❀ 孩子未經允許離開隔離椅時該怎麼辦？

當第一次執行隔離法時，許多孩子會試探父母的權威，他們會試著在時間未到之前就從隔離椅跑開。治療師會和您討論，在孩子離開隔離椅時要如何處理。我們建議下列做法：

1. 孩子第一次離開隔離椅時，把他帶回椅子上，並大聲嚴厲地警告他：「如果你再離開椅子，我就把你帶到臥室。」

2. 當孩子再次離開隔離椅時，您就把孩子帶到臥室，並讓他坐在床上。在這樣做之前，您一定要先把臥室裡可玩的東西全都拿走，讓他在臥室裡沒有什麼東西可玩。

3. 您可以不要關上房門，但如果孩子試圖離開臥室，必要時可以把房門關上，甚至鎖上，以確保執行隔離刑期。

如果您不贊成使用這個方法，治療師將會與您討論其他的替代方法。

❀ 什麼情況該被認為是「離開隔離椅」？

一般而言，如果孩子的屁股離開椅面，就算是離開隔離椅。因此，孩子的屁股可以在椅子上旋轉、扭動，他不一定要面壁，但只要他的屁股離開椅面，就應該照前述的程序處理。搖晃椅子及弄翻椅子也算是離開椅子。這點必須先警告孩子。

❀ 隔離椅應該放在哪裡？

隔離椅應該是有靠背的餐椅。應該放在牆角，要離牆壁遠一點，以免孩子坐在椅子上時會去踢牆壁。隔離椅附近不要有可玩的東西，也不能看到電視。大多數父母會把隔離椅放在廚房角落、洗衣間、玄關、長走廊的中間或底端，或客廳一角（沒有他人使用的地方）。隔離椅的地點應該是在讓父母繼續做自己的事時也可以看得到孩子的地方，不要使用浴室、衣櫥或孩子的房間。有時候可以叫孩子坐在通往二樓樓梯的最低一階，不過通常使用椅子比較好。

❀ 本週可預期的情況

如果您孩子的行為模式和大部分有行為問題的孩子一樣，您可以預料第一次隔離時，他會相當生氣。因此，隔離時，孩子可能會非常生氣地大叫或大哭，因為他覺得情感受到傷害。對許多孩子而言，拖長發脾氣或大哭，會使得他們在過了「最短刑期」很久之後，仍然因為還沒安靜下來而必須繼續被隔離。因此，在第一次被隔離時，他們可能要花上三十分鐘到一或兩個小時才會安靜，並答應去做之前叫他們做的事。此後，每次使用隔離法，您會發現孩子愈來愈快安靜下來。最後，孩子在「最短刑期」當中幾乎都很安靜，並且會馬上答應做要求他做的事。您也會發現孩子開始會在您下第一次命令時，或至少

在您警告要隔離時，就服從命令，因此使用隔離法的頻率最終減少了。不過，這樣的順從行為需要花好幾週才能達成。在實施隔離法的第一週，切記您不是要傷害孩子，而是幫忙教他更能自我控制、尊重父母的權威及遵守規矩。您的孩子對這個方法可能會不高興，不過在孩子學習遵守家規及社會規範的過程中，有時他們勢必會經驗到不愉快。

❀ 最後提醒

在孩子的隔離時間到了而且他完成該做的事之前，孩子都不能離開隔離椅去上廁所或喝水。一旦允許孩子這麼做，他們就會在每次坐上隔離椅時都以此要求為手段來逃脫隔離。除此之外，如果孩子是在用餐時間隔離，那麼孩子就會錯過那一餐或者錯過部分的用餐時間。不需要再特別為孩子準備其他的點心來彌補剛剛沒吃到的一餐。隔離法之所以有效，就是孩子因坐上隔離椅而錯過事物，因此絕不可以設法補償孩子被隔離時錯過的任何事物。治療師會和您討論在隔離期間孩子試圖用來逃脫隔離椅的各種伎倆，您一定要問清楚如何對付每種技倆的方法。

如果您預期孩子在您設法執行隔離法時會對您有肢體攻擊，詢問您的治療師如何處理這種情況。

未來這一週，您只針對孩子一、兩種不順從行為執行隔離法。這樣可避免孩子在一開始就被懲罰太多次。您的治療師會對您說明這些限制。

如果您對這個程序有任何問題，馬上打電話給您的治療師！治療師會給您電話號碼，如果您這週使用隔離方法時遇到問題，可以聯絡他。

如果您想使用隔離法處理就寢行為問題，請等一週再做，因為您可能會發現當您先使用隔離法處理其他問題，就寢問題也減少了。

在治療師還沒教您在家庭以外的地方使用隔離之前，請不要輕易嘗試。

 第七階課程　父母講義

預想問題：在公共場所管教孩子

　　當您已經訓練過孩子在家遵從命令後，教孩子在公共場所（如：商店、餐廳、購物商場、教堂）遵從命令就會容易得多。成功的關鍵就是在進入公共場所之前，計劃好您要處理孩子問題的方式，以及確認您的孩子知道您的計畫。以下是您進入任何公共場所之前，要遵守的三至四條簡易規則：

❀ 規則一：進入公共場所前先訂好規矩

　　在您即將進入公共場所（例如：商店）之前，**停！！！**站在旁邊讓別人先進去，直到您和孩子複習完重要的行為規矩後才能進去。例如：對年紀小的孩子，進入商店的規矩可能是：「跟緊我，不能摸，不能要東西！」對較大的孩子，可能是：「跟在我身邊，不要摸任何東西，照我的話做！」大概給孩子三、四個規矩去遵守，而且應該是孩子在那個特定場所常會違反的規矩。在您告訴孩子這些規矩後，要孩子對您複誦一遍。孩子複誦了這些規矩，您和孩子才進去店裡。如果孩子拒絕說這些規矩，就警告他您要在車子裡對他執行隔離。如果孩子還是拒絕說，就把孩子帶回車上執行隔離，因為他沒有遵從您的要求。

❀ 規則二：對順從行為先訂好獎賞方式

　　當您與孩子還站在公共場所外面時，告訴孩子，如果他遵守您剛剛說的規矩及表現良好時，會得到什麼獎賞。對於正在使用籌碼或記點系統的孩子，就可以利用籌碼或記點。對太小還不能使用籌碼或記點系統的孩子，隨身帶點小零嘴（如：花生、葡萄乾、小餅乾、玉米片等等），可隨時獎賞孩子外出時的好行為。有時您會想答應孩子在回家前買個東西給他，但是這只能偶一為之，而且只有當孩子在外表現得特別好時才可以買，以免孩子認為每次外出都買東西給他是理所當然的例行公事。有的父母會答應孩子外出回家後可以在家享有一項特殊的特權。這樣做是可以的，但是盡量利用您的籌碼或記點系統，以便外出時隨時可以立即獎賞孩子的好行為。

❀ 規則三：對不順從行為先訂好懲罰方式

　　當您與孩子還站在公共場所外面時，告訴孩子，如果他不遵守規矩或表現出不良行為時，會得到什麼懲罰。大部分的情況中，輕微的違規罰以扣點或扣籌碼，對中度到嚴重的不良行為或不順從行為則採用隔離法。不要害怕在公共場所使用隔離法，因為這是教孩子在公共場所守規矩的最有效方法。您對孩子說明懲罰之後，就可以進入公共場所。進去後，您要立即做兩件事：四下張望找一個方便執行隔離法的地點以防萬一，並開始關注及讚美孩子守規矩的行為。

　　如果您正在使用籌碼或記點系統，您應該在外出時每隔一段時間就給孩子籌碼或點數獎勵他，不要等到外出結束時才給獎賞。此外，要常常讚美和關注孩子遵守規矩的行為。

❀ 規則四：安排一個活動或一件事給孩子做

　　盡可能想一些孩子在公共場所可以做或幫忙的事，讓孩子有事可忙。孩子會在商店裡出現不良行為，部分原因是他們閒閒沒事做，幫不上任何忙。沒事可做，讓他們有太多時間去做不該做的事，或純粹為了好玩而做些傻事。如果您是外出購物，給孩子一些事做，讓他幫忙採購。不管您分派孩子做什麼都比他無所事事的好，所以即使你必須編造出某個不完全可幫助您的事，讓孩子有事可做就行。

❀ 在公共場所

　　當您一進入公共場所，先把必要時可執行隔離法的地方找好。然後開始每隔一段時間就用代幣獎勵孩子聽話及守規矩的行為。如果您的孩子開始出現不良行為，**馬上拿走他的籌碼／點數或對孩子實施隔離法**。不要對孩子重複命令或警告，因為已經事先警告過他如果出現任何不良行為就會有什麼後果。以下是在公共場所裡一些方便執行隔離法的地方：

◇ **百貨公司**：帶孩子到人少的走道，讓孩子面對單調的展示櫃側面或角落；帶孩子到賣服裝的樓層讓孩子面對掛著衣服的衣架；利用禮品包裝或信用卡換贈品部門的地方，找個無聊的角落；利用洗手間裡單調無趣的角落；就近找個更衣間或試衣間；利用孕婦裝部門（通常那裡人不多，而且那裡都是富同情心的準媽媽）。

◇ **超市**：讓孩子面對冷凍食物櫃的側面；帶孩子到店裡最裡面的角落；找到賣文具的地方，您可以在那裡看文具，同時讓孩子面向櫃子單調的一面。

第七階課程　父母講義：預想問題：在公共場所管教孩子（5之3頁）

在大多數超市裡很難找到實施隔離法的地方，所以您可能必須使用下一節列出的替代方法來取代隔離法。

◇ **教堂**：帶孩子到教堂的育嬰室，大多數教堂都有這樣的設施，讓媽媽們可以在做禮拜時把哭鬧的嬰兒帶到那裡去；利用教堂的門廳或入口通道；利用離教堂大廳遠一點的洗手間。

◇ **餐廳**：利用洗手間。否則，可利用下一節列出的替代方法。

◇ **別人家裡**：一定要先向主人說明您正在使用一種新的方法管教孩子，如果孩子出現不良行為時，您可能需要讓孩子坐或站在一個單調無趣的角落，請問主人哪個地方可以使用。如果在別人家無法實行隔離法，則利用下一節列出的替代方法。

◇ **長途搭車旅程**：在孩子上車前，先跟他複習規矩並訂好獎賞方式。一定要帶一些可以在車上玩的遊戲或可做的活動。如果您需要懲罰孩子，把車子開到路邊停在一個安全的停車區執行隔離法，讓孩子坐在後座的踏墊上，或者把踏墊放在車外靠近車子的地上，要孩子坐在踏墊上。絕對不可以把孩子一個人留在車上無人看管，也絕不可讓孩子坐在車外無人監督。

　　如果您在公共場所執行隔離法，需要把「最短刑期」縮短為在家執行的一半時間，因為在公共場所對孩子執行隔離法的效果很強。同樣地，如果孩子未經允許擅自離開隔離之處，則利用他的代幣系統來扣籌碼或點數做為懲罰。

✿若您在公共場所無法使用隔離法

　　總是會有一些地方，您在那裡找不到可以用來懲罰孩子不良行為的角落。只有當您真的沒有辦法找到執行隔離法的地方時，才用以下的替代方法：

1. 帶孩子到建築物的外面讓他面對牆壁。

2. 帶孩子到車子的後座並讓他坐在後座的踏墊上。您要待在孩子旁邊或坐在車子的前座。

3. 帶著小筆記本。在進入公共場所前，告訴孩子您會把他這段時間的不良行為一一記下，一回家就依照各個不良行為執行隔離法。一個有利的作法是將孩子在家被隔離的樣子拍一張照片放在筆記本中，在進入公共場所前，給孩子看自己被隔離的照片，並告訴他，這就是當他出現不良行為後回家會發生的事。

4. 帶支原子筆或簽字筆。在進入公共場所前，告訴孩子，每次他出現不良行為，您就會在他的手背上畫一個小標記。每有一個小標記，孩子回家就要被隔離一個最短刑期。

　　重要提醒：無論何時您帶孩子外出，一定要迅速處理孩子的不良行為，這樣才不會惡化成與孩子大聲對抗或大發脾氣。在整個外出過程中，也務必常常給孩子讚美及獎賞，以增強孩子的好行為。

第八階課程　父母講義

使用每日在校行為報告單

　　每日在校行為報告單的用途，是讓老師評估您孩子當日的在校行為，然後由孩子帶回家，提供給您參考，以便您在家執行對孩子的獎賞或懲罰。報告單對修正孩子各種在校問題行為已被證實有效。由於方便、合乎經濟效益，又有父母及老師的共同參與，所以如果您的孩子在學校出現行為問題，這應當是您首先要試著採用的方法之一。老師的報告可以只是一張便條紙或比較正式的報告單。我們建議您採用正式的行為報告單（如本份講義後面所示）。報告單最左邊的欄位應列出方案聚焦的目標行為，右邊的欄位則標示出每天上課的節次或科目。老師在每一節課依您孩子在目標行為上表現的好壞程度評分。請參考本份講義後面的範例。

❀ 如何使用每日報告單？

　　採用這個系統時，通常報告單是每天都由孩子帶回家。等到孩子的行為有進步時，每日報告單就可以減少為一週兩次（星期三及星期五），一週一次，或甚至一個月一次，到最後逐漸停止。可針對您孩子的狀況設計各種的每日報告單。方案的目標行為可同時包含社交行為（和他人分享、和同伴一起玩、守規矩）及學業表現（完成數學作業或國語作業）。針對學業表現不佳（作業

出自於《不聽話的孩子：臨床衡鑑與親職訓練手冊（第三版）》。英文版於 2013 年由 The Guilford Press 出版；中文版於 2019 年由心理出版社出版。僅允許購買本訓練手冊者本人使用（參照目次頁最後授權複印限制的詳細說明）。

完成度差）尤其有效。可用來做為目標行為的例子包含：完成所有的作業（或指定的部分）、坐在指定的位子上、遵守老師的指示、和他人融洽地玩耍。方案中的目標行為也可包含欲減少的負向行為（如：攻擊、破壞、大叫）。除了在校表現，家庭作業也可以包含在內。孩子有時候會不記得把規定的作業帶回家，也可能寫好作業第二天卻忘了帶去學校繳交，這些問題都可以做為在校行為報告單方案的目標行為。

　　建議您在設定目標行為時不要超過四、五項。一開始只聚焦少數幾項您想改變的行為，會有助於增加您孩子在方案中成功的機會。當這些行為開始變好的時候，您可以再加一些問題行為做為改變的目標。我們建議至少包含一、兩項孩子目前已經做得很好的正向行為，這樣您的孩子可以在方案剛開始實施時就得到一些點數。

　　通常，孩子在學校一整天都被監督。不過，如果想要成功地改善時常發生的問題行為，最好一開始只在一天中的某些時段對孩子評量，例如：一、兩個科目或一、兩堂課。一旦孩子的行為進步，就可以漸漸擴大範圍到更多科目及時段，直到孩子一整天都被監督為止。如果孩子上不同課有不同老師教，這時候可能需要某些或全部老師參與方案，視每節課需要幫助的程度而定。當有一位以上的老師參與方案時，單張報告單要包含讓所有老師評分的空位；或者是每節課用不同的報告單，集中整理在一本手冊裡，讓孩子帶到每節課。同樣地，本份講義後面的報告單很好用，因為報告單上一一列出每節課或每個科目的欄位可以讓同一位老師或不同的老師評量。

　　方案的成功與否取決於親師間能否制定出一套清楚、一致的方法，把老師的報告轉換成家中的後果。在校行為報告單的好處之一就是可以採用多樣化的後果。最起碼，每當報告單顯示孩子當天在校行為表現良好時，孩子在家裡就應該得到讚美和正向關注。不過，對許多孩子可能必須給予實質的獎賞或採

用代幣系統。例如，報告單上有好評語，回到家可換得看電視時間、特別的零嘴，或者可以較晚上床。也可以使用代幣系統，當孩子得到正向行為評分時，就可以獲得點數，得到負向評分時就要扣掉點數。可將每天的獎賞（如：和父母的特別時光、特別的甜點、電視時間）和每週的獎賞（如：看電影、上館子吃飯、特別的出遊）一起納入這個方案。

❀ 每日報告單的好處

　　整體而言，使用每日在校行為報告單，會像教室為本的行為管理方案一樣有效，甚至更有效，若能結合兩者進行的話效果更佳。每日報告單似乎特別適用於兒童，因為這個方案所提供的回饋比平日從學校得到的更頻繁，對孩子會很有助益。同樣地，這個方案也會給父母更頻繁的回饋，這是一般從孩子那裡得不到的。大家都知道，當父母問孩子今天在學校過得如何時，大多數孩子都只有一句：「還好。」但這可能不是實情。報告單可以提醒父母對孩子的好行為給予獎勵，也可以警示父母，孩子在校的行為已開始出現問題，需要進一步的處理。除此之外，家裡可提供的獎賞類別及品質通常遠比學校可提供的豐富得多，這對需要強效獎賞的兒童而言是一個關鍵因素。

　　除了上述的好處之外，通常每日在校行為報告單方案需要老師花的時間和精力，遠比教室為本的方案少得多。如此一來，無法實施教室管理方案的老師也許更可能配合填寫孩子從家裡帶來的每日在校行為報告單。

　　雖然行為報告單方案的成效令人印象深刻，但是這個方案的有效性有賴於老師精確地評估孩子的行為，也仰賴在家得到公平且前後一致的獎賞或懲罰後果。有時候，孩子可能會不把報告單帶回家，企圖暗中破壞這套系統；也可能偽造老師的簽名或漏了某位老師的簽名。為了減少這樣的情形，凡是少了老師

的報告或簽名時，應該一律等同「表現不佳」的報告處理（亦即孩子得不到點數，或以扣掉點數或失去特權為懲罰）。若孩子沒帶報告單回家，甚至可以採當天禁足（沒有特權）的方式做為懲罰。

❀ 每日在校報告單範例

　　在此討論幾種用來評量每日在校行為的在校行為報告單。本份講義後面提供了兩個範例，如果父母想要盡快開始實施在校行為報告單，我們建議可以先使用這些報告單。其中一種是針對教室裡的行為，另一種是針對下課時的行為。依您孩子在校的問題狀況選用最適合的一種報告單。這兩種報告單您都可以自行複印使用。

　　請注意，每種報告單包含孩子可能會出現行為問題的五個領域。課堂行為報告單提供的欄位，足以讓多達七位不同的老師可對孩子各領域的行為進行評量，或讓同一位老師對孩子一整天的行為進行多次評量。我們發現評量次數愈頻繁，對孩子的回饋愈有效，也讓您對孩子的情況知道愈多。老師每評完一節課裡孩子的表現時，就在該欄的下方簽名以避免偽造。如果有些孩子會忘了回家作業是什麼，老師可要求孩子把那節課規定的家庭作業抄在聯絡簿上，孩子確實寫好後老師才完成那節課的評量並簽名。對於特別負向的評分，我們也鼓勵老師提供您簡短的解釋，說明為何有此負向評分。老師採用 5 點評量系統（1 = 非常好；2 = 好；3 = 尚可；4 = 差；5 = 非常差）進行評量。

　　孩子每天上學都要有一張新的報告單。您可以把整疊空白報告單放在學校，老師每天早上拿一張，或在孩子每天上學前您從家中拿給他一張，兩種方法都可以，選一個最能一致執行的方式來做。孩子一回到家，您應該馬上檢查報告單，先和孩子討論正向評分，接著用中性、就事論事的態度（別生

氣！），繼續和孩子討論任何負向評分及原因。然後要求孩子想出一個如何避免明天得到負向評分的方法。隔天在孩子上學前提醒他這個方法。在孩子想出方法之後，您就要針對報告單上的評分給予點數及扣去點數。舉例來說，低年級的孩子在報告單上得到評分 1 的時候可以給五個籌碼，評分 2 給三個籌碼，評分 3 給一個籌碼，評分 4 扣三個籌碼，評分 5 扣五個籌碼。對大孩子，報告單上 1 至 5 的評分，可以分別對應＋25、＋15、＋5、−15 及 −25 點。然後把得到的點數全部加起來，減掉懲罰的點數，孩子就可以用剩下的籌碼或點數換取家庭特權獎賞表上的特權或獎賞。

　　另一種每日報告單方案是用來處理每天下課或自由活動時間出現的行為問題與人際問題。報告單由當天負責監督下課或自由活動時間的值班老師填寫，當孩子回到教室，就交給班級導師檢查，然後帶回家使用家庭籌碼和記點系統來處理（如同前面討論的做法）。請告訴班級導師務必在下課或自由活動時間一開始，孩子即將出去玩之前，先跟孩子執行「事前諸葛」步驟。此步驟為老師（1）先和孩子一同複習關於合宜的下課行為的規矩，並告訴孩子這些規矩在報告單上都寫得很清楚；（2）提醒孩子負責下課時間的值班老師會注意監看他；（3）指示孩子現在立刻把報告單交給負責下課時間的值班老師，如此老師才能對他下課或自由活動時間的行為進行評量。

　　如同這些報告單所示，基本上孩子的任何行為都可使用行為報告單做為治療目標。如果這裡所列的行為問題不適用於您孩子的在校行為問題，您可以利用本份講義後面所附的空白報告單，請治療師協助您設計新的報告單。通常不需要花很多時間就可以設計好，而且會非常有益於改善孩子的在校行為及表現。

❀ 每日在校行為報告單

孩子姓名：＿＿＿＿＿＿＿＿＿＿＿＿　日期：＿＿＿年＿＿＿月＿＿＿日

老師：

　　請依下列項目評量這個孩子今天的行為表現。每一科目或每一節課請單獨使用一欄。評量方式如下：1 = 非常好；2 = 好；3 = 尚可；4 = 差；5 = 非常差。並請老師在每欄最下方的一格簽名。若對孩子今日的行為有任何評語，請書寫於報告單下方。

評量之行為項目	節次／科目						
	1	2	3	4	5	6	7
課堂參與							
課堂工作表現							
遵守教室規矩							
與同學和睦相處							
家庭作業的品質（有作業時）							
老師簽名							

評語：

✳ 每日在校行為報告單

孩子姓名：＿＿＿＿＿＿＿＿＿＿＿＿＿＿　日期：＿＿＿年＿＿＿月＿＿＿日

老師：

　　請依下列項目評量這個孩子今天的行為表現。每一科目或每一節課請單獨使用一欄。評量方式如下：1 ＝ 非常好；2 ＝ 好；3 ＝ 尚可；4 ＝ 差；5 ＝ 非常差。並請老師在每欄最下方的一格簽名。若對孩子今日的行為有任何評語，請書寫於報告單下方。

評量之行為項目	節次／科目						
	1	2	3	4	5	6	7
老師簽名							

評語：

❊ 每日下課和自由活動時間行為報告單

孩子姓名：＿＿＿＿＿＿＿＿＿＿＿＿　日期：＿＿＿年＿＿＿月＿＿＿日

老師：

　　請依下列項目評量這個孩子今天在下課或其他自由活動時間裡的行為表現。每次下課或自由活動時間請單獨使用一欄。評量方式如下：1＝非常好；2＝好；3＝尚可；4＝差；5＝非常差。並請老師在每欄最下方的一格簽名。若對孩子今日的行為有任何評語，請書寫於報告單下方。

評量之行為項目	下課和自由活動時間				
	1	2	3	4	5
不動手擾人；不推撞他人					
不取笑他人；不罵人／不侮辱人					
遵守下課和自由活動時間的規矩					
與同學和睦相處					
不爭吵、不打人；不拳打腳踢					
老師簽名					

評語：

第九階課程　父母講義

處理未來行為問題

　　到目前為止，您已經學會了各種各樣獎賞或懲罰孩子行為的方法。希望您發現這些方法有助於改善孩子的行為。不過，所有的孩子或多或少都會有一些行為問題，所以不要認為您的孩子在成長的過程中不會偶爾出現新的問題。您現在已經具備技巧去處理這些問題，只要願意花點時間去思考並建立您自己的管教計畫。如果有新問題產生或舊問題復發時，您可以依循下面的步驟：

1. 拿出筆記本開始記錄行為問題，盡量具體明確地描述孩子做錯了什麼。您應該記錄：您要求孩子遵守但他未遵守的規矩、他到底做錯了什麼，以及您現在怎麼處理這個問題。

2. 持續記錄一週左右，然後檢視您的紀錄，看看它能提供您什麼線索去處理這個問題。許多家長發現自己又退回到以前一些老是無效的管教，以至於導致現在的問題。父母常會再犯的老毛病如下：

（1）太常重複給命令。

（2）沒有給予有效的命令（見第三階課程）。

（3）當孩子正確地遵守規矩時，父母沒有給予關注、讚美或獎賞。太早停止使用籌碼或記點系統。

（4）當孩子違反規矩時，沒有立即給予懲罰。

（5）停止了您和孩子的特別時光。

　　顯然，如果您發現自己犯了這些老毛病時，趕快改正。再回去複習一下本方案的講義，以確定您用對了方法。

3. 如果需要，制訂特別的計畫來處理這個問題：

（1）清楚地告訴孩子，您期待他在問題情境中怎麼做。

（2）建立籌碼或記點系統來獎勵孩子遵守規矩的行為。

（3）每次出現問題行為就立即實施隔離法。

（4）如果您的紀錄顯示這個問題似乎只會發生在某個特定的場所或情境，那麼使用您所學到在公共場所處理孩子問題行為的四步驟：①預想問題；②在問題出現前，先和孩子複習規矩；③和孩子複習，好行為可得到哪些獎賞；④和孩子複習，不良行為會受到什麼懲罰。

（5）持續在筆記本上記錄行為問題，如此才能知道行為何時開始改善。

4. 如果這些方法都失敗，打電話給治療師預約時間，並把您的紀錄帶給他看。

參考文獻

Abidin, R. R. (1995). *The Parenting Stress Index* (3rd ed.). Lutz, FL: Psychological Assessment Resources.

Abikoff, H., & Hechtman, L. (1995, June). *Preliminary results of a multi-modal treatment program for ADHD children*. Paper presented at the annual meeting of the International Society for Research in Child and Adolescent Psychopathology, London.

Achenbach, T. M. (2001). *Manual for the Child Behavior Checklist—Cross-Informant Version*. Burlington, VT: Author.

Achenbach, T. M., McConaughy, S. H., & Howell, C. T. (1987). Child/adolescent behavioral and emotional problems: Implications of cross-informant correlations for situational specificity. *Psychological Bulletin, 101*, 213–232.

Adesso, V. J., & Lipson, J. W. (1981). Group training of parents as therapists for their children. *Behavior Therapy, 12*, 625–633.

Aebi, M., Muller, U. C., Asherson, P., Banaschewski, T., Buitelaar, J., Ebstein, R., et al. (2010). Predictability of oppositional defiant disorder and symptom dimensions in children and adolescents with ADHD combined type. *Psychological Medicine, 40*, 2089–2100.

American Psychiatric Association. (1987). *Diagnostic and statistical manual of mental disorders* (3rd ed., rev.). Washington, DC: Author.

American Psychiatric Association. (2000). *Diagnostic and statistical manual of mental disorders* (4th ed., text rev.). Washington, DC: Author.

Americans with Disabilities Act of 1990, 42 U.S.C.A. § 12101 *et seq*. (West 1993).

Anastopoulos, A. D., Guevremont, D. C., Shelton, T. L., & DuPaul, G. J. (1992). Parenting stress among families of children with attention deficit hyperactivity disorder. *Journal of Abnormal Child Psychology, 20*, 503–520.

Anastopoulos, A. D., Shelton, T. L., DuPaul, G. J., & Guevremont, D. C. (1993). Parent training for attention-deficit hyperactivity disorder: Its impact on parent functioning. *Journal of Abnormal Child Psychology, 21*, 581–596.

Anderson, J. C., Williams, S., McGee, R., & Silva, P. A. (1987). DSM-III disorders in preadolescent children. *Archives of General Psychiatry, 44*, 69–78.

Angold, A., Costello, E. J., & Erkanli, A. (1999). Comorbidity. *Journal of Child Psychology and Psychiatry, 40*, 57–88.

Atkeson, B. M., & Forehand, R. (1978). Parent behavioral training for problem children: An examination of studies using multiple outcome measures. *Journal of Abnormal Child Psychology, 6,* 449–460.

August, G. J., Realmuto, G. M., Joyce, T., & Hektner, J. M. (1999). Persistence and desistance of oppositional defiant disorder in a community sample of children with ADHD. *Journal of the American Academy of Child and Adolescent Psychiatry, 38,* 1262–1270.

Barkley, R. A. (1981). *Hyperactive children: A handbook for diagnosis and treatment.* New York: Guilford Press.

Barkley, R. A. (1985). The social interactions of hyperactive children: Developmental changes, drug effects, and situational variation. In R. McMahon & R. Peters (Eds.), *Childhood disorders: Behavioral-developmental approaches* (pp. 218–243). New York: Brunner/Mazel.

Barkley, R. A. (1987). *Defiant children: A clinician's manual for parent training.* New York: Guilford Press.

Barkley, R. A. (1997). *Defiant children: A clinician's manual for assessment and parent training* (2nd ed.). New York: Guilford Press.

Barkley, R. A. (2006). *Attention-deficit hyperactivity disorder: A handbook for diagnosis and treatment* (3rd ed.). New York: Guilford Press.

Barkley, R. A. (2010). Deficient emotional self-regulation: A core component of attention-deficit/ hyperactivity disorder. *Journal of ADHD and Related Disorders, 1,* 5–37.

Barkley, R. A. (2011). *Barkley Adult ADHD Rating Scale–IV (BAARS-IV).* New York: Guilford Press.

Barkley, R. A. (2012a). *Barkley Deficits in Executive Functioning Scale—Children and Adolescents (BDEFS-CA).* New York: Guilford Press.

Barkley, R. A. (2012b). *Barkley Functional Impairment Scale—Children and Adolescents (BFIS-CA).* New York: Guilford Press.

Barkley, R. A. (2012c). *The executive functions: What they are, how they work, and why they evolved.* New York: Guilford Press.

Barkley, R. A., Anastopoulos, A. D., Guevremont, D. G., & Fletcher, K. F. (1992). Adolescents with attention deficit hyperactivity disorder: Mother–adolescent interactions, family beliefs and conflicts, and maternal psychopathology. *Journal of Abnormal Child Psychology, 20,* 263–288.

Barkley, R. A., Edwards, G., Laneri, M., Fletcher, K., & Metevia, L. (2001). The efficacy of problem-solving communication training alone, behavior management training alone, and their combination for parent–adolescent conflict in teenagers with ADHD and ODD. *Journal of Consulting and Clinical Psychology, 69,* 926–941.

Barkley, R. A., Edwards, G., & Robin, A. R. (1999). *Defiant teens: A clinician's manual for assessment and family intervention*. New York: Guilford Press.

Barkley, R. A., & Fischer, M. (2011). Predicting impairment in major life activities and occupational functioning in hyperactive children as adults: Self-reported executive function (EF) deficits vs. EF tests. *Developmental Neuropsychology, 36*(2), 137–161.

Barkley, R. A., Fischer, M., Edelbrock, C. S., & Smallish, L. (1990). The adolescent outcome of hyperactive children diagnosed by research criteria: I. An 8-year prospective follow-up study. *Journal of the American Academy of Child and Adolescent Psychiatry, 29*, 546–557.

Barkley, R. A., Fischer, M., Edelbrock, C. S., & Smallish, L. (1991). The adolescent outcome of hyperactive children diagnosed by research criteria: III. Mother–child interactions, family conflicts, and maternal psychopathology. *Journal of Child Psychology and Psychiatry, 32*, 233–256.

Barkley, R. A., Guevremont, D. G., Anastopoulos, A. D., & Fletcher, K. (1992). A comparison of three family therapy programs for treating family conflicts in adolescents with attention-deficit hyperactivity disorder. *Journal of Consulting and Clinical Psychology, 60*, 450–462.

Barkley, R. A., & Murphy, K. R. (2011). The nature of executive function (EF) deficits in daily life activities in adults with ADHD and their relationship to performance on EF tests. *Journal of Psychopathology and Behavioral Assessment, 33*, 137–158.

Barkley, R. A., Murphy, K. R., & Fischer, M. (2008). *ADHD in adults: What the science says*. New York: Guilford Press.

Barkley, R. A., Shelton, T. L., Crosswait, C., Moorehouse, M., Fletcher, K., Barrett, S., et al. (2000). Multi-method psycho-educational intervention for preschool children with disruptive behavior: Preliminary results at post-treatment. *Journal of Child Psychology and Psychiatry, 41*, 319–332.

Barth, R. (1979). Home-based reinforcement of school behavior: A review and analysis. *Review of Educational Research, 49*, 436–458.

Bean, A. W., & Roberts, M. W. (1981). The effects of timeout release contingencies on changes in child noncompliance. *Journal of Abnormal Child Psychology, 9*, 95–105.

Beauchaine, T. P., Hinshaw, S. P., & Pang, K. L. (2010). Comorbidity of attention-deficit/ hyperactivity disorder and early-onset conduct disorder: Biological, environmental, and developmental mechanisms. *Clinical Psychology: Science and Practice, 17*, 327–336.

Beck, A. T., Steer, R. A., & Garbin, M. G. (1988). Psychometric properties of the Beck Depression Inventory: Twenty-five years of evaluation. *Clinical Psychology Review, 8*, 77–100.

Bell, R. Q., & Harper, L. V. (1977). *Child effects on adults*. Hillsdale, NJ: Erlbaum.

Belsky, J., Fearon, R. M. P., & Bell, B. (2007). Parenting, attention and externalizing problems: Testing mediation longitudinally, repeatedly and reciprocally. *Journal of Child Psychology and Psychiatry, 48*, 1233–1242.

Bernal, M. E., Klinnert, M. D., & Schultz, L. A. (1980). Outcome evaluation of behavioral parent training and client-centered parent counseling for children with conduct problems. *Journal of Applied Behavior Analysis, 13*, 677–691.

Biederman, J., Faraone, S. V., Keenan, K., & Tsuang, M. T. (1991). Evidence of a familial association between attention deficit disorder and major affective disorders. *Archives of General Psychiatry, 48*, 633–642.

Biederman, J., Faraone, S. V., Millberger, S., Curtis, S., Chen, L., Marrs, A., et al. (1996). Predictors of persistence and remission of ADHD into adolescence: Results from a four-year prospective follow-up study. *Journal of the American Academy of Child and Adolescent Psychiatry, 35*, 343–351.

Biederman, J., Petty, C. R., Dolan, C., Hughes, S., Mick, E., Monuteaux, M. C., et al. (2008a). The long-term longitudinal course of oppositional defiant disorder and conduct disorder in ADHD boys: Findings from a controlled 10-year prospective longitudinal follow-up. *Psychological Medicine, 38*, 1027–1036.

Biederman, J., Petty, C. R., Monuteaux, M. C., Mick, E., Parcell, T., Westerberg, D., et al. (2008b). The longitudinal course of comorbid oppositional defiant disorder in girls with attention-deficit/hyperactivity disorder: Findings from a controlled 5-year prospective longitudinal follow-up study. *Journal of Developmental and Behavioral Pediatrics, 29*, 501–507.

Blouin, B., Maddeaux, C., Firestone, J. S., & van Stralen, J. (2010). Predicting response of ADHD symptoms to methylphenidate treatment based on comorbid anxiety. *Journal of Attention Disorders, 13*, 414–419.

Blum, N. J., Williams, G. E., Friman, P. C., & Christophersen, E. R. (1995). Disciplining young children: The role of verbal instructions and reasoning. *Pediatrics, 96*, 336–341.

Breen, M. J., & Barkley, R. A. (1988). Child psychopathology and parenting stress in girls and boys having attention deficit disorder with hyperactivity. *Journal of Pediatric Psychology, 13*, 265–280.

Burke, J. D., Hipwell, A. E., & Loeber, R. (2010). Dimensions of oppositional defiant disorder as predictors of depression and conduct disorder in preadolescent girls. *Journal of the American Academy of Child and Adolescent Psychiatry, 49*, 484–492.

Burke, J. D., & Loeber, R. (2010). Oppositional defiant disorder and the explanation of the comorbidity between behavioral disorders and depression. *Clinical Psychology: Science and Practice, 17*, 319–326.

Burke, J. D., Waldman, I., & Lahey, B. B. (2010). Predictive validity of childhood oppositional defiant disorder and conduct disorder: Implications for the DSM-V. *Journal of Abnormal Psychology, 119*, 739–751.

Burns, C. L., & Walsh, J. A. (2002). The influence of ADHD−hyperactivity/impulsivity symptoms on the development of oppositional defiant symptoms in a 2-year longitudinal study. *Journal of Abnormal Child Psychology, 30*, 245–256.

Calvert, S. C., & McMahon, R. J. (1987). The treatment acceptability of a behavioral parent training program and its components. *Behavior Therapy, 2*, 165–179.

Capaldi, D. M. (1992). Co-occurrence of conduct problems and depressive symptoms in early adolescent boys: II. A 2-year follow-up at grade 8. *Development and Psychopathology, 4*, 125–144.

Carlson, G. A., & Meyer, S. E. (2006). Phenomenology and diagnosis of bipolar disorder in children, adolescents, and adults: Complexities and developmental issues. *Development and Psychopathology, 18*, 939–969.

Chacko, A., Wymbs, B. T., Flammer-Rivera, L. M., Pelham, W. E., Walker, K. S., Arnold, F. W., et al. (2008). A pilot study of the feasibility and efficacy of the strategies to enhance positive parenting (STEPP) program for single mothers of children with ADHD. *Journal of Attention Disorders, 12*, 270–280.

Chacko, A., Wymbs, B. T., Wymbs, F. A., Pelham, W. E., Jr., Swanger-Gagne, M. S., Girio, E., et al. (2009). Enhancing traditional parent training for single mothers of children with ADHD. *Journal of Clinical Child and Adolescent Psychology, 38*, 206–213.

Chen, M., & Johnston, C. (2007). Maternal inattention and impulsivity and parenting behaviors. *Journal of Clinical Child and Adolescent Psychology, 36*, 455–468.

Chen, M., & Johnston, C. (2012). Interparent childrearing disagreement, but not dissimilarity, predicts child problems after controlling for parenting effectiveness. *Journal of Clinical Child and Adolescent Psychology, 41*, 189–201.

Christensen, A., Johnson, S. M., Phillips, S., & Glasgow, R. E. (1980). Cost effectiveness of behavioral family therapy. *Behavior Therapy, 11*, 208–226.

Christophersen, E. R., Barnard, S. R., & Barnard, J. D. (1981). The family training program manual: The home chip system. In R. A. Barkley, *Hyperactive children: A handbook for diagnosis and treatment* (pp. 437–448). New York: Guilford Press.

Chronis, A. M., Chacko, A., Fabiano, G. A., Wymbs, B. T., & Pelham, W. E., Jr. (2004).

Enhancements to the behavioral parent training paradigm for families of children with ADHD: Review and future directions. *Clinical Child and Family Psychology Review, 7*, 1–27.

Chronis, A. M., Lahey, B. B., Pelham, W. E., Jr., Williams, S. H., Baumann, B. L., Kipp, H., et al. (2007). Maternal depression and early positive parenting predict future conduct problems in young children with attention-deficit/hyperactivity disorder. *Developmental Psychology, 43*, 70–82.

Chronis-Tuscano, A., O'Brien, K. A., Johnston, C., Jones, H. A., Clarke, T. L., Raggi, V. L., et al. (2011). The relation between maternal ADHD symptoms and improvement in child behavior following brief behavioral parent training is mediated by change in negative parenting. *Journal of Abnormal Child Psychology, 39*, 1047–1057.

Chronis-Tuscano, A., Raggi, V. L., Clarke, T. L., Rooney, M. E., Diaz, Y., & Pian, J. (2008). Associations between maternal attention-deficit/hyperactivity disorder symptoms and parenting. *Journal of Abnormal Child Psychology, 36*, 1237–1250.

Chronis-Tuscano, A., Seymour, K. E., Stein, M. A., Jones, H. A., Jiles, C. D., Rooney, M. E., et al. (2008). Efficacy of osmotic–release oral system (OROS) methylphenidate for mothers with attention-deficit/hyperactivity disorder (ADHD): Preliminary report of effects on ADHD symptoms and parenting. *Journal of Clinical Psychiatry, 69*, 1–10.

Connor, D. F. (2006). Stimulants. In R. A. Barkley, *Attention deficit hyperactivity disorder: A handbook for diagnosis and treatment* (3rd ed., pp. 608–647). New York: Guilford Press.

Connor, D. F., Steeber, J., & McBurnett, K. (2010). A review of attention-deficit/hyperactivity disorder complicated by symptoms of oppositional defiant disorder or conduct disorder. *Journal of Developmental and Behavioral Pediatrics, 31*, 427–440.

Copeland, W. E., Miller-Johnson, S., Keeler, G., Angold, A., & Costello, E. J. (2007). Childhood psychiatric disorders and young adult crime: A prospective, population-based study. *American Journal of Psychiatry, 164*, 1668–1675.

Crits–Cristoph, P., & Mintz, J. (1991). Implications of therapist effects for the design and analysis of comparative studies of psychotherapies. *Journal of Consulting and Clinical Psychology, 59*, 20–26.

Cunningham, C. E., & Boyle, M. H. (2002). Preschoolers at risk for attention-deficit hyperactivity disorder and oppositional defiant disorder: Family, parenting, and behavioral correlates. *Journal of Abnormal Child Psychology, 30*, 555–569.

Cunningham, C. E., Bremner, R., & Boyle, M. (1995). Large group community–based parenting programs for families of preschoolers at risk for disruptive behavior disorders: Utilization, cost effectiveness, and outcome. *Journal of Child Psychology and Psychiatry, 36*, 1141–1159.

Curtis, D. F. (2010). ADHD symptom severity following participation in a pilot, 10-week, manualized familybased behavioral intervention. *Child and Family Behavior Therapy, 32*, 231–241.

Dadds, M. R., & McHugh, T. A. (1992). Social support and treatment outcome in behavioral family therapy for child conduct problems. *Journal of Consulting and Clinical Psychology, 60*, 252–259.

Dadds, M. R., Schwartz, S., & Sanders, M. R. (1987). Marital discord and treatment outcome in behavioral treatment of child conduct disorders. *Journal of Consulting and Clinical Psychology, 55*, 396–403.

Danforth, J. S., Barkley, R. A., & Stokes, T. F. (1991). Observations of parent–child interactions with hyperactive children: Research and clinical implications. *Clinical Psychology Review, 11*, 703–727.

Danforth, J. S., Harvey, E., Ulaszek, W. R., & McKee, T. E. (2006). The outcome of group parent training for families of children with attention-deficit hyperactivity disorder and defiant/ aggressive behavior. *Journal of Behavior Therapy and Experimental Psychiatry, 37*, 188–205.

Day, D. E., & Roberts, M. W. (1982). An analysis of the physical punishment component of a parent training program. *Journal of Abnormal Child Psychology, 11*, 141–152.

Deault, L. C. (2010). A systematic review of parenting in relation to the development of comorbidities and functional impairments in children with attention-deficit/hyperactivity disorder (ADHD). *Child Psychiatry and Human Development, 41*, 168–192.

Derogatis, L. (1986). *Manual for the Symptom Checklist 90—Revised (SCL-90-R)*. Dallas, TX: Psychological Corporation.

Dishion, T. J., & Patterson, G. R. (1992). Age effects in parent training outcome. *Behavior Therapy, 23*, 719–729.

Dodge, K. A., McClaskey, C. L., & Feldman, E. (1985). A situational approach to the assessment of social competence in children. *Journal of Consulting and Clinical Psychology, 53*, 344–353.

D'Onofrio, B. M., Goodnight, J. A., Van Hulle, C. A., Rodgers, J. L., Rathouz, P. J., Waldman, I. D., et al. (2009). Maternal age at childbirth and offspring disruptive behaviors: Testing the causal hypothesis. *Journal of Child Psychology and Psychiatry, 50*, 1018–1028.

Dougherty, E. H., & Dougherty, A. (1977). The daily report card: A simplified and flexible package for classroom behavior management. *Psychology in the Schools, 14*, 191–195.

Drabick, D. A. G., & Gadow, K. D. (2012). Deconstructing oppositional defiant disorder: Clinic-based evidence for an anger/irritability phenotype. *Journal of the American Academy of Child and Adolescent Psychiatry, 51*, 384–393.

Drugli, M. B., Larsson, B., Fossum, S., & Morch, W. T. (2010). Five- to six-year outcome and its

prediction for children with ODD/CD treated with parent training. *Journal of Child Psychology and Psychiatry, 51*, 559–566.

Dubey, D. R., O'Leary, S. G., & Kaufman, K. F. (1983). Training parents of hyperactive children in child management: A comparative outcome study. *Journal of Abnormal Child Psychology, 11*, 229–246.

Dumas, J. E. (1984). Interactional correlates of treatment outcome in behavioral parent training. *Journal of Consulting and Clinical Psychology, 52*, 946–954.

Dumas, J. E., Gibson, J. A., & Albin, J. B. (1989). Behavioral correlates of maternal depressive symptomatology in conduct disordered children. *Journal of Consulting and Clinical Psychology, 57*, 516–521.

Dumas, J. E., & Wahler, R. G. (1983). Predictors of treatment outcome in parent training: Mother insularity and socioeconomic disadvantage. *Behavioral Assessment, 5*, 301–313.

Dumas, J. E., & Wahler, R. G. (1985). Indiscriminate mothering as a contextual factor in aggressive–oppositional child behavior: "Damned if you do and damned if you don't." *Journal of Abnormal Child Psychology, 13*, 1–17.

DuPaul, G. J., Power, T. J., Anastopoulos, A. D., & Reid, R. (1998). *ADHD Rating Scale–IV (for children and adolescents): Checklists, norms, and clinical interpretation*. New York: Guilford Press.

DuPaul, G. J., & Stoner, G. (2003). *ADHD in the schools: Assessment and intervention strategies* (2nd ed.). New York: Guilford Press.

Dyer, W. (1991). *Your erroneous zones*. New York: William Morrow.

Elgar, F. J., Mills, R. S. L., McGrath, P. J., Waschbusch, D. A., & Brownridge, D. A. (2007). Maternal and paternal depressive symptoms and child maladjustment: The mediating role of parental behavior. *Journal of Abnormal Child Psychology, 35*, 943–955.

Ellis, A., & Dryden, W. (2007). *The practice of rational emotive behavior therapy* (2nd ed.). New York: Springer.

Ellis, A., & Harper, R. A. (1975). *A guide to rational living*. New York: Wilshire.

Ellis, B., & Nigg, J. (2009). Parenting practices and attention-deficit/hyperactivity disorder: New findings suggest partial specificity of effects. *Journal of the American Academy of Child and Adolescent Psychiatry, 48*, 148–154.

Evans, S. W., Vallano, M. D., & Pelham, W. (1994). Treatment of parenting behavior with a psychostimulant: A case study of an adult with attention-deficit hyperactivity disorder. *Journal of Child and Adolescent Psychopharmacology, 4*, 63–69.

Eyberg, S. M., & Matarazzo, R. G. (1980). Training parents as therapists: A comparison between individual parent–child interaction training and parent group didactic training. *Journal of Clinical Psychology, 36*, 492–499.

Eyberg, S. M., Nelson, M. N., & Boggs, S. R. (2008). Evidence-based psychosocial treatments for children and adolescents with disruptive behavior. *Journal of Clinical Child and Adolescent Psychology, 37*, 215–237.

Eyberg, S. M., & Robinson, E. A. (1982). Parent–child interaction training: Effects on family functioning. *Journal of Clinical Child Psychology, 11*, 130–137.

Fabiano, G. A., Vujnovic, R. K., Pelham, W. E., Waschbusch, D. A., Massetti, G. M., Pariseau, M. E., et al. (2010). Enhancing the effectiveness of special education programming for children with attention deficit hyperactivity disorder using a daily report card. *School Psychology Review, 39*, 219–239.

Faraone, S. V., Biederman, J., Lehman, B., Keenan, K., Norman, D., Seidman, L. J., et al. (1993). Evidence for the independent familial transmission of attention deficit hyperactivity disorder and learning disabilities: Results from a family genetic study. *American Journal of Psychiatry, 150*, 891–895.

Farrington, D. P. (1995). The twelfth Jack Tizard Memorial Lecture: The development of offending and antisocial behavior from childhood: Key findings from the Cambridge study in delinquent development. *Journal of Child Psychology and Psychiatry, 360*, 929–964.

Fergusson, D. M., Horwood, L. J., & Lynskey, M. T. (1993). Prevalence and comorbidity of DSM-III-R diagnoses in a birth cohort of 15-year-olds. *Journal of the American Academy of Child and Adolescent Psychiatry, 32*, 1127–1133.

Fernandez, M. A., & Eyberg, S. M. (2009). Predicting treatment and follow-up attrition in parent–child interaction therapy. *Journal of Abnormal Child Psychology, 37*, 431–441.

Firestone, P., Kelly, M. J., & Fike, S. (1980). Are fathers necessary in parent training groups? *Journal of Clinical Child Psychology, 9*, 44–47.

Firestone, P., Kelly, M. J., Goodman, J. T., & Davey, J. (1981). Differential effects of parent training and stimulant medication with hyperactives. *Journal of the American Academy of Child Psychiatry, 20*, 135–147.

Firestone, P., & Witt, J. E. (1982). Characteristics of families completing and prematurely discontinuing a behavioral parent training program. *Journal of Pediatric Psychology, 7*, 209–222.

Fischer, M. (1990). Parenting stress and the child with attention deficit hyperactivity disorder. *Journal of Clinical Child Psychology, 19*, 337–346.

Fischer, M., Barkley, R. A., Fletcher, K., & Smallish, L. (1993). The stability of dimensions of

behavior in ADHD and normal children over an 8-year period. *Journal of Abnormal Child Psychology, 21*, 315–337.

Fletcher, K., Fischer, M., Barkley, R. A., & Smallish, L. (1996). Sequential analysis of mother–adolescent interactions of ADHD, ADHD/ODD, and normal teenagers during neutral and conflict discussions. *Journal of Abnormal Child Psychology, 24*, 271–297.

Forehand, R., & Scarboro, M. E. (1975). An analysis of children's oppositional behavior. *Journal of Abnormal Child Psychology, 3*, 27–31.

Forgatch, M., & Patterson, G. R. (1990). *Parents and adolescents living together*. Eugene, OR: Castalia.

Frankel, F., & Simmons, J. Q., III. (1992). Parent behavioral training: Why and when some parents drop out. *Journal of Clinical Child Psychology, 21*, 322–330.

Frick, P. J., Lahey, B. B., Loeber, R., Stouthamer-Loeber, M., Christ, M. A., & Hanson, K. (1992). Familial risk factors to oppositional defiant disorder and conduct disorder: Parental psychopathology and maternal parenting. *Journal of Consulting and Clinical Psychology, 60*, 49–55.

Frick, P. J., Lahey, B. B., Loeber, R., Tannenbaum, L., Van Horn, Y., Christ, M. A. G., et al. (1993). Oppositional defiant disorder and conduct disorder: A meta-analytic review of factor analyses and cross-validation in a clinic sample. *Clinical Psychology Review, 13*, 319–340.

Furlong, M., McGilloway, S., Bywater, T., Hutchings, J., Smith, S. M., & Donelly, M. (2012). Behavioral and cognitive-behavioral group-based parenting programmes for early-onset conduct problems in children aged 3 to 12. *Cochrane Database of Systematic Reviews, 2*, 1–344.

Gadow, K. D., & Drabick, D. A. G. (2012). Symptoms of autism and schizophrenia spectrum disorders in clinically referred youth with oppositional defiant disorder. *Research in Developmental Disabilities, 33*, 1157–1168.

Garfield, S. L., & Bergen, A. E. (Eds.). (1986). *Handbook of psychotherapy and behavior change* (3rd ed.). New York: Wiley.

Gerdes, A. C., Haack, L. M., & Schneider, B. W. (2012). Parental functioning in families of children with ADHD: Evidence for behavioral parent training and importance of clinically meaningful change. *Journal of Attention Disorders, 16*, 147–156.

Gerdes, A. C., Hoza, B., Arnold, E., Pelham, W. E., Swanson, J. M., Wigal, T., et al. (2007). Maternal depressive symptomatology and parenting behavior: Exploration of possible mediators. *Journal of Abnormal Child Psychology, 35*, 705–714.

Goldstein, A. P., Keller, H., & Erne, D. (1985). *Changing the abusive parent*. Champaign, IL:

Research Press.

Goldstein, L. H., Harvey, E. A., & Friedman-Weieneth, J. L. (2007). Examining subtypes of behavior problems among 3-year-old children: Part III. Investigating differences in parenting practices and parenting stress. *Journal of Abnormal Child Psychology, 35*, 125–136.

Green, K. D., Forehand, R., & McMahon, R. J. (1979). Parental manipulation of compliance and noncompliance in normal and deviant children. *Behavior Modification, 3*, 245–266.

Gresham, F., & Elliott, S. (1990). *Social Skills Rating System*. Circle Pines, MN: American Guidance Service.

Griggs, M. S., & Mikami, A. Y. (2011). The role of maternal and child ADHD symptoms in shaping interpersonal relationships. *Journal of Abnormal Child Psychology, 39*, 437–449.

Haapasalo, J., & Tremblay, R. E. (1994). Physically aggressive boys from ages 6 to 12: Family background, parenting behavior, and prediction of delinquency. *Journal of Consulting and Clinical Psychology, 62*, 1044–1052.

Harty, S. C., Miller, C. J., Newcorn, J. H., & Halperin, J. M. (2009). Adolescents with childhood ADHD and comorbid disruptive behavior disorders: Aggression, anger, and hostility. *Child Psychiatry and Human Development, 40*, 85–97.

Harvey, E. A., & Metcalf, L. A. (2012). The interplay among preschool child and family factors and the development of ODD symptoms. *Journal of Clinical Child and Adolescent Psychology, 41*, 458–470.

Harvey, E. A., Metcalf, L. A., Herbert, S. D., & Fanton, J. H. (2011). The role of family experiences and ADHD in the early development of oppositional defiant disorder. *Journal of Consulting and Clinical Psychology, 79*, 784–795.

Hautmann, C., Eichelberger, I., Hanisch, C., Phick, J., Walter, D., & Dopfner, M. (2010). The severely impaired do profit most: Short-term and long-term predictors of therapeutic change for a parent management training under routine care conditions for children with externalizing problem behavior. *European Child and Adolescent Psychiatry, 19*, 419–430.

Healey, D. M., Gopin, C. B., Grossman, B. R., Campbell, S. B., & Halperin, J. M. (2010). Mother–child dyadic synchrony is associated with better functioning in hyperactive/inattentive preschool children. *Journal of Child Psychology and Psychiatry, 51*, 1058–1066.

Hinshaw, S. P. (1987). On the distinction between attentional deficits/hyperactivity and conduct problems/aggression in child psychopathology. *Psychological Bulletin, 101*, 443–463.

Hinshaw, S. P., Han, S. S., Erhardt, D., & Huber, A. (1992). Internalizing and externalizing behavior problems in preschool children: Correspondence among parent and teacher ratings and behavior observations. *Journal of Clinical Child Psychology, 21*, 143–150.

Hinshaw, S. P., & Lee, S. S. (2003). Conduct and oppositional defiant disorders. In E. J. Mash & R. A. Barkley (Eds.), *Child psychopathology* (2nd ed., pp. 144–198). New York: Guilford Press.

Hirshfeld-Becker, D. R., Petty, C., Micco, J. A., Henin, A., Park, J., Beilin, A., et al. (2008). Disruptive behavior disorders in offspring of parents with major depression: Associations with parental behavior disorders. *Journal of Affective Disorders, 111*, 176–184.

Hoffenaar, P. J., & Hoeksma, J. B. (2002). The structure of oppositionality: Response dispositions and situational aspects. *Journal of Child Psychology and Psychiatry, 43*, 375–385.

Holden, G. W., Lavigne, V. V., & Cameron, A. M. (1990). Probing the continuum of effectiveness in parent training: Characteristics of parents and preschoolers. *Journal of Clinical Child Psychology, 19*, 2–8.

Horn, W. F., Ialongo, N., Greenberg, G., Packard, T., & Smith-Winberry, C. (1990). Additive effects of behavioral parent training and self-control therapy with attention deficit hyperactivity disordered children. *Journal of Clinical Child Psychology, 19*, 98–110.

Horn, W. F., Ialongo, N. S., Pascoe, J. M., Greenberg, G., Packard, T., Lopez, M., et al. (1991). Additive effects of psychostimulants, parent training, and self-control therapy with ADHD children. *Journal of the American Academy of Child and Adolescent Psychiatry, 30*, 233–240.

Horn, W. F., Iolongo, N., Popovich, S., & Peradotto, D. (1987). Behavioral parent training and cognitive-behavioral self-control therapy with ADD-H children: Comparative and combined effects. *Journal of Clinical Child Psychology, 16*, 57–68.

Horton, L. (1984). The father's role in behavioral parent training: A review. *Journal of Clinical Child Psychology, 13*, 274–279.

Humphreys, K. L., Aguirre, V. P., & Lee, S. S. (2012). Association of anxiety and ODD/CD in children with and without ADHD. *Journal of Clinical Child and Adolescent Psychology, 41* (3), 370–377.

Humphreys, K. L., & Lee, S. S. (2011). Risk taking and sensitivity to punishment in children with ADHD, ODD, ADHD+ODD, and controls. *Journal of Psychopathology and Behavioral Assessment, 33*, 299–307.

Humphreys, L., Forehand, R., McMahon, R., & Roberts, M. (1978). Parent behavioral training to modify child noncompliance: Effects on untreated siblings. *Journal of Behavior Therapy and Experimental Psychiatry, 9*, 1–5.

Individuals with Disabilities in Education Act of 1974, 20 U.S.C.A. § 1400 *et seq.*, reauthorization, 1991.

Jensen, P. S., Watanabe, H. K., Richters, J. E., Cortes, R., Roper, M., & Liu, S. (1995). Prevalence of mental disorder in military children and adolescents: Findings from a two-stage community survey. *Journal of the American Academy of Child and Adolescent Psychiatry, 34*, 1514–1524.

Johnson, S. M., Wahl, G., Martin, S., & Johansson, S. (1973). How deviant is the normal child?: A behavioral analysis of the preschool child and his family. In R. D. Rubin, J. P. Brady, & J. D. Henderson (Eds.), *Advances in behavior therapy* (Vol. 4, pp. 37–54). New York: Academic Press.

Johnston, C. (1992, February). *The influence of behavioral parent training on inattentive, overactive, and aggressive–defiant behaviors in ADHD children*. Paper presented at the annual meeting of the Society for Research in Child and Adolescent Psychopathology, San Francisco.

Johnston, C. (1996). Parent characteristics and parent–child interactions in families of nonproblem children and ADHD children with higher and lower levels of oppositional–defiant behavior. *Journal of Abnormal Child Psychology, 24*, 85–104.

Johnston, C., Hommersen, P., & Seipp, C. M. (2009). Maternal attributions and child oppositional behavior: A longitudinal study of boys with and without attention-deficit/hyperactivity disorder. *Journal of Consulting and Clinical Psychology, 77*, 189–195.

Johnston, C., & Mash, E. J. (2001). Families of children with attention-deficit/hyperactivity disorder: Review and recommendations for future research. Clinical Child and Family Psychology Review, 4, 183–207.

Johnston, C., Mash, E. J., Miller, N., & Ninowski, J. E. (2012). Parenting in adults with attention-deficit/hyperactivity disorder (ADHD). *Clinical Psychology Review, 32*, 215–228.

Johnston, C., & Ohan, J. L. (2005). The importance of parental attributions in families of children with attention-deficit/hyperactivity and disruptive behavior disorders. *Clinical Child and Family Psychology Review, 8*, 167–182.

Jones, H. A., Epstein, J. N., Hinshaw, S. P., Owens, E. B., Chi, T. C., Arnold, L. E., et al. (2010). Ethnicity as a moderator of treatment effects on parent–child interaction for children with ADHD. *Journal of Attention Disorders, 13*, 592–600.

Joyner, K. B., Silver, C. H., & Stavinoha, P. L. (2009). Relationship between parenting stress and ratings of executive functioning in children with ADHD. *Journal of Psychoeducational Assessment, 27*, 452–464.

Jurbergs, N., Palcic, J. L., & Kelley, M. L. (2008). School–home notes with and without response cost: Increasing attention and academic performance in low-income children with attention-deficit/hyperactivity disorder. *School Psychology Quarterly*, *22*, 358–379.

Jurbergs, N., Palcic, J. L., & Kelley, M. L. (2010). Daily behavior report cards with and without home-based consequences: Improving classroom behavior in low income, African American children with ADHD. *Child and Family Behavior Therapy, 32*, 177–195.

Kaminski, J. W., Valle, L. A., Filene, J. H., & Boyle, C. L. (2008). A meta-analytic review

of components associated with parent training effectiveness. *Journal of Abnormal Child Psychology, 36*, 567–589.

Kazdin, A. E. (1980). Acceptability of time out from reinforcement procedures for disruptive child behavior. *Behavior Therapy, 11*, 329–344.

Kazdin, A. E. (1991). Effectiveness of psychotherapy with children and adolescents. *Journal of Consulting and Clinical Psychology, 58*, 729–740.

Keenan, K., & Shaw, D. S. (1994). The development of aggression in toddlers: A study of low-income families. *Journal of Abnormal Child Psychology, 22*, 53–77.

Kelley, M. L., Embry, L. H., & Baer, D. M. (1979). Skills for child management and family support. *Behavior Modification, 3*, 373–396.

Knapp, P. A., & Deluty, R. H. (1989). Relative effectiveness of two behavioral parent training programs. *Journal of Clinical Child Psychology, 18*, 314–322.

Kolko, D. J., & Pardini, D. A. (2010). ODD dimensions, ADHD, and callous-unemotional traits as predictors of treatment response in children with disruptive behavior disorders. *Journal of Abnormal Psychology, 119*, 713–725.

Lahey, B. B., Gendrich, J. G., Gendrich, S. I., Schnelle, J. F., Gant, D. S., & McNees, M. P. (1977). An evaluation of daily report cards with minimal teacher and parent contacts as an efficient method of classroom intervention. *Behavior Modification, 1*, 381–394.

Lahey, B. B., & Loeber, R. (1994). Framework for a developmental model of oppositional defiant disorder and conduct disorder. In D. K. Routh (Ed.), *Disruptive behavior disorders in childhood* (pp. 139–180). New York: Plenum Press.

Lahey, B. B., Loeber, R., Quay, H. C., Frick, P. J., & Grimm, J. (1992). Oppositional defiant and conduct disorders: Issues to be resolved for DSM-IV. *Journal of the American Academy of Child and Adolescent Psychiatry, 31*, 539–546.

Lahey, B. B., Piacentini, J. C., McBurnett, K., Stone, P., Hartdagen, S., & Hynd, G. W. (1988). Psychopathology in the parents of children with conduct disorder and hyperactivity. *Journal of the American Academy of Child and Adolescent Psychiatry, 27*, 163–170.

Lahey, B. B., Van Hulle, C. A., Rathouz, P. J., Rodgers, J. L., D'Onofrio, B. M., & Waldman, I. D. (2009). Are oppositional–defiant and hyperactive–inattentive symptoms developmental precursors to conduct problems in late childhood?: Genetic and environmental links. *Journal of Abnormal Child Psychology, 37*, 45–58.

Lanza, H. I., & Drabick, D. A. G. (2012). Family routine moderates the relation between child impulsivity and oppositional defiant disorder symptoms. *Journal of Abnormal Child Psychology, 39*(1), 83–94.

Latham, P., & Latham, R. (1992). *ADD and the law*. Washington, DC: JKL Communications.

Lavigne, J. V., Cicchetti, C., Gibbons, R. D., Binns, H., Larsen, L., & De Vito, C. (2001). Oppositional defiant disorder with onset in preschool years: Longitudinal stability and pathways to other disorders. *Journal of the American Academy of Child and Adolescent Psychiatry, 40*, 1393–1400.

Leckman-Westin, E., Cohen, P. R., & Stueve, A. (2009). Maternal depression and mother–child interaction patterns: Association with toddler problems and continuity of effects to late childhood. *Journal of Child Psychology and Psychiatry, 50*, 1176–1184.

Lewinsohn, P. M., Hops, H., Roberts, R. E., Seeley, J. R., & Andrews, J. A. (1993). Adolescent psychopathology: I. Prevalence and incidence of depression and other DSM-III-R disorders in high school students. *Journal of Abnormal Psychology, 102*, 133–144.

Lifford, K. J., Harold, G. T., & Thapar, A. (2008). Parent–child relationships and ADHD symptoms: A longitudinal analysis. *Journal of Abnormal Child Psychology, 36*, 285–296.

Lifford, K. J., Harold, G. T., & Thapar, A. (2009). Parent–child hostility and child ADHD symptoms: A genetically sensitive and longitudinal analysis. *Journal of Child Psychology and Psychiatry, 50*, 1468–1476.

Lilienfeld, S. O., & Marino, L. (1995). Mental disorder as a roschian concept: A critique of Wakefield's "harmful dysfunction" analysis. *Journal of Abnormal Psychology, 104*, 411–420.

Little, L. M., & Kelley, M. L. (1989). The efficacy of response cost procedures for reducing children's noncompliance to parental instructions. *Behavior Therapy, 20*, 515–534.

Locke, H. J., & Wallace, K. M. (1959). Short marital adjustment and prediction tests: Their reliability and validity. *Journal of Marriage and Family Living, 21*, 251–255.

Loeber, R. (1988). Natural histories of conduct problems, delinquency, and associated substance use. In B. B. Lahey & A. E. Kazdin (Eds.), *Advances in clinical child psychology* (Vol. 11, pp. 73–124). New York: Plenum Press.

Loeber, R. (1990). Development and risk factors of juvenile antisocial behavior and delinquency. *Clinical Psychology Review, 10*, 1–41.

Loeber, R., Burke, J., & Pardini, D. A. (2009). Perspectives on oppositional defiant disorder, conduct disorder, and psychopathic features. *Journal of Child Psychology and Psychiatry, 50*, 133–142.

Loeber, R., Green, S. M., Lahey, B. B., Christ, M. A. G., & Frick, P. J. (1992). Developmental sequences in the age of onset of disruptive child behaviors. *Journal of Child and Family Studies, 1*, 21–41.

Loeber, R., Green, S., Lahey, B. B., & Stouthamer-Loeber, M. (1991). Differences and similarities

between children, mothers, and teachers as informants on disruptive behavior disorders. *Journal of Abnormal Child Psychology, 19*, 75–95.

Lynskey, M. T., & Fergusson, D. M. (1994). Childhood conduct problems, attention deficit behaviors, and adolescent alcohol, tobacco, and illicit drug use. *Journal of Abnormal Child Psychology, 23*, 281–302.

Mann, B. J., Borduin, C. M., Henggeler, S. W., & Blaske, D. M. (1990). An investigation of systemic conceptualizations of parent–child coalitions and symptom change. *Journal of Consulting and Clinical Psychology, 3*, 336–344.

Mann, B. J., & MacKenzie, E. P. (1996). Pathways among marital functioning, parental behaviors, and child behavior problems in school-age boys. *Journal of Clinical Child Psychology, 25*, 183–191.

Marks, D. J., McKay, K. E., Himmelstein, J., Walter, K. J., Newcorn, J. H., & Halperin, J. M. (2000). Predictors of physical aggression in children with attention-deficit/hyperactivity disorder. *CNS Spectrum, 5*, 52–57.

Martin, A., Scahill, L., Charney, D. S., & Leckman, J. F. (2002). *Pediatric psychopharmacology*. New York: Oxford University Press.

Martin, B. (1977). Brief family intervention: Effectiveness and the importance of including the father. *Journal of Consulting and Clinical Psychology, 45*, 1002–1010.

Mash, E. J., & Barkley, R. A. (Eds.). (2003). *Child psychopathology*. New York: Guilford Press.

Mash, E. J., & Barkley, R. A. (Eds.). (2006). *Treatment of childhood disorders* (3rd ed.). New York: Guilford Press.

Mash, E. J., & Barkley, R. A. (Eds.). (2007). *Assessment of childhood disorders* (3rd ed.). New York: Guilford Press.

Mash, E. J., & Dozois, D. J. A. (1996). Child psychopathology: A developmental systems perspective. In E. J. Mash & R. A. Barkley (Eds.), *Child psychopathology* (pp. 3–62). New York: Guilford Press.

Matson, J. L., Rotatori, A. F., & Helsel, W. J. (1983). Development of a rating scale to measure social skills in children: The Matson Evaluation of Social Skills with Youngsters (MESSY). *Behaviour Research and Therapy, 21*, 335–340.

Maughan, B., Rowe, R., Messer, J., Goodman, R., & Meltzer, H. (2004). Conduct disorder and oppositional defiant disorder in a national sample: Developmental epidemiology. *Journal of Child Psychology and Psychiatry, 45*, 609–621.

McCart, M. R., Priester, P. E., Davies, W. H., & Azen, R. (2006). Differential effectiveness of behavioral parent-training and cognitive-behavioral therapy for antisocial youth: A meta-analysis. *Journal of Abnormal Child Psychology, 34*, 527–543.

McElroy, E. M., & Rodriguez, C. M. (2008). Mothers of children with externalizing behavior problems: Cognitive risk factors for abuse potential and discipline style and practices. *Child Abuse & Neglect, 32*, 774–784.

McGee, R., Feehan, M., Williams, S., Partridge, F., Silva, P. A., & Kelly, J. (1990). DSM-III disorders in a large sample of adolescents. *Journal of the American Academy of Child and Adolescent Psychiatry, 29*, 611–619.

McMahon, R. J., & Forehand, R. (1984). Parent training for the noncompliant child. In R. F. Dangel & R. A. Polster (Eds.), *Parent training: Foundations of research and practice* (pp. 298–328). New York: Guilford Press.

McMahon, R. J., & Forehand, R. L. (2005). *Helping the noncompliant child: Family-based treatment for oppositional behavior* (2nd ed.). New York: Guilford Press.

McMahon, R. J., Tiedemann, G. L., Forehand, R., & Griest, D. L. (1984). Parental satisfaction with parent training to modify child noncompliance. *Behavior Therapy, 15*, 295–303.

Miller, S., Loeber, R., & Hipwell, A. (2009). Peer deviance, parenting and disruptive behavior among young girls. *Journal of Abnormal Child Psychology, 37*, 139–152.

Moffitt, T. E. (1990). Juvenile delinquency and attention deficit disorder: Boys' developmental trajectories from age 3 to age 15. *Child Development, 61*, 893–910.

Monuteaux, M. C., Faraone, S. V., Gross, L. M., & Biederman, J. (2007). Predictors, clinical characteristics, and outcome of conduct disorder in girls with attention-deficit/hyperactivity disorder: A longitudinal study. *Psychological Medicine, 37*, 1731–1741.

Moshe, K., Karni, A., & Tirosh, E. (2012, May 24). Anxiety and methylphenidate in attention deficit hyperactivity disorder: A double-blind placebo-drug trial. *ADHD Attention Deficit and Hyperactivity Disorders, 4*(3), 153–158.

Moura, M. A., & Burns, G. L. (2010). Oppositional defiant behavior toward adults and oppositional defiant behavior toward other children: Evidence for two separate constructs with mothers' and fathers' ratings of Brazilian children. *Journal of Child Psychology and Psychiatry, 51*, 23–30.

MTA Cooperative Group. (1999). Moderators and mediators of treatment response for children with attention-deficit/hyperactivity disorder: The Multimodal Treatment Study of children with attention-deficit/hyperactivity disorder. *Archives of General Psychiatry, 56*(12), 1088–1096.

Murphy, K. R., & Barkley, R. A. (1996). Parents of children with attention-deficit/hyperactivity disorder: Psychological and attentional impairment. *American Journal of Orthopsychiatry, 66*, 93–102.

Nicholson, J. S., Deboeck, P. R., Farris, J. R., Boker, S. M., & Borkowski, J. G. (2011). Maternal depressive symptomatology and child behavior: Transactional relationship with simultaneous bidirectional coupling. *Developmental Psychology, 47*, 1312–1323.

Nigg, J. T. (2006). *What causes ADHD?* New York: Guilford Press.

Nock, M. K., Kazdin, A. E., Hiripi, E., & Kessler, R. C. (2007). Lifetime prevalence, correlates, and persistence of oppositional defiant disorder results from the National Comorbidity Survey Replication. *Journal of Child Psychology and Psychiatry, 48*, 703–713.

Ogden, T., & Hagen, K. A. (2008). Treatment effectiveness of parent management training in Norway: A randomized controlled trial of children with conduct problems. *Journal of Consulting and Clinical Psychology, 76*, 607–621.

Olson, S. L. (1992). Development of conduct problems and peer rejection in preschool children: A social systems analysis. *Journal of Abnormal Child Psychology, 20*, 327–350.

Olweus, D. (1979). Stability of aggressive reaction patterns in males: A review. *Psychological Bulletin, 86*, 852–875.

Olweus, D. (1980). Familial and temperamental determinants of aggressive behavior in adolescent boys: A causal analysis. *Developmental Psychology, 16*, 644–660.

Pardini, D. A., & Fite, P. J. (2010). Symptoms of conduct disorder, oppositional defiant disorder, attention-deficit/hyperactivity disorder, and callous-unemotional traits as unique predictors of psychosocial maladjustment in boys: Advancing an evidence base for DSM-V. *Journal of the American Academy of Child and Adolescent Psychiatry, 49*, 1134–1144.

Pardini, D. A., Fite, P. J., & Burke, J. D. (2008). Bidirectional associations between parenting practices and conduct problems in boys from childhood to adolescence: The moderating effect of age and African-American ethnicity. *Journal of Abnormal Child Psychology, 36*, 647–662.

Pardini, D., Obradović, J., & Loeber, R. (2006). Interpersonal callousness, hyperactivity/impulsivity, inattention, and conduct problems as precursors to delinquency persistence in boys: A comparison of three grade-based cohorts. *Journal of Clinical Child and Adolescent Psychology, 35*, 46–59.

Paternite, C., & Loney, J. (1980). Childhood hyperkinesis: Relationships between symptomatology and home environment. In C. K. Whalen & B. Henker (Eds.), *Hyperactive children: The social ecology of identification and treatment* (pp. 105–141). New York: Academic Press.

Patterson, G. R. (1976). The aggressive child: Victim and architect of a coercive system. In E. J. Mash, L. A. Hamerlynck, & L. C. Handy (Eds.), *Behavior modification and families* (pp. 267–316). New York: Brunner/Mazel.

Patterson, G. R. (1982). *Coercive family process*. Eugene, OR: Castalia.

Patterson, G. R., & Chamberlain, P. (1994). A functional analysis of resistance during parent-training therapy. *Clinical Psychology: Science and Practice, 1*, 53–70.

Patterson, G. R., Chamberlain, P., & Reid, J. B. (1982). A comparative evaluation of a parent-training program. *Behavior Therapy, 13*, 638–650.

Patterson, G. R., Dishion, T. J., & Chamberlain, P. (1993). Outcomes and methodological issues relating to treatment of antisocial children. In T. R. Giles (Ed.), *Handbook of effective psychotherapy* (pp. 43–88). New York: Plenum Press.

Patterson, G. R., & Fleischman, M. J. (1979). Maintenance of treatment effects: Some considerations concerning family systems and follow-up data. *Behavior Therapy, 10*, 168–185.

Patterson, G. R., & Forgatch, M. S. (1985). Therapist behavior as a determinant for client noncompliance: A paradox for the behavior modifier. *Journal of Consulting and Clinical Psychology, 53*, 846–851.

Patterson, G. R., Reid, J. B., & Dishion, T. J. (1992). *Antisocial boys*. Eugene, OR: Castalia.

Pearson, J. L., Ialongo, N. S., Hunter, A. G., & Kellam, S. G. (1993). Family structure and aggressive behavior in a population of urban elementary school children. *Journal of the American Academy of Child and Adolescent Psychiatry, 33*, 540–548.

Pelham, W. E., Jr., & Lang, A. R. (1993). Parental alcohol consumption and deviant child behavior: Laboratory studies of reciprocal effects. *Clinical Psychology Review, 13*, 763–784.

Petty, C. R., Monuteaux, M. C., Mick, E., Hughes, S., Small, J., Faraone, S. V., & Biederman, J. (2009). Parsing the familiality of oppositional defiant disorder from that of conduct disorder: A family risk analysis. *Journal of Psychiatric Research, 43*, 345–352.

Pfiffner, L. J., Jouriles, E. N., Brown, M. M., Etscheidt, M. A., & Kelly, J. A. (1988, November). *Enhancing the effects of parent training for single-parent families*. Paper presented at the 22nd annual meeting of the Association for Advancement of Behavior Therapy, New York.

Pfiffner, L. J., McBurnett, K., Rathouz, P. J., & Judice, S. (2005). Family correlates of oppositional and conduct disorders in children with attention deficit/hyperactivity disorder. *Journal of Abnormal Child Psychology, 33*, 551–563.

Pisterman, S., McGrath, P., Firestone, P., Goodman, J. T., Webster, I., & Mallory, R. (1989). Outcome of parent-mediated treatment of preschoolers with attention deficit disorder with hyperactivity. *Journal of Consulting and Clinical Psychology, 57*, 628–635.

Pliszka, S. (2009). *Treating ADHD and comorbid disorders: Psychosocial and psychopharmacological interventions*. New York: Guilford Press.

Pollard, S., Ward, E., & Barkley, R. (1983). The effects of parent training and Ritalin on the

parent–child interactions of hyperactive boys. *Child and Family Behavior Therapy, 5*, 51–69.

Pressman, L. J., Loo, S. K., Carpenter, E. M., Asarnow, J. R., Lynn, D., McCracken, J. T., et al. (2006). Relationship of family environment and parental psychiatric diagnosis to impairment in ADHD. *Journal of the American Academy of Child and Adolescent Psychiatry, 45*, 346–354.

Prinz, R. J., & Miller, G. E. (1994). Family-based treatment for childhood antisocial behavior: Experimental influences on dropout and engagement. *Journal of Consulting and Clinical Psychology, 62*, 645–650.

Prior, M. (1992). Childhood temperament. *Journal of Child Psychology and Psychiatry, 33*, 249–279.

Psychogiou, L., Daley, D. M., Thompson, M. J., & Sonuga–Barke, E. J. S. (2008). Do maternal attention-deficit/hyperactivity disorder symptoms exacerbate or ameliorate the negative effect of child attention-deficit/hyperactivity disorder symptoms on parenting? *Development and Psychopathology, 20*, 121–137.

Quici, F. L., Wheeler, S. R., & Bolle, J. (1996, March). *Does training parents of defiant children really work?: Seven years of data.* Paper presented at the annual meeting of the National Association of School Psychologists, Atlanta.

Rehabilitation Act of 1973, 29 U.S.C.A. § 701 *et seq.*

Reitman, D., & McMahon, R. J. (2012). Constance "Connie" Hanf (1917–2002): The mentor and the model. *Cognitive and Behavioral Practice, 20*(1), 106–116.

Rejani, T. G., Oommen, A., Srinath, S., & Kapur, M. (2012). Efficacy of multimodal intervention for children with attention deficit hyperactivity disorder (ADHD): An Indian study. *Journal of Behavioral and Brain Sciences, 2*, 117–127.

Reyno, S. M., & McGrath, P. J. (2006). Predictors of parent training efficacy for child externalizing behavior problems—A meta-analytic review. *Journal of Child Psychology and Psychiatry, 47*, 99–111.

Reynolds, C., & Kamphaus, R. (2004). *Behavior Assessment System for Children—Second Edition (BASC-2).* Circle Pines, MN: American Guidance Service.

Richters, J. E., & Cicchetti, D. (1993). Mark Twain meets DSM-III-R: Conduct disorder, development, and the concept of harmful dysfunction. *Development and Psychopathology, 5*, 5–29.

Roberts, M. W. (1985). Praising child compliance: Reinforcement or ritual? *Journal of Abnormal Child Psychology, 13*, 611–629.

Roberts, M. W., Hatzenbuehler, L. C., & Bean, A. W. (1981). The effects of differential attention and time out on child noncompliance. *Behavior Therapy, 12*, 93–99.

Roberts, M. W., McMahon, R. J., Forehand, R., & Humphreys, L. (1978). The effect of parental instruction-giving on child compliance. *Behavior Therapy, 9*, 793–798.

Rogers, T. R., Forehand, R., Griest, D. L., Wells, K. C., & McMahon, R. J. (1981). Socioeconomic status: Effects of parent and child behaviors and treatment outcome of parent training. *Journal of Clinical Child Psychology, 10*, 98–101.

Roizen, N. J., Blondis, T. A., Irwin, M., & Stein, M. (1994). Adaptive functioning in children with attention-deficit hyperactivity disorder. *Archives of Pediatric and Adolescent Medicine, 148*, 1137–1142.

Rowe, R., Maughan, B., Pickles, A., Costello, E. J., & Angold, A. (2002). The relationship between DSM-IV oppositional defiant disorder and conduct disorder: Findings from the Great Smoky Mountains Study. *Journal of Child Psychology and Psychiatry, 43*, 365–373.

Russo, D. C., Cataldo, M. F., & Cushing, P. J. (1981). Compliance training and behavioral covariation in the treatment of multiple behavior problems. *Journal of Applied Behavior Analysis, 14*, 209–222.

Rydell, A. M. (2010). Family factors and children's disruptive behavior: An investigation of links between demographic characteristics, negative life events and symptoms of ODD and ADHD. *Social Psychiatry and Epidemiology, 45*, 233–244.

Salzinger, S., Kaplan, S., & Artemyeff, C. (1983). Mothers' personal social networks and child maltreatment. *Journal of Abnormal Psychology, 92*, 68–76.

Sanders, M. R. (1996). New directions in behavioral family intervention with children. In T. H. Ollendick & R. J. Prinz (Eds.), *Advances in clinical child psychology* (Vol. 18, pp. 283–330). New York: Plenum Press.

Sanders, M. R., & Christensen, A. P. (1984). A comparison of the effects of child management and planned activities training in five parenting environments. *Journal of Abnormal Child Psychology, 13*, 101–117.

Sanders, M. R., & Dadds, M. R. (1982). The effects of planned activities and child management procedures in parent training: An analysis of setting generality. *Behavior Therapy, 13*, 452–461.

Sanders, M. R., & Glynn, T. (1981). Training parents in behavioral self-management: An analysis of generalization and maintenance. *Journal of Applied Behavior Analysis, 14*, 223–237.

Schachar, R., & Wachsmuth, R. (1990). Oppositional disorder in children: A validation study comparing conduct disorder, oppositional disorder and normal control children. *Journal of Child Psychology and Psychiatry, 31*, 1089–1102.

Schumaker, J. B., Hovell, M. F., & Sherman, J. A. (1977). An analysis of daily report cards and parent-managed privileges in the improvement of adolescents' classroom performance. *Journal*

of Applied Behavior Analysis, 10, 449–464.

Scott, S., & Dadds, M. R. (2009). Practitioner review: When parent training doesn't work: Theory-driven clinical strategies. *Journal of Child Psychology and Psychiatry, 50*, 1441–1450.

Seeley, J. R., Small, J. W., Walker, H. M., Fell, E. G., Severson, H. H., Golly, A. M., et al. (2009). Efficacy of the *First Step to Success* intervention for students with attention-deficit/ hyperactivity disorder. *School Mental Health, 1*, 37–48.

Shaw, D. S., & Vondra, J. I. (1995). Infant attachment security and maternal predictors of early behavior problems: A longitudinal study of low-income families. *Journal of Abnormal Child Psychology, 23*, 335–357.

Shelton, T. L., Barkley, R. A., Crosswait, C., Moorehouse, M., Fletcher, K., Barrett, S., et al. (1998). Psychiatric and psychological morbidity as a function of adaptive disability in preschool children with aggressive and hyperactive-impulsive-inattentive behavior. *Journal of Abnormal Child Psychology, 26*, 475–494.

Shriver, M. D., & Allen, K. D. (1996). The time-out grid: A guide to effective discipline. *School Psychology Quarterly, 11*, 67–75.

Singh, A. L., & Waldman, I. D. (2010). The etiology of associations between negative emotionality and childhood externalizing disorders. *Journal of Abnormal Psychology, 119*, 376–388.

Snyder, J., & Brown, K. (1983). Oppositional behavior and noncompliance in preschool children: Environmental correlates and skills deficits. *Behavioral Assessment, 5*, 333–348.

Snyder, J., & Patterson, G. R. (1995). Individual differences in social aggression: A test of the reinforcement model of socialization in the natural environment. *Behavior Therapy, 26*, 371–391.

Sonuga-Barke, E. J. S., Daley, D., & Thompson, M. (2002). Does maternal ADHD reduce the effectiveness of parent training for preschool children's ADHD? *Journal of the American Academy of Child and Adolescent Psychiatry, 41*, 696–702.

Spaccarelli, S., Cotler, S., & Penman, D. (1992). Problem-solving skills training as a supplement to behavioral parent training. *Cognitive Therapy and Research, 16*, 1–18.

Sparrow, S. S., Cicchetti, D. V., & Balla, D. A. (2005). *Vineland Adaptive Behavior Scales* (2nd ed.). Circle Pines, MN: American Guidance Service.

Speltz, M. L., DeKlyen, M., Greenberg, M. T., & Dryden, M. (1995). Clinic referral for oppositional defiant disorder: Relative significance of attachment and behavioral variables. *Journal of Abnormal Child Psychology, 23*, 487–507.

Speltz, M. L., McClellan, J., DeKlyen, M., & Jones, K. (1999). Preschool boys with oppositional defiant disorder: Clinical presentation and diagnostic change. *Journal of the American Academy of Child and Adolescent Psychiatry, 36*, 635–645.

Spitzer, A., Webster-Stratton, C., & Hollinsworth, T. (1991). Coping with conduct-problem children: Parents gaining knowledge and control. *Journal of Clinical Child Psychology, 20*, 413–427.

Stadler, C., Grasmann, D., Fegert, J. M., Holtmann, M., Poustka, F., & Schmeck, K. (2008). Heart rate and treatment effect in children with disruptive behavior disorders. *Child Psychiatry and Human Development, 39*, 299–309.

Steinhausen, H. C., Gollner, J., Brandeis, D., Muller, U. C., Valko, L., & Drechsler, R. (2012, March 5). Psychopathology and personality in parents of children with ADHD. *Journal of Attention Disorders, 17*, 38–46.

Stingaris, A., & Goodman, R. (2009). Longitudinal outcome of youth oppositionality: Irritable, headstrong, and hurtful behaviors have distinctive predictions. *Journal of the American Academy of Child and Adolescent Psychiatry, 48*, 404–412.

Stingaris, A., Maughan, B., & Goodman, R. (2010). What's in a disruptive disorder? Temperamental antecedents of oppositional defiant disorder: Findings from the Avon longitudinal study. *Journal of the American Academy of Child and Adolescent Psychiatry, 49*(5), 474–483.

Stormont-Spurgin, M., & Zentall, S. S. (1995). Contributing factors in the manifestation of aggression in preschoolers with hyperactivity. *Journal of Child Psychology and Psychiatry, 3*, 491–509.

Strain, P. S., Steele, P., Ellis, T., & Timm, M. A. (1982). Long-term effects of oppositional child treatment with mothers as therapists and therapist trainers. *Journal of Applied Behavior Analysis, 15*, 163–169.

Strain, P. S., Young, C. C., & Horowitz, J. (1981). Generalized behavior change during oppositional child training: An examination of child and family demographic variables. *Behavior Modification, 5*, 15–26.

Strayhorn, J. M., & Weidman, C. S. (1989). Reduction of attention deficit and internalizing symptoms in preschoolers through parent–child interaction training. *Journal of the American Academy of Child and Adolescent Psychiatry, 28*, 888–896.

Strayhorn, J. M., & Weidman, C. S. (1991). Follow-up one year after parent–child interaction training: Effects on behavior of preschool children. *Journal of the American Academy of Child and Adolescent Psychiatry, 30*, 138–143.

Theule, J., Wiener, J., Rogers, M. A., & Marton, I. (2011). Predicting parenting stress in families

of children with ADHD: Parenting and contextual factors. *Journal of Child and Family Studies, 20*, 640–647.

Thomas, R., & Zimmer-Gembeck, M. J. (2007). Behavioral outcomes of parent–child interaction therapy and Triple P—Positive Parenting Program: A review and meta-analysis. *Journal of Abnormal Child Psychology, 35*, 475–495.

Thompson, M. J. J., Laver-Bradbury, C., Ayres, M., Poidevin, E. L., Mead, S., Dodds, C., et al. (2009). A small-scale randomized controlled trial of the revised New Forest Parenting Programme for preschoolers with attention deficit hyperactivity disorder. *European Child and Adolescent Psychiatry, 18*, 605–616.

Tremblay, R. E., Masse, B., Perron, D., Leblanc, M., Schwartzman, A. E., & Ledingham, J. E. (1992). Early disruptive behavior, poor school achievement, delinquent behavior, and delinquent personality: Longitudinal analyses. *Journal of Consulting and Clinical Psychology, 60*, 65–72.

Tremblay, R. E., Pihl, R. O., Vitaro, F., & Dobkin, P. L. (1994). Predicting early onset of male antisocial behavior from preschool behavior. *Archives of General Psychiatry, 51*, 732–738.

Tschann, J. M., Kaiser, P., Chesney, M. A., Alkon, A., & Boyce, W. T. (1996). Resilience and vulnerability among preschool children: Family functioning, temperament, and behavior problems. *Journal of the American Academy of Child and Adolescent Psychiatry, 35*, 184–191.

Tully, E. C., Iacono, W. G., & McGue, M. (2008). An adoption study of parental depression as an environmental liability for adolescent depression and childhood disruptive disorders. *American Journal of Psychiatry, 165*, 1148–1154.

Tuvblad, C., Zheng, M., Raine, A., & Baker, L. A. (2009). A common genetic factor explains the covariation among ADHD, ODD, and CD symptoms in 9–10 year old boys and girls. *Journal of Abnormal Child Psychology, 37*, 153–167.

Vaden-Kiernan, N., Ialongo, N. S., Pearson, J., & Kellam, S. (1995). Household family structure and children's aggressive behavior: A longitudinal study of urban elementary school children. *Journal of Abnormal Child Psychology, 23*, 553–568.

van den Hoofdakker, B. J., van der Veen-Mulders, L., Sytema, S., Emmelkamp, P. M., Minderaa, R. B., & Nauta, M. H. (2007). Effectiveness of behavioral parent training for children with ADHD in routine clinical practice: A randomized controlled study. *Journal of the American Academy of Child and Adolescent Psychiatry, 48*, 1263–1271.

van Lier, P. A. C., van der Ende, J., Koot, H. M., & Verhulst, F. C. (2007). Which better predicts conduct problems?: The relationship of trajectories of conduct problems with ODD and ADHD symptoms from childhood into adolescence. *Journal of Child Psychology and Psychiatry, 48*,

601–608.

Vuchinich, S., Bank, L., & Patterson, G. R. (1992). Parenting, peers, and the stability of antisocial behavior in preadolescent boys. *Developmental Psychology, 28,* 510–521.

Wagner, S. M., & McNeil, C. B. (2008). Parent–child interaction therapy for ADHD: A conceptual overview and critical literature review. *Child and Family Behavior Therapy, 30,* 231–256.

Wahler, R. (1975). Some structural aspects of deviant child behavior. *Journal of Applied Behavior Analysis, 8,* 27–42.

Wahler, R. G. (1980). The insular mother: Her problems in parent–child treatment. *Journal of Applied Behavior Analysis, 13,* 207–219.

Wahler, R. G., & Afton, A. D. (1980). Attentional processes in insular and noninsular mothers: Some differences in their summary reports about child problem behaviors. *Child Behavior Therapy, 2,* 25–41.

Wahler, R. G., Cartor, P. G., Fleischman, J., & Lambert, W. (1993). The impact of synthesis teaching and parent training with mothers of conduct-disordered children. *Journal of Abnormal Child Psychology, 21,* 425–440.

Wahler, R. G., & Fox, J. J. (1980). Solitary toy play and time out: A family treatment package for children with aggressive and oppositional behavior. *Journal of Applied Behavior Analysis, 13,* 23–39.

Wahler, R. G., & Graves, M. G. (1983). Setting events in social networks: Ally or enemy in child behavior therapy? *Behavior Therapy, 14,* 19–36.

Wakefield, J. C. (1992). Disorder as harmful dysfunction: A conceptual critique of DSM-III-R's definition of mental disorder. *Psychological Review, 99,* 232–247.

Waschbusch, D. A., Carrey, N. J., Willoughby, M. T., King, S., & Andrade, B. F. (2007). Effects of methylphenidate and behavior modification on the social and academic behavior of children with disruptive behavior disorders: The moderating role of callous/unemotional traits. *Journal of Clinical Child and Adolescent Psychology, 36,* 629–644.

Webster-Stratton, C. (1982). The long-term effects of a videotape modeling parent-training program: Comparison of immediate and 1-year follow-up results. *Behavior Therapy, 13,* 702–714.

Webster-Stratton, C. (1984). Randomized trial of two parent-training programs for families with conduct disordered children. *Journal of Consulting and Clinical Psychology, 52,* 666–678.

Webster-Stratton, C. (1991). Stress: A potential disruptor of parent perceptions and family interactions. *Journal of Clinical Child Psychology, 19,* 302–312.

Webster-Stratton, C., & Hammond, M. (1990). Predictors of treatment outcome in parent training

for families with conduct problem children. *Behavior Therapy, 21*, 319–337.

Webster-Stratton, C., Hollinsworth, T., & Kolpacoff, M. (1989). The long-term effectiveness and clinical significance of three cost-effective training programs for families with conduct-problem children. *Journal of Consulting and Clinical Psychology, 57*, 550–553.

Webster-Stratton, C., Kolpacoff, M., & Hollinsworth, T. (1995). Self-administered videotape therapy for families with conduct-problem children: Comparison with two cost-effective treatments and a control group. *Journal of Consulting and Clinical Psychology, 56*, 558–566.

Webster-Stratton, C., & Spitzer, A. (1996). Parenting a young child with conduct problems. In T. H. Ollendick & R. J. Prinz (Eds.), *Advances in clinical child psychology* (Vol. 18, pp. 1–62). New York: Plenum Press.

Wells, K. C., & Forehand, R. (1985). Conduct and oppositional disorders. In P. H. Bornstein & A. E. Kazdin (Eds.), *Handbook of clinical behavior therapy with children* (pp. 219–265). Champaign, IL: Dorsey Press.

Wells, K. C., Forehand, R., & Griest, D. L. (1980). Generality of treatment effects from treated to untreated behaviors resulting from a parent training program. *Journal of Clinical Child Psychology, 9*, 217–219.

Wenning, K., Nathan, P., & King, S. (1993). Mood disorders in children with oppositional defiant disorder: A pilot study. *American Journal of Orthopsychiatry, 63*, 295–299.

Whittinger, N. S., Langley, K., Fowler, T. A., Thomas, H. V., & Thapar, A. (2007). Clinical precursors of adolescent conduct disorder in children with attention-deficit/hyperactivity disorder. *Journal of the American Academy of Child and Adolescent Psychiatry, 46*, 179–187.

Wilens, T. (2008). *Straight talk about psychiatric medications for kids* (2nd ed.). New York: Guilford Press.

Williams, C. A., & Forehand, R. (1984). An examination of predictor variables for child compliance and noncompliance. *Journal of Abnormal Child Psychology, 12*, 491–504.

Wood, A. C., Rijsdijk, F., Asherson, P., & Kuntsi, J. (2009). Hyperactive–impulsive symptom scores and oppositional behaviours reflect alternate manifestations of a single liability. *Behavior Genetics, 39*, 447–460.

Worland, J., Carney, R., Milich, R., & Grame, C. (1980). Does in-home training add to the effectiveness of operant group parent training? *Child Behavior Therapy, 2*, 11–24.

Wymbs, B. T., Pelham, W. E., Jr., Molina, B. S. G., Gnagy, E. M., Wilson, T. K., & Greenhouse, J. B. (2008). Rate and predictors of divorce among parents of youth with ADHD. *Journal of Consulting and Clinical Psychology, 76*, 735–744.

Zoccolillo, M. (1993). Gender and the development of conduct disorder. *Development and Psychopathology, 5*, 65–78.

國家圖書館出版品預行編目（CIP）資料

不聽話的孩子：臨床衡鑑與親職訓練手冊／羅素·巴克萊（Russell A. Barkley）
　著；趙家琛，黃惠玲譯 .-- 三版 .-- 新北市：心理，2019.12
　　面；　公分 .--（心理治療系列；22170）

　　譯自：Defiant children: a clinician's manual for assessment and parent training,
3rd ed.

　　ISBN 978-986-191-892-1（平裝）

1. Behavior disorders in children.　2.Behavior therapy for children.

3. Child rearing.　4.Parent and child.　5. 問題兒童教育

6. 行為改變術　7. 親職教育

529.68　　　　　　　　　　　　　　　　　　　　　　108019067

心理治療系列 22170

不聽話的孩子：臨床衡鑑與親職訓練手冊（第三版）

作　　者：羅素·巴克萊（Russell A. Barkley）

譯　　者：趙家琛、黃惠玲

執行編輯：陳文玲

總 編 輯：林敬堯

發 行 人：洪有義

出 版 者：心理出版社股份有限公司

地　　址：231 新北市新店區光明街 288 號 7 樓

電　　話：(02) 29150566

傳　　真：(02) 29152928

郵撥帳號：19293172 心理出版社股份有限公司

網　　址：http://www.psy.com.tw

電子信箱：psychoco@ms15.hinet.net

駐美代表：Lisa Wu（lisawu99@optonline.net）

排 版 者：李信慧

印 刷 者：龍虎電腦排版股份有限公司

初版一刷：2002 年 10 月

三版一刷：2019 年 12 月

I S B N：978-986-191-892-1

定　　價：新台幣 380 元